GILLES DELEUZE

尼采與哲學

NIETZSCHE ET LA PHILOSOPHIE

吉爾·德勒茲＿＿著　　王紹中＿＿譯　　李櫻蕊＿＿審訂

TABLE ANALYTIQUE

東家

第二章

主動與反動

第三章

批判

第五章

超人：反對辯證法

CHAPITRE PREMIER.

Le tragique

第一章

悲劇

1

系譜之概念

　　尼采的計畫究其至廣乃如下述：將意義及價值之概念導入哲學中。確然，在很大的部分上，現代哲學曾經並且仍舊仰賴著尼采的養分。但或許不是以如他所願的方式。對於意義及價值之哲學必須是一種批判這一點，尼采從不諱言。康德並沒有進行真正的批判，因為他並不知曉從價值的角度提出批判問題，而這甚至是尼采著述的主要動機之一。然而，在現代哲學中，價值理論有時也曾造成了新的順從主義（conformisme）及新的服從方式。甚至，透過其機制，現象學也讓一種常常出現在其上的尼采精神為現代的順從主義效勞。然而，當我們要談的是尼采，我們相反地應當以下列事實為基礎：他所建立及構想的價值哲學乃是批判的真正實現，是實現全面批判的唯

一方式，也就是說以「鐵錘的敲打」從事哲學的真正實現。實際上，價值的概念意味著一種批判性的顛倒（un renversement critique）¹。一方面，價值顯現為原理或作為原理被給予：任何的評價活動皆預設了它藉以對現象進行評判的價值。但是，另一方面、並且是更深層的一方面，是價值預設了評價，即種種「欣賞的觀點」（points de vue d'appréciation），而它們的價值正是來自於此。批判的問題是：諸價值之價值（la valeur des valeurs），它們的價值所來自的評價，因此是關於價值之創造的問題。評價被界定為所涉諸價值之差異元素（élément différentiel）：既批判又起創造作用的（créateur）元素。作為元素，評價不是價值，而是那些判斷著及評價著的人（ceux qui jugent et évaluent）之存有方式（manières d'être）、存在模式（modes d'existence），此即他們從事判斷時所參照的價值原理。這是為什麼相應於我們的存有方式或生命風格，我們會有所該有的信仰、感受、思想。除非人們「卑劣地」評價、「卑劣地」生活及思考，否則有一些事情他們不會說、感受或構想，有一些價值他們也不會相信。是以，重要的是：高與低、

1.　　譯註：楷體字為原書已有之斜體強調部分；**粗體字**為譯者所加，代表原書已有的大寫詞語；<u>底線</u>為譯者所加，方便辨識關鍵詞語及提醒。

高貴與卑賤並非一些價值，而是代表著價值本身之價值源自於此的差異元素。

　　批判的哲學具有兩項不可分的運動：將任何事物、以及將任何價值的起源關聯上某些價值；但同時也將這些價值關聯上某個如同它們的起源並決定了它們的價值的事物。我們看到尼采的雙重對抗。對抗那些自限於標榜既存價值，或以既定價值為名進行批判，而讓價值自外於批判的人：那些「哲學工人」（ouvriers de la philosophie），康德、叔本華[2]。但同時也對抗那些或批判或尊重價值、唯視之如出自簡單事實、來自所謂客觀事實的人：那些功利主義者，那些「學者」（savants）[3]。在這兩種情況中，哲學皆浸在——或者是在其自身有著價值（valoir en soi）或者是對所有人有著價值（valoir pour tous）的——無差異元素（élémént indifférent）中。尼采所起身反抗的，既是基礎（fondement）這種高高在上的觀念，它讓價值漠視於它們自己的起源；他所起身反抗的，也是關於一種簡單因果衍生（une simple dérivation causale）或一個扁平起始（un plat commencement）的觀念，其主張一種漠視價值的起源。尼采形構著系譜學（généalogie）的新概念。哲學家是系譜學家，而不是像康德那樣的法庭上的法官，也不是功利主義式的機械師（mécanicien）。哲學家是海希奧德[4]。尼采用差異或差距（distance）感受（差異元素）來取代康德的普遍性原理

（l'universalité kantienne）、來取代對功利主義者很重要的相似律（principe de la ressemblance）。「正是從這種差距感受之高處（le haut），我們擅取了創造價值或決定它們的權利：效用何干呢？」[5]

系譜同時意味著起源之價值（valeur de l'origine）與價值之起源（origine des valeurs）。系譜反對附加在價值上的絕對色彩，一如它也反對它們相對的或功利的色彩。系譜意味著諸價值之價值所源自的差異元素。因此，系譜意味著起源或誕生，但也意味著在起源中的差異或差距。系譜意味著在起源中的高貴與卑劣、高貴與卑鄙、高貴與墮落。高貴與卑賤、高與低，如此才是確實地系譜的或批判的元素。然而，以如此方式受到理解，批判同時也是最正面的（positif）。差異元素不會是關於諸價值之價值的批判，除非它也是一種創造之正面元素（l'élément positif d'une création）。這是為什

2.　原註：尼采，《超越善惡》（*Par-delà le Bien et le Mal*），第六卷，第211節。

3.　原註：前引書，第四卷。

4.　譯註：海希奧德（Hésiode），西元前八世紀古希臘詩人，長詩《工作與時日》（*Les Travaux et les Jours*）作者。

5.　原註：尼采，《道德系譜學》（*Généalogie de la morale*），第一卷，第2節。

麼批判從來不被尼采構想成一個反動（réaction），而是如同一個主動（action）。尼采讓批判之主動性（activité）跟報復（vengeance）、仇恨、怨恨（ressentiment）相對立。從《查拉圖斯特拉如是說》的卷首到卷尾，查拉圖斯特拉被他的「猴子」、「小丑」、「惡魔」（démon）跟隨著；然而，猴子之有別於查拉圖斯特拉，正如報復與怨恨之有別於批判本身。將自己跟猴子混淆，查拉圖斯特拉認為這是伸向他最可怕的引誘之一[6]。批判並非re-ssentiment（怨恨）之ré-action（反動），而是一種主動的（actif）存在模式之主動的表現：是進攻而非報復，一種存有方式所具有的天然攻擊性（agressivité naturelle）、神性的凶惡（méchanceté divine），若無之，我們無法想像完美[7]。這種存有方式是哲學家的存有方式，因為他正是致力於將差異元素運用為批判的及起創造作用的，因此如同一支鐵錘。他們「卑劣地」思考，尼采這麼說他的對手。從這套系譜學的想法中，尼采期盼著許多事：一套新的科學組織方式，一套新的哲學組織方式，關於未來價值的一種規定性（détermination）。

---

6. 原註：尼采，《查拉圖斯特拉如是說》（*Ainsi parlait Zarathoustra*），第三卷，〈路過〉（En passant）。
7. 原註：尼采，《瞧！這個人》（*Ecce Homo*），第一卷，第6、7節。

2

意義

　　如果我們不清楚占有（s'approprier）某物、利用之、控制之或藉之來表達的那個力（force），我們將永遠找不著此物的意義（此物可以是人的、生物的、甚或物理的現象）。一個現象並非一個外觀（apparence），甚至也不是一次顯現（apparition），而是在一個實際的力上頭找到其意義的一個符號（signe）、一個徵兆（symptôme）。整個哲學就是一門徵兆學（une symptomatologie）及一門符號學（une séméiologie）。諸科學係一套徵兆學的及符號學的體系。針對形上學的外觀與本質之二元性，乃至於針對科學之因果關係，尼采代之以現象與意義的對應性（corrélation）。任何力係對某個現實之量（une quantité de réalité）之占有（appropriation）、宰制、利

用。甚至，知覺在其不同面向上〔也只〕[8]是占有著自然的力的表現（l'expression de forces）。這意味著自然本身擁有一個歷史。一般而言，一個東西之歷史，係控制它的諸力之相繼過程（succession）及係為了控制它而對抗的諸力之並存狀態（coexistence）。一個相同的對象，一個相同的現象，隨著占有它的力而改變意義。歷史係意義之變化，亦即「激烈程度不一、或多或少彼此獨立的屈從（assujettissement）現象之相繼過程」[9]。因此，意義係一個複合概念：始終存在著一種意義之多元性（une pluralité de sens），一個星群（*constellation*），一個由各個相繼過程但同時也是各個並存狀態所組成的複合體，這讓詮釋成為一種技藝。「任何征服、任何宰制等同於一套新的詮釋。」

　　當我們沒有意會到其本質上的多元論（pluralisme），尼采的哲學便沒有受到理解。而老實說，多元論（又稱經驗論〔empirisme〕）跟哲學本身是同一回事。多元論是由哲學所發明、特屬於哲學的思考方式：在具體的精神（l'esprit concret）中對自由的唯一保證，一種激烈無神論之唯一原理。諸神已死：但祂們是聽聞到一位神宣稱祂是唯一的而笑死的。「有諸神而沒有一個唯一的神，神性（divinité）不正在此嗎？」[10]而這位說自己是獨一而二的神的死亡本身也是複數的（pluriel）：神之死是一樁其意義是多重的（multiple）事

件。這是為什麼尼采不相信鬧哄哄的「大事」，而相信每個事件所具有的靜悄悄的意義之多元性[11]。沒有一個事件、一個現象、一個字詞、一套思想，其意義不是多重的。隨著控制它的力（諸神），某個東西一下是這個（ceci），一下是那個（cela），一下是某個還要更複雜的東西。黑格爾想要醜化多元論，將之等同於一種幼稚的意識，它自滿於說「這個、那個、這裡、現在」，如同一位孩童結結巴巴地說著最卑微的需求。在一個東西具有多個意義的多元論觀念中，在有好幾個東西、而對同一個東西有著「這個而然後那個」的觀念中，我們看到哲學最高的征服、對真正的概念（le vrai concept）的征服、它的成熟，而非它的自棄及幼稚。因為對這個及那個之評價、對事物及它們各別意義之微妙斟酌（délicate pesée）、對在每個瞬間（à chaque instant）界定著一個事物及它跟其他事物關係之各個面向的諸力進行評估，所有這些（或所有那些）

8.　　譯註：〔 〕號為譯者所加，三種作用——或為正文之補充說明，或考量中文文句通順或幫助理解而新加的字，再或翻譯上的不同可能。

9.　　原註：《道德系譜學》，第二卷，第12節。

10.　　原註：《查拉圖斯特拉如是說》，第三卷，〈關於叛徒〉（Des transfuges）。

11.　　原註：前引書，第二卷，〈關於大事〉（Des grands événements）。

屬於哲學最高的技藝，即詮釋之技藝。進行詮釋及甚至是評價，便意味著斟酌（peser）。本質之概念並沒有在其中被拋去，而是獲得了一個新的涵義；因為並非所有的意義皆具有同樣價值。一個事物所具有的意義跟能夠控制它的力一樣多。然而，事物本身〔也〕並非中性的（neutre），而是跟實際上控制它的力之間有著或多或少親和性（affinité）。有些力，只能透過賦予限定的意義及否定的價值來控制事物。相反地，被我們名為本質的東西，則是在一件事物的所有意義當中，由那股表現出跟此事物最具親和性的力所給予的意義。是以在一個尼采喜歡列舉的例子中，宗教並不具有唯一的意義，因為它先後為好幾個力效勞過。但是，哪一個力跟宗教之間具有著最大的親和性呢？哪一個力讓我們分不清楚是誰宰制著呢，是它本身宰制著宗教、還是宗教自己宰制著它呢[12]？對所有的事物而言，這一切依然是斟酌的問題，是哲學微妙但嚴謹的技藝，是多元的詮釋。

如果我們想到一個新的力無法出現、無法占有一個對象，除非打從初始它便戴上一副已經占有此一對象的諸力之面具的話，詮釋便顯現出其複雜性。面具或詭計（ruse）皆係自然之慣例（lois de la nature），因此其不僅止於是一張面具及一樁詭計。在其初始，單單為了成為可能，生命必須模擬（mimer）物質。一個力無法存續下來，如果它不在一開始便向它所對

抗的先行的力借用容貌[13]。是以，哲學家無法誕生並帶著絲毫存留機會而茁壯，如果他不具有教士（prêtre）——這位在他出現之前主宰世界的禁欲的及宗教的人（l'homme ascétique et religieux）——之冥想模樣的話。一個如此之必要性壓迫在我們身上不僅僅見證著人們為哲學所塑造出來的滑稽形象：智者—哲學家（philosophe-sage）的形象，智慧及禁欲之友。但更且，在其茁壯時，哲學自身並不丟掉它的禁欲面具：它必須以某種方式信賴這副面具，它只能征服它，賦予它一個新的意義，其中哲學反宗教的力之真正本性才終於表現出來[14]。我們看到，詮釋之技藝也應當是一種穿透面具、發現誰戴著面具及為什麼、並且在何種目的下他們留著一副面具但同時又重塑著它的技藝。這意味著系譜不會在初始時便表露出來，而如果從誕生之初就探究起孩子之父是哪一個，我們便有陷入誤解之虞。在源頭中的差異不會從初始時便表露出來，除非是對一隻格外訓練有素的眼睛，這是從遠處看著的眼睛，遠視者

12. 　　原註：尼采問：是哪個力給予宗教「由它自己以至上的方式作用（agir souverainement par elle-même）的機會」？參見《超越善惡》，第三卷，第62節。

13. 　　原註：《道德系譜學》，第三卷，第8、9、10節。

14. 　　原註：前引書，第三卷，第10節。

（presbyte）之眼、系譜家之眼。唯當哲學已然茁壯，我們始可見其本質或系譜，並將哲學跟其在初始之際亟需與之相混的事物區分開來。所有的事物皆然：「在一切事物上，唯有最高等級（les degrés supérieurs）才重要。」[15]這不是說起源的問題不是問題了，而是因為除非相對於最高等級，否則作為系譜來構想的起源將無法被決定。

尼采說，我們毋庸去思慮希臘人受益於東方（l'Orient）之處[16]。哲學是希臘的，此乃就它在希臘第一次達到其最高的形式、就它在希臘表現出它真正的力及目標這一點來說的，而這些不可跟東方—祭師的力及目標混為一談，即便哲學利用著它們。*Philosophos*並不意味著智者，而是智慧之友。然而，我們必須以何等奇特的方式來詮釋「朋友」一詞：查拉圖斯特拉說，朋友始終是在je〔主格的我〕與moi〔受格的我〕之間的一個第三方，他促使我為了活著而自我超越及被超越[17]。智慧之朋友是倚仗智慧的人，但如同人們倚仗著一副面具，缺之就活不下去一樣[18]；智慧之朋友是讓智慧為一些新的目的效勞的人，這些新目的奇怪而危險、實際上非常不智。他要智慧自我超越，他要它被超越。的確，人們不是總被誤導；對於哲學家的本質、他的反智慧（anti-sagesse）、他的非道德主義（immoralisme）、他的友誼構想，人們緊追著不放。謙卑、貧窮、純潔，當這些智慧的及禁欲的美德（vertus）被哲學重

新掌握時，如同被一股新的力重新掌握時，我們可以猜想到它們會取得的意義[19]。

15.　　原註：尼采，《哲學之誕生》（*La Naissance de la Philosophie*）。

16.　　原註：前引書。

17.　　原註：《查拉圖斯特拉如是說》，第一卷，〈關於朋友〉（De l'ami）。

18.　　譯註：原句中的dans應為sans。

19.　　原註：《道德系譜學》，第三卷，第8節。

3

意志之哲學

系譜學不只詮釋，它也評價。直到現在，我們在講述事物時，有如相對著一個幾乎靜態的對象，各種不同的力對抗著並前仆後繼。然而，對象本身也是力，一個力的表現。這甚至就是為何在對象跟控制它的力之間存在著程度不一的親和性的緣故。不存在尚未被占有的對象（現象），因為在其自身（en lui-même）它並非一個外觀而是一個力的顯現。因此，任何力都處在跟另一個力的基本關係中。力之存有（l'être de la force）為複數（le pluriel）；將力以單數來思考，乃徹頭徹尾地荒謬。力係宰制，但也同時是宰制施展其上的對象。一種由帶著差距（à distance）作用著及承受著的力群之多元性（une pluralité de forces），其中差距是包含在每個力中的差異元素，

藉之每一個力跟其他一些力關聯起來：如此便是在尼采思想中的自然哲學原理。對原子論（atomisme）的批判必須從這項原理出發才能獲得理解；它指出原子論係一項嘗試，將基本的一種多元性及一種差距賦予物質，但實際上它們僅屬於力。只有力才以跟另一股力相關聯作為其存有（正如同馬克思在闡述原子論時所說的：「原子是它們自身的唯一對象，並且只能跟它們自己建立關係……」[20]然而問題是：原子的概念在其本質上能夠包含人們賦予它的這種基本關係嗎？除非我們所想的是力而非原子，否則這套概念無法自圓其說。因為原子的概念無法在其自身中包含確認一個這樣的關係所必要的差異，即在本質中並根據本質而來的差異〔différence dans l'essence et selon l'essence〕。是以，原子論是一副面具，用以遮掩正在誕生的動力論〔dynamisme〕）。

因此，在尼采那兒，力的概念係關於一個關連著另一個力的力（une force qui se rapporte à une autre force）的概念：在這個面向下，力名為一個意志（volonté）。意志（權力意

20.　　原註：馬克思，《德謨克利特和伊比鳩魯自然哲學之區別》（*Différence de la philosophie de la nature chez Démocrite et Épicure*）。

志〔volonté de puissance〕）係力之差異元素。由此得出關於意志哲學的一種新的構想；因為意志並不神祕地施展在肌肉上或神經上，更少施展在一般物質上，而是必然地施展在另一個意志上。真正的問題並不在意欲（le vouloir）跟無意欲（l'involontaire）的關係中，而是在一個命令著的意志跟一個服從著、服從程度不一的意志之間的關係中。「受到正確領會的意志只能作用（agir）在一個意志上，而非作用在一個物質上（例如神經）。我們必須從這裡理解到，凡有結果的地方，皆係一個意志作用在另一個意志上。」[21]意志被說為一個複合的東西，因為就它意欲著的情況下，它意欲著被服從，然而唯有意志能服從於那個命令它的東西。如此，多元論在意志哲學中尋得它直接的確認及其沃土。尼采跟叔本華之間的決裂點很清楚：正是關乎知悉意志係一或多（une ou multiple）這一點上。其他的問題悉定乎此；實際上，如果說叔本華被導向否定意志，這首先是因為他相信意欲之統一（unité）。因為依據叔本華，意志在其本質上是一，於是劊子手有時會明白他跟自己的受害者只是同一回事：正是對於意志在所有展露（manifestations）中之同一性（identité）的意識，引領著意志在憐憫中、在道德中及在禁欲主義中走向自我否定、自我消除[22]。尼采發現了在他看來係叔本華特有的神祕化（mystification）：當我們認定意志之統一、同一，我們就必然

否定意志。

　　尼采譴責靈魂、我（le moi）、利己主義（égoïsme）為原子論最後的藏身之所。心理的原子論並不比物理的原子論更有價值：「在整個意欲中，所關乎的只是內在於一個由多個靈魂所構成的複合集體結構中的命令及服從。」[23]當尼采稱頌利己主義時，這總是以一種攻擊性的或論戰性的（polémique）方式：對抗美德，對抗無利害〔或無私〕（désintéressement）之美德[24]。不過在實際上，利己主義是對於意志的一種糟糕詮釋，如同原子論是對力的一種糟糕詮釋一樣。為了利己主義存在，還需要自我（ego）存在。任何一個力總是關聯上另一個力，或為了命令，或為了服從，這才是讓我們踏上起源之道的關鍵：起源是在源頭中的差異，在源頭中的差異就是階層（hiérarchie），也就是說一個宰制力跟一個被宰制力之關係，一種獲得服從的意志跟一個服從著的意志之關係。階層，作為

21.　　原註：《超越善惡》，第二卷，第36節。

22.　　原註：叔本華（Schopenhauer），《作為意志和表象的世界》（*Le Monde comme volonté et comme représentation*），第四卷。

23.　　原註：《超越善惡》，第一卷，第19節。

24.　　原註：《查拉圖斯特拉如是說》，第三卷，〈關於三惡〉（Des trois maux）。

跟系譜劃分不開的東西，這就是尼采所稱的「我們的問題」[25]。階層是起源性事實（le fait originaire），差異與起源之同一。階層問題為什麼正好就是「自由精神」（esprits libres）的問題，我們將在後文中理解。在這方面，無論情況如何，我們可以強調，系譜學的任務是從意義向價值邁進、從詮釋向評價邁進：某事物的意義是此事物跟占有它的力之間的關係，某事物的價值則是展現在作為複合現象的事物中的力的階層（la hiérarchie des forces）。

25.　　　原註：尼采，《人的、太過於人的》（*Humain, trop humain*），〈前言〉，第7節。

4

反對辯證法

　　尼采是「辯證法家」嗎？介於一方跟另一方間的關係，即便是基本的，也不足以構成一個辯證關係：一切但憑在此關係中否定（le négatif）的角色。尼采確實說力總有另一個力為其對象。但確切地說，力是跟另一些力一起才進入關係中。生命是跟另一種生命一起才進入對抗中。多元論有時帶著若干辯證法的外觀；〔實際上〕它是辯證法最勢不兩立的敵人，唯一深入的敵人。這是為什麼我們應該嚴肅看待尼采哲學所具有的堅定的反辯證法特質。人們說尼采對黑格爾的認識不夠。此乃從一個人對其死對頭認識不夠的這個意義上說的。與此相反，我們相信尼采對黑格爾思潮、諸多不同的黑格爾流派並不陌生；如同馬克思，尼采也在這裡面找到了他的一些攻擊目標。

如果我們沒發現尼采哲學所要反對的是誰，那麼他的整個哲學便會停留在抽象、難解的狀態下。不過，「反對誰？」這個問題本身也同時引來了好幾個回答。然而其中一個格外重要的回答是，以超人（surhomme）來反對關於人的辯證構想，而以價值重估（transvaluation）來反對關於占有或消除異化的辯證法。反黑格爾主義的思想貫穿在尼采的作品中，如同攻擊線。在尼采關於力的理論中，我們已經可以依循著這條線前進了。

在尼采思想中，一個力跟另一個力的基本關係從未在本質上被構想成一種否定元素。在跟另一個力的關係中，讓自己被服從的力並不否定另一個力或否定它所不是的東西（ce qu'elle n'est pas），它肯定著它自己的差異並享受著（jouir）此一差異。否定並非出現在本質中，作為力從中得到其主動性的來源；相反地，否定得自於這個主動性，得自於一個主動力（force active）之存在及得自對於它的差異之肯定。否定是存在本身的一個產物：否定是必然地跟一種主動存在有所關連的攻擊性，是一種肯定所具有的攻擊性。至於否定概念（亦即否定作為概念），「這只是一個蒼白的對比，相較於整個被生命及激情（passion）所浸透的根本概念（concept fondamental）而言，其誕生得晚。」[26]對於否定、對立或矛盾這樣的思辨元素（élément spéculatif），尼采代之以差異這樣的實踐元素（élément pratique）：肯定及享受之對象[27]。正是在這個意義

上，我們說有著一種尼采的經驗論。在尼采那兒如此頻繁被提出的「一個意志意欲著的東西是什麼？」、「這個、那個意欲著的東西是什麼？」問題，不應該被理解成係探究此意志所具有的一個目的、一個動機、一個對象。意志所意欲的，是肯定它的差異。在跟另一個意志的基本關係中，一個意志將其差異作為一個肯定之對象。「被知差異的快樂」（le plaisir de se savoir différent），對於差異之享受[28]：經驗論用新的、攻擊的及輕盈的概念元素，來取代辯證法的沉重概念，並且尤其是取代如同辯證法家所說否定工作（travail du négatif）。說辯證法是工作而經驗論是享受，此乃將它們的特性充分彰顯出來。而誰告訴我們在工作中比在享受中有著更多的思想呢？差異是跟本質分不開並構成存在的一種實踐肯定之對象。尼采的「是」（le oui）對立於辯證法的「否」（le non）；肯定對立於辯證法的否定；差異對立於辯證法的矛盾；喜悅、享受對立於辯證

---

26. 原註：《道德系譜學》，第一卷，第10節。

27. 譯註：從尼采哲學跟黑格爾辯證法的對照中，鋪陳了一系列的對比：實踐的對思辨的，肯定的對否定的，主動的對反動的、以及稍後提到的尼采的「是」對辯證法的「否」、輕的對重的、享受對工作等。

28. 原註：《超越善惡》，第八卷，第260節。

法的工作；輕盈、舞蹈對立於辯證的沉重；美的不負責任（la belle irresponsabilité）對立於辯證法的責任。對於差異的經驗感受（sentiment empirique），簡言之就是階層，這就是概念的基本動力（le moteur essentiel du concept），其較諸任何矛盾思想都更加有效及更為深刻。

尤有甚者，我們應該問：辯證法家他自己想要的東西是什麼？這個意欲辯證法的意志，它想要的是什麼？一個無力於肯定其差異的枯竭的力（une force épuisée），一個不再作用著、只對那些宰制它的力反作用著的力[29]：唯有一個這樣的力，才會在它跟另一個力的關係中將否定元素放在最優先的位置上，它否定它所不是的一切，並且以這樣的否定作為自己的本質及存在的原理。「當貴族道德來自一種對於它自身的勝利式肯定，奴隸道德則打從開始就對不屬於它的東西說否，對異於它的東西說否，對那個是它的非我（son non-moi）的東西說否：這個否就是它的創造行為。」[30]這是為什麼尼采把辯證法說成是群氓的思辨（la spéculation de la plèbe）、說成是奴隸的思考方式[31]：於是，抽象的矛盾思想贏過具體的正面的差異感受（le sentiment concret de la différence positive），反動贏過主動，報復和怨恨取代了攻擊。而反過來，尼采指出，在主人（le maître）那兒，否定的東西始終是一個次要的、從其存在中衍生出來的產物。同樣地，主人跟奴隸的關係並非在其自身是辯

證的。誰是辯證法家，誰將關係辯證化（dialectiser）了呢？是奴隸，是奴隸的觀點，是奴隸觀點下的思想。在實際上，著名的主—奴關係的辯證觀點取決於此：在其中，權力被構想的方式，不是作為權力意志，而是作為權力之再現（représentation de la puissance）、如同上位性之再現（représentation de la supériorité），如同由「一方」對「另一方」上位性之承認（reconnaissance）。在黑格爾那兒，意志所想要的是讓它們的權力被承認，讓它們的權力被再現。然而，在尼采看來，這裡有著一種對於權力意志及其本性全然錯誤的構想方式。這樣的構想方式就是奴隸的構想方式，它是怨恨之人（l'homme du ressentiment）為自己形塑的權力形象。是奴隸僅僅將權力構想

---

29. 譯註：action / réaction、actif / réactif、agir / réagir、activité這一系列的詞頻繁出現在書中，斟酌每次出現時的上下文義，我們的翻譯方式如下：主動的（actif）與反動的（réactif）、行動〔或作用〕（action）與反動〔反作用〕（réaction）、主動性（activité）、動詞的行動〔或作用〕（agir）與反動〔或反作用〕（réagir）等。

30. 原註：《道德系譜學》，第一卷，第10節。

31. 原註：尼采，《偶像的黃昏》（Crépuscule des idoles），〈蘇格拉底的問題〉（Le Problème de Socrate），第3-7節；尼采，《權力意志》（La volonté de Puissance），第一卷，第70節：「在辯證法中取得勝利的是庶民……辯證只能充作防禦性武器。」

成一個承認之對象、一個<u>再現</u>之內容、一個競爭之得失，並且因而在一場爭鬥結束時，他讓權力取決於一種簡單的關於既定價值之<u>授予</u>（*attribution de valeurs établies*）[32]。如果主人與奴隸關係可以輕易地套上辯證的形式，乃至於對所有的年輕黑格爾分子而言宛如一個學派之原型（archétype）或形象，那是因為從一開始，黑格爾呈現給我們的主人肖像便是由奴隸所繪製的肖像，一個再現著奴隸的肖像，至少如他夢寐以求，充其量只是一個達到最高境界的奴隸（un esclave arrivé）。在黑格爾式的主人形象背後，不變的是力爭上游的奴隸。

32.　　原註：關於尼采反對把權力意志當成讓自己受到「承認」的意志，因此就是當成讓自己<u>被授予</u>現行價值的意志，參見《超越善惡》，第261節；《曙光》（*Aurore*），第113節。

5

希臘悲劇之問題

　　尼采的評論者基本上要避免在任何託辭下「辯證化」尼采的思想。然而,託辭卻呼之欲出:亦即貫穿尼采作品的悲劇文化、悲劇思想、悲劇哲學所提供的託辭。不過重點是,尼采稱作「悲劇的」(tragique)的東西是什麼呢?他將世界之悲劇觀點跟另外兩種觀點對立起來:辯證法的觀點及基督教的觀點。或者毋寧說,仔細地清點,希臘悲劇(la tragédie)[33]有三個死亡方式:它第一次死於蘇格拉底的辯證法,這是它的

33.　　譯註:譯文將le tragique譯為悲劇,指涉具一般性,la tragédie譯為希臘悲劇,是尼采在《希臘悲劇之起源》中的詮釋主題。`

「歐里庇得斯的」死[34]。它第二次死於基督教。第三次死在現代辯證法和華格納本人的聯手打擊下。尼采堅持著下述幾點：德國的辯證法和哲學根深蒂固的基督教特徵[35]；在體驗悲劇、理解悲劇、思考悲劇方面，基督教及辯證法有著先天的無能（incapacité congénitale）。「是我發現了悲劇」，甚至連希臘人也沒看清楚它[36]。

辯證法提出了關於悲劇的某種構想方式：它將悲劇跟否定、對立、矛盾關聯起來。苦難（souffrance）與生命二者之矛盾、生命自身中有限與無限之矛盾、在理念中特殊命運與普遍精神之矛盾；矛盾之運動，以及也是其化解（solution）之運動：這就是悲劇被表現的方式。然而，如果我們考察《希臘悲劇之起源》（Origine de la tragédie）這本書，我們可以清楚看到尼采在其中並非辯證法家，他毋寧是叔本華的門徒。我們也記得叔本華自己並不欣賞辯證法。然而，在這第一本著作中，尼采在叔本華的影響下向我們所提出的框架僅在矛盾及其化解被構想的方式上跟辯證法有別。尼采後來在談到《希臘悲劇之起源》時說道：「它以一種相當危險的方式散發著黑格爾主義的氣息。」[37]因為矛盾及其化解仍然起著基本原理的作用；「我們在其中看到反論（antithèse）轉化成統一（unité）。」我們應當循著這部艱澀作品的推進，來了解尼采接下來如何建立一種關於悲劇的新構想：

1. 在《希臘悲劇之起源》中，矛盾是原始統一（l'unité primitive）與個體化（individuation）、意欲與外觀、生命與苦難之間的矛盾。這種「起源的」矛盾做了對生命不利的見證，它控訴生命：生命需要被正當化（être justifiée）[38]，也就是說從苦難及矛盾中被拯救（rachetée）。《希臘悲劇之起源》是在這些基督教辯證範疇的陰影下展開的：正當化、救贖（rédemption）、和解（réconciliation）；

---

34. 譯註：歐里庇得斯（Euripide，西元前480-406年），與埃斯庫羅斯（Eschyle）和索福克勒斯（Sophocle）並稱為希臘三大悲劇作家。

35. 原註：《反基督》（*L'Antéchrist*），第10節。

36. 原註：《權力意志》，第四卷，第534節。

37. 原註：《瞧！這個人》，第三卷「何以我寫了這麼好的書」，〈希臘悲劇之起源〉（L'origine de la tragédie），第1節。

38. 譯註：本書中出現一系列跟juste有關聯的單詞，包括juste及injuste、justifier及justification、justice及injustice，這些字詞或有不同的翻譯方式，不過在它們關聯上此處所說的「生命需要被正當化」（la vie a besoin d'être justifiée）這個意義的情況下，翻譯上概以「正當」概念為核心，上述單詞分別譯為：正當的及不正當的、正當化（動詞）、正當化（名詞）、正當及不正當。

2. 矛盾顯現在戴奧尼索斯〔酒神〕和阿波羅〔日神〕的對立中。阿波羅神性化了個體化原理，祂為外觀造了外觀、美麗的外觀、夢或造型的形象（l'image plastique），從而掙脫了苦難：「藉著祂環繞在外觀之永恆性上的燦爛榮光，阿波羅戰勝了個體之苦難」，祂抹去了痛苦（douleur）[39]。相反地，戴奧尼索斯回到原始統一中，祂打碎個體、將他拉進大沉淪（le grand naufrage）中並將他吸收到起源存有（l'être originel）中：如此，祂重現（reproduire）了矛盾，當成個體化之痛苦，但藉著讓我們參與在唯一存有或普遍意欲之豐盈（surabondance）中而將它們消解（résoudre）在一種更高的快樂中。因此，戴奧尼索斯和阿波羅之對立，不是如同矛盾之兩造，而是作為消解矛盾的兩種反論方式：阿波羅，間接地，在對於造型形象之凝視（contemplation）中；戴奧尼索斯，直接地，在重現中、在意志的音樂象徵（le symbole musical de la volonté）中[40]。戴奧尼索斯就像阿波羅在其上繡出美麗外觀的底布（fond）；但在阿波羅之下，是發出嘶吼的戴奧尼索斯。因此，反論本身需要被消解，「被轉

化成統一」；[41]

3. 希臘悲劇就是這個和解，這個由戴奧尼索斯所主
   導、引人讚嘆但卻岌岌可危的結盟。因為在希臘
   悲劇中，戴奧尼索斯是悲劇之深層（le fond du
   tragique）。唯一的悲劇人物是戴奧尼索斯：「受
   苦著的和被頌揚的神」；唯一的悲劇主題是戴奧
   尼索斯的苦難，即個體化之苦難但重新被吸收到
   原始存有的快樂中；以及唯一的悲劇觀眾即合唱
   隊（le choeur），因為它是戴奧尼索斯式的，因
   為它視戴奧尼索斯如它的主宰者（son seigneur
   et maître）[42]。但另一方面，阿波羅的貢獻在
   於：在希臘悲劇中，是阿波羅將悲劇發展成戲劇

39.　　原註：《希臘悲劇之起源》，第16節。

40.　　原註：有關間接形象（image médiate）及象徵（symbole）──有時被稱作
　　　　「意欲之直接形象」（image immédiate du vouloir）──二者間的對立，參
　　　　見《希臘悲劇之起源》，第5、16、17節。

41.　　原註：《權力意志》，第四卷，第556節：「說到底，我只能努力臆測為什
　　　　麼希臘的阿波羅主義（apollinisme）必須從戴奧尼索斯的土裡冒出；為什麼
　　　　戴奧尼索斯的希臘必得變成阿波羅的。」

42.　　原註：《希臘悲劇之起源》，第8、10節。

（*drame*），在一齣戲劇中表達悲劇。「希臘悲
劇是戴奧尼索斯的合唱隊藉著向外投射出一個阿
波羅形象的世界而舒展……在相繼幾次爆發的過
程中，希臘悲劇之原始根基（le fond primitif）藉
著擴散而產生出這種戲劇幻象，其本質上是一個
夢……戲劇因此是戴奧尼索斯的概念及行動的再
現」，是戴奧尼索斯在一種阿波羅的形式下及在
一種阿波羅的世界中的客觀化（objectivation）。

6

尼采之演變

因此，在《希臘悲劇之起源》中，悲劇在整體上被界定的方式如下：起源的矛盾、它的戴奧尼索斯的化解、以及這個化解的戲劇表現。重現和消解矛盾，透過重現來消解它，將起源性的矛盾消解在起源的根基（le fond originel）中，如此便是悲劇文化及其在現代的代表人物——康德、叔本華和華格納——的特點。「它的顯著特點是以一種智慧取代了科學，這種智慧對著宇宙的結構投以冷靜的注視，並努力在其中理解永恆的痛苦，在其中，帶著一種溫柔的同感，它承認了自己的痛苦。」[43] 但是，在《希臘悲劇之起源》中已然浮現出許多東

43.　　原註：前引書，第18節。

西，讓我們察覺到一種跟上述框架毫不相符的新構想方式。首先，戴奧尼索斯被堅決地呈現為肯定的及起肯定作用的神（dieu *affirmatif et affirmateur*）。祂不自滿於將痛苦「消解」為一種更高的、超個人的（supra-personnel）快樂，祂還肯定了痛苦並使之成為某個人的快樂（le plaisir de quelqu'un）。這就是為什麼戴奧尼索斯自身變形（*se métamorphoser*）為多重肯定（affirmations multiples），多過於祂將自己消解在起源存有中或是將多重（le multiple）重新吸收在一種原始深處中。祂肯定著生長（*croissance*）的痛苦，多過於重現個體化之苦難。祂是肯定著生命的神，對祂而言，生命需要被肯定，而非需要被正當化或被拯救。但是，讓這第二種戴奧尼索斯無法凌駕在第一種戴奧尼索斯之上的因素，係因為超個人元素始終伴隨著起肯定作用的元素，並且最終占了上風。例如，〔在書中〕確實出現了關於永恆回歸（l'éternel retour）的預感：狄蜜特[44]得知她將能夠再次生下戴奧尼索斯；不過，此一戴奧尼索斯的復活僅被詮釋為「個體化之終結」[45]。在叔本華和華格納的影響下，對生命的肯定依然無法成形，除非透過將苦難消解在普遍（l'universel）之中及在一種超越個體的快樂（un plaisir qui dépasse l'individu）中這樣的方式。「個體必須被轉變成一個高於個人的、非個人的存有（un être impersonnel, supérieur à la personne）。這就是希臘悲劇所提出的目標……」[46]

當尼采在其整個著作尾聲對《希臘悲劇之起源》進行省思時，他在這本書中看到兩項重要的創新，超越了半辯證的、半叔本華色彩的格局[47]：其一正是戴奧尼索斯所具有的肯定作用特質，是對生命的肯定，而非高於它的化解、或者是對它的正當化。另一方面，尼采欣慰於已經發現了一項將在往後充分展現其重要性的對立關係。因為從《希臘悲劇之起源》開始，真正的對立不是戴奧尼索斯和阿波羅之間全然辯證式的對立，而是戴奧尼索斯和蘇格拉底之間更深沉的對立。跟悲劇相對立或說悲劇因之而死的並非阿波羅，而是蘇格拉底；蘇格拉底既無關乎戴奧尼索斯亦非阿波羅[48]。蘇格拉底可透過一種奇特的顛倒來加以界定：「當在<u>生產的人</u>（les hommes productifs）[49]身上，本能是一種肯定的和起創造作用的力，而意識是一種批判的和否定的力；在蘇格拉底那兒，本能成為批判的而意識則

<hr>

44.　　譯註：狄蜜特（Démèter），希臘神話中司掌農業、豐收的女神。根據部分說法，戴奧尼索斯是宙斯及狄蜜特之子。

45.　　原註：前引書，第10節。

46.　　原註：「不合時宜的思考」系列（Considérations intempestives）第三卷《叔本華教育者》（*Schopenhauer éducateur*），第3、4節。

47.　　原註：《瞧！這個人》，第三卷「何以我寫了這麼好的書」，〈希臘悲劇之起源〉，第1-4節。

48.　　原註：《希臘悲劇之起源》，第12節。

49.　　譯註：此處的「生產的」宜從廣義的角度來理解，如創造、發生。

成為起創造作用的。」[50]蘇格拉底是墮落（la *décadence*）的第一位能手：他用觀念來反對生命，他透過觀念來評判生命，他認定生命必須由觀念所評判、正當化及拯救。他要求我們的是能夠感覺生命——其被否定之重量（le poids du négatif）所輾壓——不值得以其自身受到渴望、不值得就其自身被經歷：蘇格拉底是「理論的人」（l'homme théorique），是悲劇的人（l'homme tragique）唯一真正的對立面[51]。

　　但此處一樣，某個東西阻擋了這第二個主題自由地開展。為了讓蘇格拉底與希臘悲劇之間的對立充分發揮，為了讓它實在地成為否與是之間、對生命之否定與它的肯定之間的對立，首先便需要讓在希臘悲劇中的肯定元素（l'élément affirmatif）本身能夠顯露和展示其自身，由所有從屬關係中釋放出來。甚至，在這個路線上，尼采不再能停下腳步：戴奧尼索斯—阿波羅的反論也必須不再占有首要位置，必須漸趨於平淡或甚至消失，以利真正的對立。最後，也需要真正的對立本身有所調整，它不再侷限在蘇格拉底身上、以之作為代表人物；因為蘇格拉底太過希臘化了，基於他的明朗，他在開始時帶點阿波羅的色彩，在末尾時，則成了「學音樂的蘇格拉底」[52]，因而又帶點戴奧尼索斯的樣子。蘇格拉底還沒有給予生命之否定全部的力；在他那兒，生命之否定也還沒找到它的本質。因此，還需要悲劇的人在純粹肯定（l'affirmation pure）中找到他

自己的元素的同時，也發現他更深刻的敵人，那位真正地、明確地、本質地進行著否定事業（l'entreprise de la négation）的人。尼采嚴謹地貫徹著這個方案。對於戴奧尼索斯－阿波羅——透過和解來消解痛苦的神——的反論，代之以戴奧尼索斯－雅莉安（Dionysos-Ariane）之間更為神祕的互補性（complémentarité）；因為當事情攸關肯定生命，一位女性、一位未婚妻是必要的[53]。對於戴奧尼索斯－蘇格拉底的對立，代之以真正的對立：「人們了解我嗎？——戴奧尼索斯反對十字架上的人（le crucifié）。」[54]尼采指出，《希臘悲劇之起源》對基督教未多著墨，它還沒辨別出基督教。而正是基督教，它既不屬於阿波羅亦與戴奧尼索斯無關：「它否定了審美價值，而這正是《希臘悲劇之起源》唯一認可的價值；它是在最深刻意義上地虛無主義的（nihiliste），同時在戴奧尼索斯的象徵中，肯定之極限（limite extrême）也已達到。」[55]

50.　　原註：前引書，第13節。

51.　　原註：前引書，第15節。

52.　　原註：同前。

53.　　譯註：因為肯定本身需要被肯定，第一個肯定需要被第二個肯定所肯定。後文中，德勒茲還會談到。

54.　　原註：《瞧！這個人》，第四卷，第9節；《權力意志》，第三卷，第413節；第四卷，第464節。

55.　　譯註：這也就是真正的對立，一端是最深層的否定，一端是純粹的肯定。

7

戴奧尼索斯與基督

在戴奧尼索斯身上及在基督身上，殉道是相同的，受難是相同的。這是相同的現象，但卻有著兩個相反的意義[56]。一邊，生命正當化了苦難、肯定了苦難；另一邊，苦難讓生命受到控訴，做了對生命不利的見證，讓生命成為必須被正當化的東西。生命中有苦難，這對基督教而言首先意味著生命並非正當的（juste），它甚至在本質上是<u>不正當的</u>（injuste），它藉由苦難來為一種本質上的<u>不正當</u>（une injustice）付出代價：生命因為受苦而<u>有罪</u>（coupable）。然後，這意味著它必須被正當化，也就是說，從它的不正當中被救贖或被解救，被這個剛才指控它的同一個苦難所解救：<u>它必須受苦，既然它是有罪的</u>。基督教的這兩個面向，形成了尼采

所謂的「愧疚」（la mauvaise conscience）或痛苦之內在化（l'intériorisation de la douleur）[57]。它們界定出特屬基督教的虛無主義（nihilisme），也就是說基督教否定生命的方式：一方面，是製造有罪（culpabilité）的機器，痛苦—懲罰的可怕等式（l'horrible équation douleur-châtiment）；另一方面，是讓痛苦倍增的機器，藉著痛苦來正當化，不潔的工廠（l'immonde usine）[58]。甚至當基督教頌揚愛與生命時，何等的詛咒在這些頌揚中，何等的仇恨在這種愛之下！它愛生命，就像猛禽愛羔羊一樣：柔嫩的、殘缺不全的、垂死中的。辯證法家認定基督教的愛如同一種反論，例如，如同猶太教仇恨之反論。但是，辯證法家之行業及職務，便是在任何存在著一些有待做出的更棘手評價之處、任何存在著一些有待詮釋的協調（coordinations）之處，建立起一些反論。花是葉之反論，它「反駁」（réfuter）葉，這就是對辯證法很要緊的一項著名發現。基督教的愛之花也以這種方式「反駁」仇恨：也就是說以

56.　　原註：《權力意志》，第四卷，第464節。

57.　　原註：《道德系譜學》，第二卷。

58.　　原註：關於「理想之製造」（fabrication de l'idéal），參見前引書，第一卷，第14節。

一種完全虛構的方式。「我們想像不到愛展開來……如同猶太教仇恨之反論。不，恰恰相反。愛出於這種恨，如其冠冕一樣綻放，這是一頂凱旋的冠冕，它在一顆純潔太陽之炙熱光芒下擴張著，但在這個由光亮及崇高所統治的嶄新領域中，它始終還是追求著跟仇恨相同的目標：勝利、征服、誘惑。」[59]基督教的喜悅是「消解」痛苦的喜悅：痛苦被內在化，透過這種方式交給神，透過這種方式由神背負起來。「一個被放上十字架的神的這種弔詭，一種想像不到及極度殘酷的這種神祕」[60]，這就是基督教所特有的狂躁（manie），一種已經全然辯證式的狂躁。

對真正的戴奧尼索斯而言，這個面向變得多麼格格不入！《希臘悲劇之起源》裡的戴奧尼索斯仍在「消解」痛苦；祂所感受到的喜悅仍舊是消解它、還有將之帶到原始統一中的喜悅。但現在，戴奧尼索斯已經確切地掌握住祂自己的變形（métamorphoses）之意義與價值：一位對祂而言生命不需要被正當化、對祂而言生命乃本質上正當的神。更有甚者，現在是生命負責正當化這件事，「它甚至肯定最嚴厲的苦難」[61]。我們要明白的是：它不再藉著內在化痛苦而消解之，而是在其外在性的元素中（dans l'élément de son extériorité）肯定之。而以此為起點，戴奧尼索斯跟基督之間的對立以針鋒相對的方式全面展開，如同對生命的肯定（其極端的欣賞）和對生命

的否定（其極端的貶低）。戴奧尼索斯的狂熱（mania）對立於基督的狂躁；戴奧尼索斯的沉醉（ivresse）對立於基督的沉醉；戴奧尼索斯遭受撕碎的命運[62]對立於基督被釘上十字架；戴奧尼索斯的復活對立於基督的復活；戴奧尼索斯的價值重估對立於基督的變體（transubstantiation）[63]。因為有兩種苦難和受難者。「那些由於生命之豐盈（surabondance）而受苦的人」讓苦難成為一種肯定，有如讓沉醉成為一種主動性；在戴奧尼索斯的肉身撕碎中，他們看到肯定之極端形式，沒有迴避、例外或選擇之可能。「相反地，那些由於一種生命之貧乏（appauvrissement）而受苦的人」使沉醉成為抽搐或麻

59.　　原註：前引書，第一卷，第8節。基本上，費爾巴哈（Feuerbach）對黑格爾辯證法的責難已然如此：熱衷於虛構的反論，有損實在的協調。參見費爾巴哈，《對黑格爾哲學之批判》（Contribution à la critique de. la philosophie hégélienne），《哲學宣言》（Manifestes philosophiques）阿圖塞翻譯，PUF出版。同樣，尼采會説：「協調：代替因果關係。」參見《權力意志》，第二卷，第346節。

60.　　原註：《道德系譜學》，第一卷，第8節。

61.　　原註：《權力意志》，第四卷，第464節。

62.　　譯註：根據神話傳說，剛出生的戴奧尼索斯曾被泰坦神（Titans）撕碎（lacération），後重生。

63.　　譯註：指麵包和葡萄酒在神父祝聖時化成基督的身體和血液，神學曰「變體」。

瘁；他們使苦難成為一種控訴生命、與之唱反調的方式，並且也是一種將生命正當化、消解矛盾的方式[64]。實際上，凡此種種皆觸及一位救世主（sauveur）的觀念；再也沒有比這位同時是劊子手、受害者及撫慰者（神聖的三位一體〔la sainte Trinité〕）——此乃愧疚之偉大夢想——更好的救世主了。從一位救世主的觀點來看，「生命必須是通往神聖的道路」；從戴奧尼索斯的觀點來看，「存在就其本身看來就夠神聖並能正當化一種經由外加而來的（par surcroît）[65]無邊苦難。」[66]戴奧尼索斯的肉身撕碎是多重肯定之直接象徵；基督的十字架，十字的符號，則是矛盾及其化解之形象，臣服於否定工作的生命。被開展的矛盾、矛盾之化解、各種矛盾事物之和解，所有這些概念皆變得跟尼采格格不入。那是查拉圖斯特拉吶喊著：「比整個和解更高的東西」[67]——肯定。比任何被開展、消解、消除的矛盾更高的東西——價值重估。查拉圖斯特拉跟戴奧尼索斯的共通點就在於此：「我將我施以祝福的肯定帶至所有深谷裡（查拉圖斯特拉）……不過，再一次，這正是戴奧尼索斯的觀念。」[68]戴奧尼索斯或查拉圖斯特拉跟基督之間的對立並不是一種辯證的對立，而是跟辯證法本身的對立：差異性的肯定（affirmation différentielle）反對辯證性的否定，反對所有的虛無主義及反對這種虛無主義的特殊形式。關於戴奧尼索斯所做的詮釋中，再也沒有一個比稍後由奧托（Otto）[69]所提

出的，跟尼采的詮釋之間，有著愈加南轅北轍的落差：一個黑格爾主義的、辯證法的及辯證法家的戴奧尼索斯！

64.　原註：《尼采反對華格納》（*Nietzsche contre Wagner*），第5節。我們將會注意到並非所有的沉醉皆是戴奧尼索斯式的，也存在著一種基督的沉醉，跟戴奧尼索斯的沉醉相對立。（譯按：查無第5節段落，這兩段引文出現於〈一種沒有未來的音樂〉（Une musique sans avenir）卷章中「Nous autres antipodes」小節開頭處。）

65.　譯註：這也就是本段稍早德勒茲所說的「它在其外在性的元素中肯定之」。

66.　原註：《權力意志》，第四卷，第464節。

67.　原註：《查拉圖斯特拉如是說》，第二卷，〈關於救贖〉（De la rédemption）。

68.　原註：《瞧！這個人》，第三卷「何以我寫了這麼好的書」，〈查拉圖斯特拉如是說〉，第6節。

69.　譯註：指德國文獻學家瓦特・奧托（Walter F. Otto, 1874-1958），著有《希臘諸神與戴奧尼索斯》（*Les Dieux de la Grèce et Dionysos*），1933年。

8

悲劇之本質

　　戴奧尼索斯肯定所有顯現的東西（tout ce qui apparaît），「甚至是最嚴厲的苦難」，並且顯現在所有被肯定的東西（tout ce qui est affirmé）中。多重的或多元的肯定，此乃悲劇之本質。如果我們想到將一切皆當成肯定之對象所面臨的困難，那麼我們便會更加理解悲劇。這當中需要多元論之努力及才智、變形之權力、戴奧尼索斯的肉身撕碎。當焦慮或厭惡出現在尼采身上時，事情總是落在這一點上：一切皆能成為肯定之對象、也就是喜悅之對象嗎？對於每一個事物，皆必須找到特定方法（les moyens particuliers），藉此它被肯定，藉此它不再是否定的[70]。剩下的是，悲劇並不在這種焦慮或這種厭惡本身中，也不在一種對於失去的〔原始〕統一之緬懷當中。悲劇

只在如此這般的（*comme telle*）肯定之多重性（la multiplicité de l'affirmation）中、肯定之多樣性（la diversité de l'affirmation）中。界定悲劇的是多重之喜悅、複數的喜悅。這種喜悅不是某種昇華（sublimation）、某種淨化（purgation）、某種補償（compensation）、某種放棄、某種和解的成果：在關於悲劇的所有理論中，尼采譴責一種基本的無知，即對於希臘悲劇乃審美現象的無知。悲劇指喜悅之審美形式，而非一種醫學處方，亦非一種關於痛苦、恐懼或憐憫的道德化解方式[71]。那個是悲劇性的的東西（ce qui est tragique）是喜悅。但這意味著希臘悲劇是直接地喜悅的（immédiatement joyeuse），它並不召喚恐懼和憐憫，除非是出現在魯鈍的觀眾身上及那種靠它在

70.　原註：參照查拉圖斯特拉對永恆回歸所感到的焦慮及厭惡。從《不合時宜的思考》（Considérations inactuelles）系列作品開始，尼采當成原理：「任何可以被否定的存在也本該是如此的；其係真確的（être véridique），這等同於相信一種存在，它絕對不會被否定及它本身是真的和無欺的。」參見《不合時宜的思考》系列第三卷《叔本華教育者》（*Schopenhauer éducateur*），第4節。

71.　原註：從《希臘悲劇之起源》開始，尼采便對亞里斯多德關於希臘悲劇—淨化作用（la tragédie-catharsis）的這套想法加以抨擊。他指出對於淨化作用（*catharsis*）有兩種可能的詮釋：道德性昇華（sublimation morale）及醫療性淨化（purgation médicale）（《希臘悲劇之起源》，第22節）。但無論以那種方式進行詮釋，淨化作用都將悲劇理解為令人消沉的激情（passions déprimantes）及「反動式」感受（sentiments réactifs）之作用。參見《權力意志》，第四卷，第460節。

道德性昇華或醫療性淨化方面取得良效的病態的及道德化的聽眾（auditeur pathologique et moralisant）身上的那種恐懼和憐憫。「希臘悲劇之重生帶來了藝術家聽眾（l'auditeur artiste）之重生，其在劇場中的位置迄今始終被一個帶著半道德、半學問意圖的奇怪冒牌貨所占據，即評論家。」[72]而實際上，悲劇需要一次真正的重生，好讓它從糟糕聽眾身上的所有恐懼或憐憫中掙脫出來，他們在悲劇上加諸了一種源自愧疚的平庸的意義（un sens médiocre）。一種多重肯定的邏輯，因此是一種純粹肯定的邏輯，以及與之相應的一種喜悅倫理，如此便是貫穿了整個尼采哲學的反辯證和反宗教願望。悲劇並非被奠定在一種否定跟生命之間的關係中，而是在喜悅跟多重之間、正面（le positif）跟多重之間、肯定跟多重之間的基本關係中。「英雄是歡愉的（gai），這是迄今為止沒有被希臘悲劇作家所掌握到的。」[73]希臘悲劇，坦率又活躍的歡愉（franche gaieté dynamique）。

這就是為什麼尼采放棄了他在《希臘悲劇之起源》中所支持過的戲劇之構想的原因；戲劇仍然是一種悲慟作用（pathos），對於矛盾之基督教式的悲慟作用。尼采譴責華格納的原因恰恰是因為他創作了戲劇的音樂、背棄了音樂起肯定作用的性質：「我難過於它係一種墮落之音樂，而不再是戴奧尼索斯之笛聲。」[74]同樣地，相對於希臘悲劇的戲劇的表現方

式，尼采主張一種英雄的表現方式之權利：歡愉的英雄、輕盈的英雄、舞者英雄、遊戲者英雄[75]。戴奧尼索斯的任務是讓我們輕盈，教我們跳舞，賦予我們遊戲的本能。即便是一位對尼采論點帶有敵意或態度冷淡的歷史學家也承認歡愉、飄然的輕盈、動態（mobilité）和無所不在（ubiquité）皆係戴奧尼索斯所具有的特殊面向[76]。戴奧尼索斯將雅莉安帶上天；雅莉安冠冕上的寶石是星斗。雅莉安的祕密就在這裡嗎？即從尼采為人所知的擲骰子（coup de dés）中迸發出的星群？那是戴奧尼索斯在擲著骰子。那是祂跳舞著及變形著，自稱「Polygethes」，

---

72. 原註：《希臘悲劇之起源》，第22節。
73. 原註：《權力意志》，第四卷，第50節。
74. 原註：《瞧！這個人》，第三卷「何以我寫了這麼好的書」，〈華格納事件〉，第1節。
75. 原註：《權力意志》，第三卷，第191、220、221節；第四卷，第17-60節。
76. 原註：參見戎麥荷（Henri Jeanmaire）的《戴奧尼索斯：酒神崇拜史》（*Dionysos. Histoire du culte de Bacchus*），Payot出版：「喜悅是祂性格上最顯著的特徵之一，並給了祂一股活力，這一點必須謹記著，以便設想對祂的崇拜在擴散上的力道」（第27頁）；「人們對於戴奧尼索斯所形成的概念中有一項基本特點，它提及在本質上是動態的並且永遠處於移動狀態下的一種神性的觀念，而在這種動態上，還再加入了一個遊行隊伍，其同時是信徒聚集其中的教團（congrégations）或慶典隊伍（thiases）的模式或形象」（第273-274頁）；「由一位女性生下，祂被女性簇擁著，她們如同祂神界乳母的效尤者，戴奧尼索斯是一位跟凡人固定往來的神，祂給了他們與之同在的感受，祂甚少俯就他們，而是將之提升到祂的高度，凡此種種」（第339頁開始）。

即萬悅神（le dieu des mille joies）。

　　辯證法基本上並非一套世界之悲劇的視野，而是相反地意味著希臘悲劇之死、以一種理論的構想（伴隨著蘇格拉底）或更進一步以基督教的構想（伴隨著黑格爾）取代了悲劇的視野。我們在黑格爾早期著作中所發現的東西同樣也是辯證法最終的真相：現代辯證法是特屬基督教的意識形態。它想要正當化生命並使之屈從於否定工作。然而，在基督教意識形態與悲劇思維之間，確實存在著一個共通的問題：存在之意義的問題。根據尼采的看法，「存在有意義嗎？」是哲學最高的問題，是最經驗性的、甚至也是最「實驗性的」問題，因為它同時提出了詮釋及評價的問題。正確地理解它，它的意思是：「正當（la justice）是什麼？」，而尼采可以毫不誇大地說，他整個著作皆係為了要正確地理解它。因此，在理解這個問題上，有著一些糟糕的方式：長期以來並直到今日，在關於存在意義的探詢上，它一直只被認定成某個有錯的（fautif）或有罪的東西、某個不正當而需要被正當化的東西。人們需要一個神來詮釋存在。人們需要控訴生命以便拯救它，需要拯救生命以便正當化它。人們評價存在，但總是站在愧疚的觀點下。這是基督教所給予的觀點，它危害了整個哲學。黑格爾從苦惱意識（la conscience malheureuse）的觀點來詮釋存在，但苦惱意識只是愧疚在黑格爾身上的呈現。甚至連叔本華也是如此……

叔本華以一種前所未有的方式，使存在或正當之問題獲得迴響，但是他自己卻在苦難中找到一種否定生命的方式、在對生命的否定中找到讓它正當化的唯一方式。「作為哲學家，叔本華是我們在德國的第一位帶著確信而不屈不撓的無神論者：此乃他對黑格爾懷有敵意的祕密。存在沒有什麼神性可言；對他來說，這是一個既定的真相、一件確實的、無可爭辯的事……一旦我們如此推開了基督教的詮釋，我們驚駭地看到叔本華的問題矗立在我們面前：存在因此有意義嗎？這個問題將需要幾個世紀的時間，才能在其深處的皺褶中單純地以徹底的方式來理解。甚至，容我這麼說，叔本華給的答案也不成熟；此乃一顆未熟的果實；純粹的妥協；他戛然而止，陷入了這些道德觀點的圈套中，其係基督教禁欲主義之產物，而對於這些觀點，在人們已經表明無意再相信神的同時也不再被相信了。」[77]那麼，理解此問題的另一種方式 —— 即一種實實在在悲劇的方式，其中存在正當化它肯定著的一切，包含苦難在內，而非它本身被苦難所正當化，亦即被神聖化（sanctifiée）及被神性化（divinisée）—— 為何？

77.　　原註：《歡愉的智慧》（ *Le Gai Savoir* ），第357節。

9

存在之問題

　　存在意義之歷史由來已久。它有著希臘時期、前基督教
時期的起源。人們利用苦難作為證明存在之不正當的一種方
法，但同時也利用它作為一種替存在找到一項更高而神性的
正當化的方法（它有罪，既然它受苦；但因為它受苦，它抵
償，而它被拯救）。存在如同過度（démesure），存在如同踰
越（hybris）[78] 及如同罪行（crime），這就是希臘人已經用來
詮釋及評價存在的方式。在歷史上，泰坦神的形象（「加諸在
每一位泰坦神身上的罪行必然性」）是人們賦予存在的第一個
意義[79]。這種詮釋方式如此誘人，以至於尼采在《希臘悲劇之起
源》中尚不知道如何抗拒它，還將之運用在戴奧尼索斯身上[80]。
但是只要他發現了真正的戴奧尼索斯，便得以看到這個方式所

隱藏的陷阱或它所效勞的目的：它把存在變成一個道德的和宗教的現象！人們似乎在存在上加諸了很多東西，藉著把它變成一種罪行、一種過度；人們賦予它一種雙重本性，即一種過度的不正當（une injustice démesurée）及一種起著正當化作用的抵償（une expiation justificatrice）所組成的雙重本性；人們藉由罪行將存在泰坦化（titaniser），人們藉由罪行的抵償將它神性化[81]。而在這一切最後的是什麼？如果不是一套貶低它、

78.　譯註：hybris源自古希臘文ΰβρις一詞，指某種「過度」狀態，不同譯者分別譯為自大、忘形、傲慢、無節制、驕矜等，其意涵跟使用脈絡有關，這種過度狀態可能發生在人跟神的關係中、人的欲求踰越了他的命運分際、人際方面的高傲、甚至是觸犯法律而視為犯罪的行為等，在此取其一般意義，暫譯「踰越」。

79.　譯註：根據希臘神話，泰坦神（Titans）係由天神烏拉諾斯和地神蓋亞所生的第一代泰坦神及後代，時間上早於奧林帕斯諸神。

80.　原註：《希臘悲劇之起源》，第9節。

81.　原註：出處同前：「如此，所有哲學問題中的第一個，馬上在人跟神之間提出了一個痛苦並不可調和的反論，並且宛如一顆岩塊般地滾著此一反論至任何文明之入口處。能夠降臨在人類身上最好及最高的善，他只能透過一樁必須承擔其後果的罪行來取得，這後果也就是整個排山倒海而來的痛苦，由受觸犯的神明施加且必得施加在這個以高貴的努力起身反抗的人類身上。」我們可以看到在《希臘悲劇之起源》中尼采在何種程度上仍然是「辯證法家」：他將泰坦神的犯罪行為算在戴奧尼索斯頭上，然而戴奧尼索斯卻是這些行為的受害者。他把戴奧尼索斯的死做成某種的十字架受難（crucifixion）。

讓它受到道德審判並且特別是神審判的微妙方法？尼采認為，阿納克西曼德[82]是對這套存在概念給予其完美表達的哲學家。他說：「依照時間的先後，存有（les êtres）互相為他們的不正當付出痛苦和補救的代價。」這意味著：

1. 生成（le devenir）係一種不正當（adikia[83]），而存在事物之多元性係不正當之一個總和（une somme）；

2. 事物之間你爭我奪，並通過phtora[84]互相抵償其不正當；

3. 它們全都來自一個原始存有（「阿派朗」〔Apeiron〕），其陷落在有罪的生成、多元性、發生（génération）當中，它永恆地透過破壞它們而拯救其不正當（「神之正義」〔Théodicée〕[85]）[86]。

叔本華是某種現代的阿納克西曼德。兩者的思想上有什麼讓尼采如此滿意，讓他在《希臘悲劇之起源》中基本上仍然忠於他們的詮釋？毫無疑問，正是他們與基督教的不同。他們讓存在成為罪行的（criminelle）、因此是有罪的事情，但還不是什麼有錯的及有責任的事情。甚至泰坦神族也還不認識閃

米特人及基督教難以置信的發明，愧疚、過錯（la faute）和責任。從《希臘悲劇之起源》開始，尼采就以泰坦神和普羅米修斯的罪行[87]來反對原罪（le péché originel）。但是他以隱晦及象徵性的字眼進行，因為這種反對是他否定的祕密，就像雅莉安的神祕是他正面的祕密一樣。尼采寫道：「在原罪中，好奇、迷惑、勾引、貪欲，簡言之就是一系列女性缺點被認為是惡（le mal）之源頭……是以，對雅利安人（希臘人）而言，罪行是男性的；對閃米特人而言，過錯是女性的。」[88]沒有尼采

82. 　譯註：阿納克西曼德（Anaximandre），約出生於西元前610年，約卒於西元前546年，前蘇格拉底時期米利都學派的自然哲學家，認為萬物的本原是阿派朗（Apeiron），並且具有冷、熱兩種對立力，萬物由本原通過對立作用而產生。

83. 　譯註：係希臘神話中代表injustice的女神，與之相對的是代表justice的女神Dicé。

84. 　譯註：phtora出自古希臘文φθορά一詞，指毀壞、退化，如死亡、停止存在皆包含在內。

85. 　譯註：théodicée是萊布尼茲（Leibniz）在《神正論》（*Essais de Théodicée*）所創造的字，結合了古希臘文θεός（théo-，神）及δίκη（Dicé，正義），théodicée即神之正義（justice de Dieu）概念或其論點。

86. 　原註：《哲學之誕生》。

87. 　譯註：普羅米修斯（Prométhée）是希臘神話中泰坦族神之一，曾為人類盜取奧林帕斯聖火，為了懲罰，宙斯將祂鎖在懸崖上，每日飽受老鷹啄肝之苦。

88. 　原註：《希臘悲劇之起源》，第9節。

式的厭女症（misogynie）：雅莉安是尼采的第一祕密、第一種女性權力、阿尼瑪（l'Anima）[89]、跟戴奧尼索斯的肯定劃分不開的未婚妻[90]。但是，所有其他的，則是難以忍受、否定和道德化的女性權力，可怕的母親，徘徊在善與惡之間的母親，貶低和否定生命的母親。「別無他法可令哲學重返榮耀：必須從道德家下手。只要他們談論的是幸福和美德，他們會領進哲學之門的只有老嫗。因此，你們看看眼前的這些人，幾千年來所有這些享有盛名的智者：全部都是老嫗或成熟女性，像浮士德（Faust）所說的，母親。母親啊！母親啊！令人毛骨悚然的字！」[91]母親們和姊妹們：這第二種女性權力的作用是控訴我們、讓我們負責。母親說，這是你的錯，如果我沒有一個更尊重他的母親並且對他的罪行更有自知之明的好兒子，那是你的錯。姊姊說，這是你的錯，如果我沒有更美麗、更富有、更受到喜愛，那是你的錯。對過錯及責任的歸屬、苛刻的指責、持續的指控、怨恨，此乃對存在的一種虔誠的詮釋。這是你的錯，這是你的錯，直到換成被指控者說「這是我的錯」，直到充滿哀愁的世界迴盪著所有這些抱怨及其回音。「任何人們追究責任之處，是報復本能（l'instinct de la vengeance）在追究著。一個又一個世紀，報復本能如此地控制著人類，以至於所有的形上學、心理學、歷史學以及尤其是倫理學都烙上了它的印記。只要人一思考，他便將報復細菌（le bacille de la vengeance）加在事情裡頭。」[92]在怨恨（是你的錯）中、在愧疚（是我的錯）中和在它們共通的結果（責任）中，尼采所看到的不是單純的心理事件，而是閃米特和基督教思想的基本範疇、一般而言我們思考和詮釋存在的方式。一個新的理想、一種新的詮釋、另一種思考的方式，尼采為自己提出了這幾項任務[93]。「給予不負責任其正面的意義」；「我想攻克一種全然不負責任的感受，讓自己擺脫讚美及責備、現在及過去。」[94]不負責任，尼采最高貴及最美的祕密。

　　與基督教相比，希臘人還是孩童。他們貶低存在的方式、他們的「虛無主義」尚不及基督教式的完美。他們判存在有罪，但還沒有發展出將存在判為有錯及有責任的這種精湛程度。當希臘人把存在說成罪行的及「踰越的」的時候，他們認為是諸神讓人瘋狂：存在是有罪的，然而是諸神把責任

89.　　譯註：anima在拉丁文中指呼吸、風、空氣、靈魂、精神等。

90.　　原註：《瞧！這個人》，第三卷「何以我寫了這麼好的書」，〈查拉圖斯特拉如是說〉，第8節；「因此，除了我以外，誰知道雅莉安是誰？」

91.　　原註：《權力意志》，第三卷，第408節。

92.　　原註：前引書，第三卷，第458節。

93.　　原註：《道德系譜學》，第三卷，第23節。

94.　　原註：《權力意志》，第三卷，第383、465節。

擔在祂們身上。這就是希臘人對罪行的詮釋與基督教對罪過（péché）的詮釋之間的巨大差異[95]。這就是為什麼尼采在《希臘悲劇之起源》中依然相信存在的罪行性質，既然這種罪行至少不涉及犯罪者的責任。「瘋狂、荒唐、腦袋有點錯亂，這就是生活在最具活力及勇氣十足年代的希臘人所認定的，用以說明許多讓人憤怒又命定事物的起源。是瘋狂而非罪過！你們弄懂了嗎？……一定是某位神明蒙蔽了他，希臘人邊搖頭邊自言自語著……這就是當時，直到某種程度上，神有助於人正當化的方式；甚至在他們的糟糕行徑中，祂們也有助於詮釋出惡之原因——在彼時，祂們沒有將懲罰擔在祂們身上，但是祂們更崇高地擔起了過錯。」[96]但是尼采將察覺到，再細想一下，這個巨大差異開始縮小。當我們認定存在是有罪的，僅差了一步就能讓它是有責任的，只差在性別上以夏娃代替泰坦神的一項改變，只差在神明方面的一項改變，即以一個作為**演員**及有審判權者的單一的**神**，取代作為**觀眾**及「奧林帕斯仲裁者」的眾神。無論是一個神為了祂在人身上引發的瘋狂而把責任擔在自己身上，還是人們對於一個把自己釘上十字架的**神**之瘋狂負有責任，兩種化解方式依然沒有那麼大的不同，儘管前者無可比擬地要更好。實際上，問題不在於：有罪的存在有責任與否？而是，存在是有罪的……還是無罪的（innocente）？於是，戴奧尼索斯發現了他的多重的真理（vérité multiple）：無

罪（l'innocence）、多元之無罪，生成及<u>存有著的一切</u>（tout ce qui est）之無罪[97]。

95.　　譯註：crime與péché都指涉某種違犯，但crime所違犯的是法律或道德，péché所觸犯的則是神之律法。翻譯上將crime譯為「罪行」，péché譯為「罪過」。

96.　　原註：《道德系譜學》，第二卷，第23節。

97.　　原註：因此，如果我們將出現在《希臘悲劇之起源》中的主張而尼采隨後將放棄或改造的部分加以分門別類，則我們看到共有五項：一、在矛盾及其化解的觀點下所詮釋的戴奧尼索斯，將由一個肯定的和多重的戴奧尼索斯所取代；二、戴奧尼索斯—阿波羅的反論將逐漸消失，讓位給戴奧尼索斯—雅莉安的互補性；三、戴奧尼索斯—蘇格拉底對立之不足將越來越明顯而更深刻的戴奧尼索斯—基督的對立開始蓄勢待發；四、希臘悲劇的戲劇式構想方式將被一種英雄式構想方式（une conception héroïque）所取代；五、存在將丟掉它〔在本書中〕仍然帶有的罪行性質，以獲得一個根本上無罪的性質。

10

存在與無罪

「無罪」意味著什麼？當尼采譴責我們對於控訴、對於在我們身外或甚至在我們身上尋找負責者的這種可悲狂躁時，他將其批判建立在五項理由上，其第一項是「在整體（le tout）之外，什麼都沒有。」[98]但最後且更深刻的一項理由是「沒有整體」：「我們必須粉碎宇宙，丟掉對整體之尊重。」[99]無罪是多重之真理。它直接出自力與意志哲學的原理。所有的事物皆關聯上一個能夠詮釋它的力；所有的力皆關聯上其所能（ce qu'elle peut），它跟其所能不可分。正是這種關聯著、肯定著及被肯定著的方式，其乃格外無罪的。那個不讓自己透過一個力來詮釋、不讓自己透過一個意志來評價的東西，要求另一個能夠評價它的意志、另一個能夠詮釋它的力。但是我們，

我們偏好挽救跟我們的力相符合的詮釋，並否定跟我們的詮釋不相符的事物。我們為自己創造出一幅關於力及意志的古怪再現方式：我們將力跟其所能分開，將之放在我們身上，因為它沒去碰其所不能的，視為「有功的」（méritante），但在它正好展露其力的事物中則如同「有罪的」。我們將意志一分為二（dédoubler），我們發明了一個中性的主體（un sujet neutre），具備自由意志，我們並賦予這個主體行動和自持的能力[100]。這就是相關於存在，我們的處境：我們甚至不承認意志能夠評價大地（la terre）（能夠「斟酌」它），也不承認力能夠詮釋存在。於是，我們否定存在本身，我們用貶低取代詮釋，我們發明出貶低，作為詮釋及評價的方式。「諸詮釋當中的一種詮釋失敗了，然而由於它被視為唯一可能的詮釋，因此看來存在也不再有意義，一切皆徒勞。」[101]真不幸！我們是糟糕的玩家〔遊戲者〕（mauvais joueurs）[102]。無罪是

98.　　原註：《權力意志》，第三卷，第458節：「我們不能評判整體，也不能度量之，也不能比較之，尤其不能否定之。」

99.　　原註：前引書，第三卷，第489節。

100.　　原註：《道德系譜學》，第一卷，第13節。〔譯按：另參第四章第6節末尾關於虛構的分析〕

101.　　原註：《權力意志》，第三卷，第8節。

102.　　譯註：參本章第11節。

存在、力和意志之遊戲。被肯定及被欣賞的存在、沒被分隔的力、沒被一分為二的意志，這便是對於無罪的第一個趨近（approximation）[103]。

　　赫拉克利特[104]是悲劇思想家。關於正當的問題貫穿他的作品中。赫拉克利特是一位視生命從根本上無罪及正當的思想家。他從一種遊戲本能（instinct de jeu）的角度來理解存在，他讓存在成為一個審美現象，而不是一個道德的或宗教的現象。同樣地，尼采將他跟阿納克西曼德以針鋒相對的方式對立起來，正如同尼采本人對立於叔本華一樣[105]。——赫拉克利特否認世界之二元性，「他否認存有本身」。更有甚者，他讓生成成為一種肯定。然而，要長時間地思索，才能理解讓生成成為一種肯定意味著什麼。首先，這無疑地是說：只有生成。這無疑地是肯定生成。但是人們也肯定了生成之存有（l'être du devenir），人們說生成肯定存有或存有在生成中得到肯定（s'affirmer）。赫拉克利特有兩種思想，如同密碼（chiffres）一般：一種認為存有並不存在，一切都在生成中；另一種認為存有是生成作為生成之存有[106]。一種肯定生成的活動性思想（pensée ouvrière）[107]，一種肯定生成之存有的凝視性思想（pensée contemplative）。這兩種思想不可分，係關於同一個元素之思想，如火及如狄刻（Dike）[108]，如自然（Phusis）及邏各斯（Logos）[109]。因為超出了生成，沒有存有，超出了多

重，沒有一（un）；無論是多重或生成，皆不是外觀或幻象。
但是，反過來，也沒有多重的及永恆的現實（réalités），如同

---

103. 原註：前引書，第三卷，第457-496節。

104. 譯註：赫拉克利特（Héraclite），西元前六至五世紀希臘思想家，認為萬物
永不止息地變化著，火是萬物的基質，處於永恆的變動中，每一事物都會演
變出對立面，每一事物都是對立性質的統一，因此不存在持久的性質，萬物
既存在又不存在。萬物對立、衝突，在毀滅中創造、創造中毀滅，最終世界
會回到火的最初狀態，一切重新開始。「事物的這一秩序既不是神也不是人
制定的，它過去、現在和未來一直是永遠運動的火，這火根據這一確定的準
則而燃燒和熄滅。」。在他看來，火就是理性、是logos。參見弗蘭克．梯
利（Frank Thilly）《西方哲學史》（*A History of Philosophy*），賈辰陽、解
本遠譯，北京，商務印書館，2015年。

105. 原註：針對接下來與赫拉克利特有關內容，請參考《哲學之誕生》。

106. 譯註：這句話原文為l'être est l'être du devenir en tant que tel。德勒茲在
文中大量使用en tant que tel的說法，其指「在其本性上」、「在其本質
中」，在翻譯上我們視情況譯為「某作為某」或「作為某的某」，如此處的
le devenir en tant que tel譯為「生成作為生成」，言下之意是這樣的存有是
生成在其本性上、在其本質中所必然包含的東西。另外，此處提到的數字應
該關聯上擲骰子所得到的數字來理解。

107. 譯註：ouvrier一般指工人或工人的。此處暫譯為活動性的，即把生成當成生
成來思考，相對於把生成固定化為存有來思考的凝視性思想，也就是接下來
說的火（生成）跟狄刻（存有）、自然（生成）跟邏各斯（存有）的組合關
係。

108. 譯註：狄刻，希臘神話中的正義女神。赫拉克利特思想中的火與狄刻正如同
尼采思想中的生成與正當（正義）。

109. 譯註：Phusis是古希臘文中的「自然」，包含所有存在的事物。Logos的原
意是話語，語言涉及理性運作，因此逐漸跟「理性」（raison）乃至於規律
或原理的內涵產生關聯。

超出外觀的本質。多重是唯一（l'unique）不可分的展露、基本的變形、固定的徵兆。多重是對一的肯定，生成是對存有的肯定。對生成的肯定本身就是存有，對多重的肯定本身就是一，多重的肯定是一得到肯定的方式。「一，此乃多重。」（L'un, c'est le multiple）而且，事實上，多重將如何出自一並在一段無始無終的時間之後繼續出自一，如果一不是正好就在多重中得到肯定？「因此，如果赫拉克利特只看到一個唯一的元素，此乃在一個跟巴門尼德斯（或阿納克西曼德）完全相反的意義上[110]……唯一必須在生與滅中得到肯定。」赫拉克利特深刻地注視著：他沒有看到多重的任何懲罰、生成的任何抵償、存在的任何有罪。他在生成中看不到任何的否定，他看到完全相反的東西：對生成和生成之存有的雙重肯定，簡而言之就是存有之正當化。赫拉克利特乃晦澀（l'obscur），因為他把我們領向晦澀之門：生成之存有是什麼？跟那個在生成中的東西（ce qui est en devenir）劃分不開的存有是什麼？回返（revenir）是那個生成著的東西（*ce qui devient*）之存有。回返是生成本身之存有，是在生成中得到肯定的存有。永恆回歸如同生成之法則（loi du devenir）、如同正當及如同存有[111]。

跟著而來的是，存在沒有任何有責任、甚至有罪的地方。「赫拉克利特甚至喊道：數不盡的存有之間的鬥爭就是純粹的正當（pure justice）！此外，一即多重（l'un est le multiple）。」多重與一之間、生成與存有之間的對應性構成了一個遊戲。肯定著生成、肯定著生成之存有是一個遊戲的兩個時間（les deux temps d'un jeu），這兩個時間還關聯著一個第三項（un troisième terme），即遊戲者、藝術家或孩子[112]。這個遊戲者—藝術家—孩子，宙斯—孩子：戴奧尼索斯，神話跟我們提到祂被自己的神界玩具包圍的情景。遊戲者一時融入在生命中，一時將目光盯著它看；藝術家一會兒將自己放在作品中，一會兒凌駕在作品上；孩子玩著、退出遊戲並回返其

---

110. 譯註：巴門尼德斯（Parménide），活躍於西元前五世紀的希臘哲學家，反駁赫拉克利特萬物流變的想法，他認為多樣性僅是幻覺，主張一個不變的存有。

111. 原註：尼采對其詮釋做了一點保留。一方面，赫拉克利特並沒有完全擺脫懲罰和有罪的觀點，參見他藉由火而全部燃燒（la combustion totale）的理論。另一方面，他僅隱約感受到永恆回歸的真正意義。這就是為什麼在《哲學之誕生》中，尼采並未直接談到赫拉克利特的永恆回歸，只以影射的方式；另外在《瞧！這個人》，第三卷「何以我寫了這麼好的書」，〈希臘悲劇之起源〉，第3節中，他的評論語帶保留。

112. 原註：《哲學之誕生》：「狄刻或內在的諾姆（gnomè immanente）；戰爭（le Polemos）就是其場地，全部被視為一場遊戲；而充滿創造性的藝術家評判著整體，他本身跟其作品同一。」（譯按：狄刻即前文提到的正義〔本書譯為正當〕，諾姆是一種歐洲傳說中出現的妖怪，經常在地下活動，某種地精，可視為生成本身，戰爭就是生成中的一切鬥爭之所在，以及第三方——藝術家）

中。然而這生成遊戲（jeu du devenir），它同時也是跟自己玩著這遊戲的生成之存有：赫拉克利特說，艾甬（Aiôn）[113]是一個玩著遊戲的、一個玩著丟石塊遊戲[114]的孩子。生成之存有，即永恆回歸，是遊戲的第二個時間，但也是跟兩個時間同一並等於全部的第三項。因為永恆回歸是個別的去程之回歸（le retour distinct de l'aller）、個別的行動之凝視（la contemplation distincte de l'action），但也是去程本身之回歸及行動之回歸：同時是時間上的時刻（moment）及循環（cycle）。我們必須了解赫拉克利特詮釋之祕密：他以遊戲本能來對立於踰越。「這不是有罪的高傲，這是不停被喚醒的遊戲本能，它呼喚新世界的誕生。」不是一種神正論，而是一種宇宙正當論（cosmodicée）；不是一種有待抵償的不正當總和，而是作為世界法則的正當；不是踰越，而是遊戲、無罪。「踰越，這個危險的字是任何赫拉克利特追隨者的試金石。正是在此，他可以顯現出他理解或誤解了他的導師。」

---

113. 譯註：艾甬（Aiôn）出自古希臘文Aἰών，指涉某種時間，有別於線性時間（chronos）及機遇時間（kairos）。根據楊凱麟，艾甬可理解為綿延的時間性，並譯為「生機時間」，參見〈德勒茲哲學中的思想與特異性〉（初稿），PDF檔案，第6頁。

114. 譯註：palet是比賽誰能以最接近的方式朝目標投擲的遊戲中所使用的圓形石片、金屬片或木片。Aiôn丟著石片玩，答答作響，如同時間的流逝。

11

擲骰子

　　遊戲具有兩個時刻，其係擲一次骰子的兩個時刻：被擲起的骰子及再落下的骰子。尼采有時把擲骰子說成上演在兩張不同的桌子上，即大地和天空。由大地，人們擲出骰子，從天空，骰子再度落下：「如果我曾經在大地的神桌上跟眾神擲骰子，以至於大地震盪、崩裂並噴出烈焰激流的話：那是因為大地是一張神桌，隨著嶄新的創造性話語及神性骰子的聲響而震盪……」[115]；「噢！在我上方的天空，純淨而崇高的天空！現

115.　原註：《查拉圖斯特拉如是說》，第三卷，〈七印〉（Les sept sceaux）。
　　　〔譯按：德勒茲在《尼采》中以文摘的方式引用了包含這句話的整段文字，唯兩處原文略有不同，中譯也有些微差異。參見《尼采》，時報文化出版，2018，第186頁〕

在，你的純淨，對我而言，意味著沒完沒了的蜘蛛和理性所結的蜘蛛網不存在了：願你是神性偶然（hasards divins）在其上翻翻起舞的一片板子，願你是一張提供給神性骰子及神性玩家（joueurs divins）的神桌……」[116]但是這兩張桌子並非兩個世界。這是一個相同世界的兩個時辰（heures），相同世界的兩種時刻，子夜（minuit）與正午（midi），人們擲出骰子的時辰，骰子落下的時辰。尼采堅持著生命的兩張桌子（les deux tables de la vie）這一點，生命的兩張桌子也可以說是遊戲者或藝術家的兩個時間：「我們在此刻融入生命中，好接下來在彼刻將我們的目光盯著它看。」擲骰子肯定生成，並且它肯定生成之存有。

這裡所涉及的不是擲好幾次骰子，基於它們的次數，終究會重新產生（reproduire）相同的組合方式。情況完全相反：這裡所談的是只擲一次骰子，基於所產生出來的組合之數字，得以如此這般地自己重新產生（se reproduire）。這並不是大量擲骰子的次數產生出一個組合方式之重複，這是組合數字產生出擲骰子之重複。被擲出一次的骰子是對偶然（le hasard）的肯定，它們在落下時所形成的組合是對必然（la nécessité）的肯定。必然在偶然中得到肯定，跟存有在生成中得到肯定、一在多重中得到肯定，意思完全相同。徒勞的，有人會說，以偶然方式擲出，骰子不會必然地產生出勝利的組合方式，即

讓擲骰子重來〔再擲一次〕的數字十二（le douze qui ramène le coup de dés）。確實如此，但唯在玩家不懂得先肯定偶然的情況下。因為，一並不消除或並不否定多重，必然也並不消除或並不廢止偶然。尼采將偶然等同於多重、片斷（fragments）、分肢（membres）、混沌（chaos）：人們碰撞骰子及人們拋擲骰子的混沌。尼采讓偶然成為一種肯定。天空被稱為「偶然的天空」、「無罪的天空」[117]；查拉圖斯特拉所統轄的領域被稱為「偉大的偶然」（grand hasard）[118]。「經由偶然（par hasard），此乃世界最古老的高貴性，我將之還諸萬物，我將萬物從目的之奴役中釋放出來……我在萬物中找到了這種極幸福的確定性（certitude bienheureuse），即它們寧願翩翩起舞在偶然之足上」；「我的話是：讓偶然降臨在我身上吧，它宛如小孩般無罪。」[119]因此，尼采稱為必然（命運）的東西絕對不

---

116. 原註：前引書，第三卷，〈日出之前〉（Avant le lever du soleil）。

117. 原註：同前。

118. 原註：前引書，第四卷，〈蜜之祭獻〉（L'offrande du miel）。以及第三卷，〈關於舊表與關於新表〉（Des vieilles et des nouvelles tables）：查拉圖斯特拉稱自己為「偶然之救贖者」（rédempteur du hasard）。

119. 原註：前引書，第三卷，〈日出之前〉、〈在橄欖山上〉（Sur le mont des Oliviers）。

是廢除偶然，而是偶然本身之組合方式。在偶然本身被肯定的情況下，必然在偶然中得到肯定。因為僅有一種偶然作為偶然的組合方式，僅有一種方式將偶然的所有分肢組合起來，這方式係如多重之一（l'un du multiple），換言之就是數字或必然。有許許多多隨著或然性（probabilité）遞增或遞減的數字，然而只有一個如此這般的偶然（le hasard comme tel）之數字，只有一個聚集起偶然所有片斷的命定數字（nombre fatal），如同正午聚集起子夜所有四散各處的分肢一樣。這就是為什麼玩家只要肯定偶然一次，便足以產生出讓擲骰子重來的數字[120]。

懂得肯定偶然就是懂得遊戲。然而，我們不懂得遊戲：「害羞、慚愧、笨拙，有如一隻撲了空的老虎：如此，噢，高等人（l'homme supérieur），我經常看到你們溜到一旁。你們將一把骰子擲失敗了。但對你們這些骰子玩家來說，這有什麼關係呢！你們還沒學會該怎麼玩及該怎麼蔑視！」[121]糟糕的玩家仰仗著擲好幾次骰子，仰仗著大量擲骰子的次數：他以這樣的方式操控著因果性（causalité）及或然性（probabilité），以便擲出他宣稱可期盼的組合；這個組合，他當成一個有待取得的目標，被隱藏在因果性背後。這就是尼采在談到永恆的蜘蛛、理性之蜘蛛網時的意思。「一種強制性（impératif）及目的性（finalité）的蜘蛛，躲在大網子、因果關係之大網子後面，我們可以跟那位對抗路易十一的大膽查理[122]一樣而說著：

「我跟無所不在的蜘蛛戰鬥。」[123]將偶然夾在因果性及目的性之鉗中而廢除之；不是肯定著偶然，而是指望著擲骰子這件事之重複；不是肯定著必然，而是期待著一個目的：這就是糟糕玩家的各種手法。這些手法有著在理性中的根源，但是理性之根源是什麼？報復精神，別無其他，就是報復精神，蜘蛛！[124]在骰子之重複投擲當中的怨恨，在信仰當中的愧疚有一個目的。但是，如此，我們永遠只會獲得或然性或高或低的相對數

120.　原註：因此根據尼采的看法，我們不會認為偶然可被必然所否定。在一個如同蛻變（transmutation）這般的作用中，許多東西皆被否定或廢除了：例如，沉重精神（l'esprit de lourdeur）被舞蹈所否定了。在這方面，尼采一般的表述方式是：一切可被否定的東西皆被否定（亦即否定本身、虛無主義及其表現方式）〔譯按：參照本章註釋70.〕。然而，偶然並不像沉重精神是虛無主義的一種表現方式；它是純粹肯定之對象。在蛻變本身中，有著一種肯定之對應關係（une *corrélation* d'affirmations）：偶然與必然、生成與存有，多重與一。我們不會將被對應地肯定的東西跟蛻變所否定或消除的東西混為一談。

121.　原註：《查拉圖斯特拉如是說》，第四卷，〈關於高等人〉（De l'homme supérieur）。

122.　譯註：大膽查理（Charles le Téméraire, 1433-1477）係瓦盧瓦─勃艮第王朝最後一位勃艮第公爵，努力讓勃艮第公國成為一個獨立王國，因而成為力求法蘭西王國統一的國王路易十一之勁敵。

123.　原註：《道德系譜學》，第三卷，第9節。

124.　原註：《查拉圖斯特拉如是說》，第二卷，〈毒蜘蛛〉（Des tarentules）。

字（nombres relatifs）。宇宙沒有目的，沒有目的好期盼，正如同也沒有原因好認識，如此便是好好遊戲所立足的確定性[125]。我們擲骰子失敗，因為我們不夠一次地（en une fois）肯定偶然。我們不夠肯定它，好讓命定數字——其由此必然地聚集所有的片斷並且必然地讓擲骰子重來——得以自己產生。因此，我們必須賦予以下的結論最大的重要性：對於因果性—目的性、或然性—目的性之對組（couple）、對於這些詞語之對立及綜合、對於這些詞語之網，尼采用戴奧尼索斯的偶然—必然之對應性、用戴奧尼索斯的偶然—命運之對組來取代。不是一種分攤在好幾次上的或然性，而是一次地整個偶然；不是一種被渴望、被意欲、被期盼的目的的組合（une combinaison finale），而是那種命定的及被愛的命定的組合（la combinaison fatale），即命運之愛（l'amor fati）[126]；不是藉著擲骰子的數量而得到某種組合之回歸，而是藉著命定地獲得數字的本性而得到擲骰子的重複[127]。

125.　原註：《權力意志》，第三卷，第465節。

126.　譯註：「命運之愛」為拉丁文，尼采以之來表達對命運無條件肯定的態度。

127.　原註：在《權力意志》的兩段文字中，出現過尼采從或然性的觀點及如同從
　　　大量擲骰子次數中演繹而來的方式談永恆回歸：「如果我們假設有大量的
　　　情況（cas），那麼偶發性重複擲出一次相同骰子的機會高過於一種絕然迥
　　　異的情況（une non-identité absolue）」（《權力意志》，第二卷，第324
　　　節）；如果世界被視為有限力量之大小（grandeur de force définie）而時間
　　　則如同無限的介質（milieu infini），那麼「任何可能的組合應該至少被實現
　　　過一次，更有甚者，它應該被實現過無限多次」（前引書，第二卷，第329
　　　節）。──然而，第一，這些文本僅針對永恆回歸提供了一種「假設性的」
　　　（hypothétique）闡述；第二，它們係「辯解性的」（apologétiques），其
　　　內涵頗接近人們有時會加諸在帕斯卡賭注（le pari de Pascal）上的那種意
　　　涵。其涉及一面接受機械論的說法，一面呈現出機械論導向一套「不見得是
　　　機械論的」結論；第三，它們係「論戰性的」（polémiques）：帶著一種攻
　　　擊性的方式，以便在他自己的場域中戰勝糟糕的玩家。〔譯按：兩段引文應
　　　出自第四卷。〕

12

對永恆回歸的結論

　　當被擲出的骰子一次肯定偶然時，再落下的骰子必然會肯定那個讓擲骰子這件事重來的數字或命運。正是在這個意義上，遊戲的第二個時間同樣也是兩個時間之全部，或者說它也是相當於全部的遊戲者。永恆回歸是第二個時間，是擲骰子之結果，是對必然之肯定，是將偶然之所有分肢聚集起來的數字，但也是第一個時間之回歸，擲骰子這件事之重複，偶然本身之重新產生及再肯定（re-affirmation）。在永恆回歸中的命運也是對偶然之「歡迎」：「我讓所有是偶然的東西在我的鍋中煮滾。唯有當偶然被烹煮到一定程度時，我才歡迎它，將之作為我的食物。實際上，許許多多的偶然以主人的姿態接近我：但我的意志以更專橫的態度跟它說話，而它已然跪在我面

前並向我乞求——乞求我給予它庇護及熱忱的接待，並以一種奉承的方式跟我說話：因此，看啊，查拉圖斯特拉，只有一個朋友才能夠如此地到一個友人家。」[128]這段話的意思是：有許多偶然之片斷宣稱是自為地具備價值（valoir pour soi）；它們誇耀著自己的或然性，每一個都慫恿玩家擲出數次骰子；被分攤在多次擲出的骰子上，變成單純的或然性，偶然之片斷盡是一些想以主人姿態說話的奴隸[129]；但是，查拉圖斯特拉知道不應該這樣玩，也不讓自己被這樣玩；相反地，必須一次地肯定整個偶然（因此，如同玩家在手中溫熱骰子般地將偶然煮滾或煮熟），好聚集起所有片斷，並肯定那個不是或然的而是命定的及必然的數字；於是，偶然只是一位來看其朋友、而其朋友〔也〕令之回返的朋友，只是一位命運之朋友——而此命運確保了作為永恆回歸的永恆回歸。

在一份更加晦澀並具有歷史涵義的文本中，尼采寫道：「普遍的混沌（le chaos universel）——其排除了任何帶有目的性質的主動性（activité）——跟循環的觀念並不相矛

128.　原註：《查拉圖斯特拉如是說》，第三卷，〈關於縮小的美德〉（De la vertu qui amenuise）。

129.　原註：唯有在這個意義上，尼采把「片斷」說成「恐怖的偶然」，前引書，第二卷，〈關於救贖〉。

盾；因為這個觀念僅係一種非理性的必然性（une nécessité
irrationnelle）。」[130] 這句話的意思是：人們經常將混沌與循
環、生成與永恆回歸組合起來，但卻宛如它們牽涉的是兩個
相反的極點（termes）。是以，對柏拉圖來說，生成本身係
一個沒有限制的生成、一個瘋狂的生成、一個踰越的及有罪
的生成，為了要被納入循環狀態，它需要經受一位造物者
（démiurge）的行動，其使勁讓它順從，將限制或理型模子
（modèle de l'idée）加諸其上：就這樣，生成或混沌被從一種
莫名的機械因果性中逐出，而循環則被關聯上某種由外強加的
目的性；混沌無法在循環中存留，循環表現出生成被強迫屈服
於一個它自身之外的法則的情況。或許是唯一的，甚至在前蘇
格拉底時期的哲人當中也是唯一的，赫拉克利特明白生成不被
「審判」，它不能夠被審判也不應該被審判，它不從別處得
到自己的法則，它是「正當的」並且在其自身上擁有自己的
法則[131]。唯有赫拉克利特先感受到混沌與循環絲毫不對立。而
實際上，只需要肯定混沌（偶然及非因果性），就可以同時
（du même coup）肯定那個會讓混沌重來的數字或必然性（非
理性的必然性而非目的性）。「並非先有一種混沌，然後再
一點一滴地出現由各種形式所組成的一股規律及環狀運動：
相反地所有一切皆係永恆的、從生成那兒取來的（soustraire
au devenir）；如果說從未有過一個諸力之混沌（un chaos des

forces），這是因為混沌是永恆的，並且重新出現在所有循環中。環狀運動（*le mouvement circulaire*）並非生成出來的，它是原始法則（*la loi originelle*），同樣地，*力之群體*（*la masse de force*）也是原始法則，沒有例外，不容觸犯。整個生成發生在循環及力之群體的內部。」[132]我們可以理解，尼采何以完全沒有在他古代的前輩身上認出他關於永恆回歸的觀念。他們並未在永恆回歸中看到生成作為生成之存有、多重之一，也就是必然地出自整個偶然的必然數字（*le nombre nécessaire*）。甚至，他們在裡頭看到了相反的東西：生成的一種屈服，對它的不正當的一種招認及對於這種不正當所做的抵償。或許除了赫拉克利特之外，他們並沒有看到「在生成中出現的法則及在必然中出現的遊戲」[133]。

130.　原註：《權力意志》，第二卷，第326節。

131.　原註：《哲學之誕生》。

132.　原註：《權力意志》，第二卷，第325節（環狀運動＝循環，力團＝混沌）。

133.　原註：《哲學之誕生》。

13
尼采之象徵主義

　　當骰子被擲在大地之桌上時，桌子「震盪著及崩裂著」。因為擲骰子係多重肯定、多重性之肯定。但是所有的分肢、所有的片斷都一下地（en un coup）被擲起來：一次地，整個偶然。此權力——並未去除多重，而是一次地肯定了它——就像火：火是那個遊戲著的元素（l'élément qui joue），是沒有對立面的變形元素。因此，在骰子下崩裂的大地噴出「火焰之流」。正如查拉圖斯特拉所說的，多重、偶然唯有煮熟並煮滾了才美味。令之煮滾、放在火上並不意味著要廢除偶然，也不意味著要在多重後面找到一。相反地：在鍋中沸騰就如同骰子在玩家手中的碰撞，這是將多重或偶然變成一種肯定的唯一方法。於是，被擲出的骰子形成了讓擲骰子重來這件事的數字。

讓擲骰子重來的同時，數字將偶然重新放在火上（remettre au feu），它使這個重新烹煮著（recuire）偶然的火維持不熄。數字是存有、一及必然，然而是在多重作為多重中得到肯定的一，是在生成作為生成中得到肯定的存有，是在偶然作為偶然中得到肯定的命運。數字出現在偶然中，正如同存有及法則出現於生成中一樣。而讓火不熄的這個出現的數字（nombre présent），這個當多重被肯定而在多重中得到肯定的一，此乃跳著舞的星斗（l'étoile dansante）或毋寧說是從擲骰子中產生的星群。關於遊戲的表述方式是：用我們自在地帶著的混沌（le chaos qu'on porte en soi），誕生下一顆跳著舞的星斗[134]。當尼采思忖著是什麼理由讓他選擇查拉圖斯特拉這個人物時[135]，他會想到三個理由，它們非常分歧並且價值也不相等。第一個理由是查拉圖斯特拉是永恆回歸的先知[136]；但是查拉圖斯特拉並不是唯一的先知，甚至也不是最能預感他所宣告內容之真正

---

134. 原註：《查拉圖斯特拉如是說》，〈序言〉，第5節。

135. 譯註：此處說的查拉圖斯特拉係指古代波斯帝國國教——祆教的創始人，一般譯為瑣羅亞斯德，祆教又稱瑣羅亞斯德、拜火教。尼采以這位宗教人物之名作為其著作的人物名字。

136. 原註：《權力意志》，第四卷，第155節。

本性的先知。第二個理由是論戰性的：查拉圖斯特拉是第一個將道德引入形上學中的人，他讓道德成為最具代表性的一個力、一個原因、一個目的；因此，他是最有資格揭發這套道德本身之神祕化及錯誤的人[137]。但類似的理由對基督也行得通：還有誰比基督更適合扮演反基督……及查拉圖斯特拉本人的角色呢[138]？第三個理由——是回溯性的但卻是唯一充分的理由——是偶然的好理由：「今天，我偶然地認識了查拉圖斯特拉意味著什麼，即黃金星斗（étoile en or）。這個偶然真讓人開心極了。」[139]

　　這個混沌—火—星群之意象遊戲（jeu d'images）匯集了戴奧尼索斯神話的所有元素。或者毋寧說，這些意象形成了獨屬戴奧尼索斯的遊戲。孩童的戴奧尼索斯之玩具；多重的肯定和被撕碎的戴奧尼索斯的肢體或片斷；戴奧尼索斯的烹煮[140]或在多重中得到肯定的一；戴奧尼索斯所背負著的星群、在天空中的雅莉安如同跳著舞的星斗；戴奧尼索斯之回歸，作為「永恆回歸之主人」的戴奧尼索斯。另一方面，我們將有機會看到尼采如何設想他那個時代的物理科學、能量學及熱力學。顯然，從現在開始，他夢想著一台跟蒸汽機完全不同的燃燒機器（machine à feu）。尼采對物理學有一定的想法，但完全沒有成為物理學家的抱負。他給自己詩的及哲學的權利來夢想著種種機器，或許有一天科學會被引導著以它自己的方式實現之。

一部用來肯定偶然、讓偶然煮熟、組合出讓擲骰子重來的數字之機器，一部用來在多重而微小的觸動下得以引發巨大的力的機器，一部用來跟星辰遊戲的機器，簡而言之就是赫拉克利特式的燃燒機器（machine à feu héraclitéenne）[141]。

　　但是，對尼采而言，一個意象遊戲永遠無法取代一個更為深刻的遊戲，即概念和哲學思想的遊戲（jeu des concepts et de la pensée philosophique）。詩與箴言（aphorisme）是尼采兩種意象化的表達方式（expressions imagées）；但這些表達方式跟哲學之間處於一種可確定的關係（un rapport déterminable）中。從形式的角度設想，一句箴言如同一個片斷；它係多元思

137.　原註：《瞧！這個人》，第四卷，第3節。

138.　原註：《查拉圖斯特拉如是說》，第一卷，〈關於自願的死〉（De la mort volontaire）：「相信我，我的兄弟們！他死得太早。如果他到了我的這個年紀，他應該會撤回自己的教義的！」

139.　原註：〈致加斯特信〉（Lettre à Gast），1883年5月20日。

140.　譯註：據傳戴奧尼索斯被泰坦神撕碎後遭到烹煮。

141.　原註：《權力意志》，第二卷，第38節（論及蒸汽機）；第50節、第60節、第61節（關於力之引發：「人見證了聞所未聞的力可由一個合成性的（de nature composite）微小存有所啟動……一些跟星辰遊戲著的存有」；「在分子的內部產生了爆炸、所有原子在方向上的改變及力之突然引發。我們整個太陽系可以在單一而短暫的瞬間便感受到跟神經作用在肌肉上類似的刺激。」）

想（la pensée pluraliste）之形式；而在內容上，它聲稱要言說及表述出一個意義。一個存有、一項行動、一個東西之意義，這就是箴言之對象。儘管對於行為準則（maximes）作者的欣賞，尼采清楚看到，作為一種體裁的行為準則所缺少的東西：它只適合於揭露出動機（mobiles），這就是為什麼基本上它只落在人的現象上。然而對尼采來說，即使是最隱密的動機也不只是事物的一種擬人化面向（aspect anthropomorphique des choses），而是人的主動性（l'activité humaine）之一種表層面向。只有箴言能言說意義，箴言是詮釋以及從事詮釋的技藝。同樣地，詩是評價以及從事評價之技藝：它言說價值。但確切地說，內涵的價值和意義是如此複雜，以至於詩本身需要被評價而箴言需要被詮釋。輪到詩和箴言成為詮釋、評價的對象。「一則被精心鎔鑄及打造而成的箴言，不是單憑有人讀了它即可以受到解讀（déchiffrer）；不足的還很多，因為詮釋才剛開始。」[142]這是因為，從多元論的觀點來看，一個意義關聯上它的涵義所源自的差異元素，如同諸價值關聯上它們價值所源自的差異元素。此一元素總是在場的，但也總是隱含的並且被藏在詩或箴言中，就如同意義和價值的第二個向度（la seconde dimension）。藉著開展此一元素、並且藉著在它上頭自我開展，哲學在跟詩和跟箴言的基本關係中建立了完整的詮釋和完整的評價，也就是說思考的技藝、高等的思考能力（faculté de penser supérieure）或說「反芻的能力」（faculté de ruminer）[143]。反芻和永恆回歸：對思考來說，兩個胃不算多。詮釋或評價皆有兩個向度，第二個也是第一個的回歸，箴言的回歸或詩的循環。因此，任何箴言都必須被讀兩次。透過擲骰子，永恆回歸之詮釋開始了，但它僅是剛開始。擲骰子回返的同時，還需要詮釋擲骰子本身。

142.　　原註：《道德系譜學》，〈前言〉（Avant-Propos），第8節。

143.　　原註：同上。

14

尼采與馬拉美

我們別誇大了尼采跟馬拉美[144]之間乍看下的相似性[145]。這些相似性建立在四項主要的要點上，並且牽連到整套意象機制：

1. 思考，此乃擲一次骰子。只有在偶然的情況下擲一次骰子，才可能肯定必然並且產生出「其不能是另一個數字的唯一數字」。這是只擲一次骰子，而不是在擲出好幾次當中所得到的一次擲中（une réussite）：只有那個一次地勝利的（victorieuse en une fois）組合才能保證拋擲之回歸[146]。被拋擲出的骰子就像大海和波浪（但尼采

會說：就像大地和火）。再落下的骰子是一個<u>星</u><u>群</u>，它們的點構成了「星辰出身的」[147]數字（le nombre issu stellaire）。因此，擲骰子的桌子是雙重的，偶然之海和必然之天空，子夜一正午。子夜，我們丟擲骰子的時辰……；

2. 人不懂得遊戲。即便是<u>高等人</u>在擲骰子方面也無能的。主人老矣，他不懂得將骰子擲到大海

---

144. 譯註：馬拉美（Stéphane Mallarmé, 1842-1898），法國象徵主義詩人、藝評家、譯者。

145. 原註：蒂博代（Albert Thibaudet）在《馬拉美的詩》（*La poésie de Stéphane Mallarmé*）一書中提到了這樣的相似性（第424頁）。他合理地排除了其中一方對另一方產生任何影響的可能。

146. 原註：在一個奇怪的頁面（第433頁）中，蒂博代自己提到，根據馬拉美的看法，擲骰子得要一次地完成；不過他看來對此表示遺憾，認為擲好幾次骰子的原理比較明白：「我非常懷疑他在冥想上的進展會引領他寫下一首以此為題的詩：多次擲骰子泯除了偶然。然而，這才是確定而明白的。我們都記得<u>大數法則</u>（la loi des grands nombres）……」——尤其清楚的是，<u>大數法則</u>不會帶來任何冥想上的進展，有的只是誤解罷了。伊波利特先生（Jean Hyppolite）提出一個更為深入的看法，他把馬拉美的擲骰子跟控制論機器（la machine cybernétique）放在一起對照，而非跟<u>大數法則</u>一起，參見《哲學研究》期刊（*Philosophical Studies*），1958年。根據前述，同樣的對照也適用於尼采。

147. 譯註：本段兩處引文皆來自馬拉美發表於1897年的視覺詩作品〈擲一次骰子永遠不廢除偶然〉（Un coup de dés jamais n'abolira le hasard）中。

上、到天空中。老朽的主人如「一座橋」，是必須被越過的東西。一道「童稚的影子」，羽毛或翅膀，附著在一名青少年的高帽上，「嬌巧的身材，隱晦而挺立在其美人魚的捲曲姿態上」[148]，才有能力重擲骰子。這相當於戴奧尼索斯—孩子、或甚至是幸福島的孩子[149]、查拉圖斯特拉的孩子嗎？馬拉美以孩子的形象來呈現伊紀杜爾[150]，提到他的祖先並非人類，而是那些艾羅辛（les Elohim）：一個曾經純潔的種族，其「為了存有，從絕對（l'absolu）那兒去除了它的純潔，只留下一個念頭，通達必然性」[151]；

3. 擲骰子不僅是一個不合理的及無理性的、荒謬的及超人類的（surhumain）舉動，而且它構成了最具代表性的悲劇嘗試及悲劇思想。馬拉美對於戲劇的觀念、那些出現在「戲劇」、「神祕」、「頌歌」（hymne）、「英雄」之間著名的呼應及等同，展現出一種在表面上跟《希臘悲劇之起源》相似的思考，但其實只是華格納作為共同前輩所產生的陰影；

4. 數字—星群是或同樣也可以是書、藝術作品，如同世界之完成及正當化（關於存在的審美正當

化，尼采寫道：我們在藝術家身上觀察到「必然
與遊戲、衝突與和諧如何交織在一起產生藝術
作品」[152]）。而命定的及星辰的數字（le nombre
fatal et sidéral）讓擲骰子重來這件事，乃至於書既
是唯一的又是動態的。意義及詮釋之多重性清楚
地被馬拉美所肯定；然而，這種多重性也是另一
項肯定之對應方，即書或文本之統一，「像法則
一樣不受腐蝕」。書是循環及出現在生成中的法
則。

無論它們多麼精準，這些相似之處仍然是表面的。因為
馬拉美始終將必然設想為對偶然的廢除。馬拉美以如此的方式

148.　譯註：「童稚的影子」（ombre puérile）、「嬌巧的身材，隱晦並挺立在
　　　其美人魚的捲曲姿態上」（stature mignonne, ténébreuse et debout en sa
　　　torsion de sirène），出處同前。

149.　譯註：幸福島見《查拉圖斯特拉如是說》，第二卷，〈在幸福島上〉（Sur
　　　les îles bienheureuses）。

150.　譯註：伊紀杜爾（Igitur）係馬拉美一部未完成作品《伊紀杜爾或艾爾班諾
　　　之瘋狂》（Igitur ou la folie d'Elbehnon）中的人物。

151.　譯註：出自前書。

152.　原註：《哲學之誕生》。

設想擲骰子，乃至於偶然與必然相互對立，如同兩個極點，第二個必須否定第一個，而第一個只能阻撓第二個。骰子無法擲中，除非偶然被取消；它之所以失敗，正是因為偶然以某種方式存留著：「光憑它獲得實現這個事實，（人類行動）〔得〕跟偶然借它的方法。」[153]這就是為什麼從擲骰子中得到的數字仍然是偶然的[154]。人們經常發現，馬拉美的詩根植在一種世界二元性的古老形上學思維中；偶然就像必須被否定的存在，必然如同純粹理型或永恆本質之特質。乃至於擲骰子的最後希望[155]是他在另一個世界中找到它的知性模式（modèle intelligible），「在某個空無一物而高高在上的表面」[156]，由一個星群來負責，在此偶然不存在。最後，〔在馬拉美身上〕星群比較不是擲骰子的產物，而是擲骰子到了極端狀態之下或在另一個世界中的結果。人們不會困惑於是怎樣的面向在馬拉美身上占了主導的地位，是出於對生命的貶低還是來自對知性的頌揚（l'exaltation de l'intelligible）。從尼采的觀點來看，這兩個面向是劃分不開的，而且它們構成了「虛無主義」它本身，即那種生命受到指控、審判及定罪的方式。這點決定了一切；伊紀杜爾的種族並非超人，而是源自另一個世界。嬌巧的身材並非幸福島上孩子的身材，而是哈姆雷特「困厄下的苦澀王子」的身材，馬拉美別處說道他是「不能成真的潛在統領」[157]。愛羅狄亞得[158]不是雅莉安，而是怨恨和愧疚的冷酷創

造物（créature），對生命進行否定的精神，迷失在她對褓姆（la Nourrice）的尖酸苛責中。藝術作品在馬拉美那兒是「正當的」，但它的正當並不等於存在的正當，這依然是一種控訴式的正當，其否定生命，認為生命失敗而無能（impuissance）[159]。同樣地，馬拉美的無神論也是一種奇怪的無神論，它到彌撒中尋找一個夢想的戲劇模式：是彌撒，而非戴奧尼索斯的神祕⋯⋯事實上，罕少有人在每一個方向上將這種貶低生命的永

153. 　譯註：這段引文係馬拉美的談話，出處為比利時象徵派詩人墨克爾（Albert Mockel）1898年著作《英雄馬拉美》（*Stéphane Mallarmé, un héros*）第48頁。

154. 　譯註：有別於尼采的擲骰子得到必然的、命定的數字。

155. 　譯註：應該是指本段開頭說的「對偶然的廢除」，因為兩者之間的關聯性在本文中並不明顯，導致理解上的模糊，但如此的理解方式同時也有助於理解了這句隨後出現的直接受格代名詞la所指為何，其所替代的正是l'abolition du hasard。回到本處，「擲骰子的最後希望」也就是說廢除偶然這個希望。

156. 　譯註：語出《擲一次骰子永遠不廢除偶然》。

157. 　譯註：兩處引文，前者出於《擲一次骰子永遠不廢除偶然》，後者出於1897年的散文集《歧途集》（*Divagations*）。

158. 　譯註：愛羅狄亞得（Hérodiade）係馬拉美同名作品《愛羅狄亞得》（*Hérodiade*）中的人物，猶太希律王王后。

159. 　原註：相反地，當尼采在談到「存在之審美正當化」時，所涉及的是將藝術視為「生命之刺激物」（stimulant de la vie）：藝術肯定生命，生命在藝術中得到肯定。

恆事業推到如此深遠的地步。馬拉美，是擲骰子沒錯，不過被虛無主義所複審過，在怨恨及愧疚的觀點下被詮釋。然而〔這樣的話〕擲骰子就什麼都不是了，脫離了它肯定的及欣賞的脈絡，脫離了偶然的無罪及肯定性。擲骰子什麼都不是，如果我們在其中將偶然與必然對立起來。

15

悲劇思想

　　這僅僅是一種心理方面的差異嗎？一種性情上或調子上的差異嗎？我們必須提出整個尼采哲學所立足的一個原理：怨恨、愧疚等並非心理的規定性（déterminations psychologiques）。尼采把虛無主義稱為否定生命、貶低存在的事業；他分析了主要的虛無主義形式，包括怨恨、愧疚、禁欲理想；他稱報復精神是虛無主義及其形式之整體。然而，虛無主義及其形式完全不能化約為心理的規定性，也不能化約成歷史事件或意識形態潮流，更不能化約為形上學結構（structures métaphysiques）[160]。無疑地，報復精神以生物的、心理的、歷

160.　原註：海德格在這些點上頗為堅持。例如：「虛無主義以一種基本進程（processus fondamental）的方式推動著歷史，罕少在西方各民族的命運中受到承認。因此，虛無主義並非歷史現象中的一種，也不是在西方歷史的框架下跟其他精神潮流並存的一種精神潮流……」參見《林中路》（Holzwege）：〈尼采的話「神死了」〉，法譯，發表於《論據》（Arguments），15號。

史的和形上學的方式展現；報復精神是一種類型，它跟一種類型學（typologie）劃分不開，這是尼采哲學居首的要件。但是整個問題是：這種類型學的特性是什麼？報復精神遠遠不是一種心理特質，而是我們的心理學所依賴的原理。不是怨恨屬於心理學，而是我們整個心理學在不知情的狀況下是怨恨心理學。同樣地，當尼采指出基督教被怨恨和愧疚所充滿時，他並非將虛無主義當成一個歷史事件，而毋寧是歷史作為歷史本身的元素、普遍歷史之動力、著名的「歷史的意義」（sens historique）或「歷史之意義」（sens de l'histoire），其在基督教中，在某個時刻，找到了其最恰當的展露。而當尼采展開了對形上學的批判時，他使虛無主義成為所有形而上學的前提，而不是某個特定形上學的表現方式：沒有任何形上學不以一個超感覺的世界（monde suprasensible）之名義來審判及貶低存在。我們絕不會說虛無主義及其形式是思想之範疇；因為諸如理性思維、同一性、因果性、目的性等思想範疇，它們本身就預設著一套力的詮釋，其乃怨恨之力。基於凡此原因，尼采可以說：「報復本能在幾個世紀間是如此地控制著人類，乃至於所有的形上學、心理學、歷史以及尤其是道德皆帶著它的印記。一旦人思考，他便將報復的細菌引到事物裡頭。」[161]我們必須理解：報復本能係構成了這個我們稱為心理學、歷史學、形上學及倫理學的東西之本質的力。報復精神係我們的思想之

系譜元素（élément généalogique），是我們的思考方式之超驗原理（principe transcendantal）。因此，尼采對虛無主義及報復精神所展開的對抗，意味著對形上學的推翻、作為人之歷史（histoire de l'homme）的這種歷史之終結、科學之改造。事實上，我們甚至不知道一個去除了怨恨的人會是什麼樣。一個不指控及貶低存在的人還是人嗎？他還會像人一樣地思考嗎？這豈非已然是人之外的其他東西，近乎超人了嗎？懷有怨恨，沒有怨恨：再也沒有更大的差異了，其大於心理學、大於歷史、大於形上學。這是真正的差異或超驗的類型學——系譜的和階層的差異（la différence généalogique et hiérarchique）。

尼采揭出了他的哲學目標：將思想從虛無主義及其形式中解放出來。不過，這意味著一套新的思考方式、一場在思想所仰賴的原理上頭的動盪、系譜原理（principe généalogique）本身的一種重新樹立、一種「蛻變」（transmutation）。長期以來，我們一直不停地從怨恨和愧疚的觀點來思考。除了禁欲理想，我們沒有其他理想。我們用知識來反對生命，以審判生命，以使其有罪、有責任及有錯。我們讓意志成為不好的東

161.　　　原註：《權力意志》，第三卷，第458節。

西，其遭到一種原始矛盾所懲罰：我們說需要改正它、羈絆它、限制它，甚至否定它、消除它。這是它應得的。沒有一個哲學家，其在這兒或那兒發現意志的本質，而不對他自己的發現表示悲嘆，並且，如同憂心忡忡的預言者一樣，不同時在其中看到未來的凶兆及過去的禍根。叔本華將這個古老的想法推到極端的後果：意志之苦牢，他說，以及伊克西翁之輪（la roue d'Ixion）[162]。尼采是唯一一位不對意志之發現悲嘆的人，唯一一位不會想辦法避開它或限制其影響的人。「新的思考方式」意味著：一種肯定的思想，一種對生命和生命中的意志給予肯定的思想，一種總算排除了整個否定的思想。相信未來和過去的無罪，相信永恆回歸。存在既不會被認定為有罪的，意志也不會感覺自己存在著（exister）是有罪的：這就是尼采所稱的他的喜悅信息（joyeux message）。「意志，解放者和喜悅之信使如此地自稱」[163]。喜悅信息是悲劇思想；因為悲劇不在怨恨之責難中，不在愧疚之衝突中，也不在一個感到自己有罪和有責任的意志之矛盾中。悲劇甚至也不在對怨恨、愧疚或虛無主義的對抗中。根據尼采，人們從來沒有弄懂悲劇是什麼：悲劇的＝快樂的（tragique＝joyeux）。偉大的等式的另一種提法是：意欲＝創造（vouloir＝créer）。人們沒有理解到悲劇係純粹而多重的正面性（positivité pure et multiple）、充滿活力的歡愉（gaieté dynamique）。悲劇是肯定：因為它肯定了偶然，

以及在偶然中肯定了必然；因為它肯定了生成，以及在生成中
肯定了存有；因為它肯定了多重，以及在多重中肯定了一。悲
<u>劇是擲骰子</u>。其他一切皆係虛無主義、辯證法的和基督教的悲
<u>慟作用</u>、悲劇之歪曲形象、愧疚之一齣戲。

162.　　譯註：伊克西翁，希臘神話人物，拉皮斯（Lapithes）王子，因覬覦天神宙
　　　　斯之妻赫拉，而遭受宙斯懲罰，被綁在一只永恆旋轉的火輪上受刑。
163.　　原註：《查拉圖斯特拉如是說》，第二卷，〈關於救贖〉（De la
　　　　rédemption）。《瞧！這個人》，第四卷，第1節：「我是一種起否定作用
　　　　的精神（esprit négateur）之對立面。我是一個未曾有過的喜悅信使。」

16

試金石

　　當我們起心動念想將尼采跟那些自稱是或被稱為「悲劇哲學家」的其他作家（帕斯卡[164]、齊克果、舍斯托夫[165]）相較時，我們不應該拘泥在希臘悲劇這個詞上。我們必須將尼采最終的意志考慮進來。這麼問是不夠的：另一位思考的是<u>什麼</u>？這跟尼采所思考的東西是可比較的嗎？而是要問：這另一位<u>如何</u>思考？在他的思想中，怨恨和愧疚還存留著的部分是什麼？在他理解悲劇的方式中，禁欲理想、報復精神依然存留著嗎？帶著不凡的才智，帕斯卡、齊克果、舍斯托夫皆將批判帶到未曾有過的境地。他們擱置了道德，顛覆了理性。然而，落在怨恨的陷阱中，他們仍舊從禁欲理想中汲取他們的力。他們是這個禁欲理想的詩人。他們用以反對道德、反

對理性的東西，仍舊是理性沉浸其中的這個理想，仍舊是理性根植其間的這個神祕體（ce corps mystique），內在性─蜘蛛（l'intériorité – l'araignée）。為了進行哲思（philosopher），他們需要內在性的所有資源及線索，焦慮、悲嘆、有罪感、不滿之所有形式[166]。他們將自己歸在怨恨之旗幟之下：亞伯拉罕和約伯[167]。他們缺少了肯定之意識、外在性之意識（le sens de l'extériorité）、無罪及遊戲。尼采說：「不該等待著處於不幸之中，如同那些將哲學從不滿中發展出來的人所思考的。應當在幸福中開始，在剛強的成熟狀態下，在這熾熱的歡騰之火中，其乃一種成年而勝利年紀之歡騰。」[168]從帕斯卡到齊克果，有人打賭及有人跳躍。然而這可不是戴奧尼索斯或查拉圖斯特拉的活動：跳躍不是跳舞，打賭不是遊戲。我們會

----

164. 譯註：布萊茲‧帕斯卡（Blaise Pascal, 1623-1662），法國哲學家、神學家、數學家。

165. 譯註：列夫‧舍斯托夫（Léon Chestov, 1866-1938），俄國哲學家、作家。

166. 原註：《權力意志》，第一卷，第406節：「我們在基督教中所攻擊的東西？那就是它意圖打擊強者，削減其勇氣，利用他們的不佳狀態及厭倦（lassitudes），將他們引以為傲的信心轉成擔憂及意識上的折磨……：可怕的災難，帕斯卡正是此方面最顯著的案例。」

167. 譯註：亞伯拉罕（Abraham）、約伯（Job）皆係亞伯拉罕諸教（包含猶太教、基督教和伊斯蘭教等宗教）聖典中人物，被視為先知。

168. 原註：《哲學之誕生》。

注意到查拉圖斯特拉如何在<u>沒有預設觀念的情況下</u>（sans idée préconçue）將遊戲跟打賭對立起來，將跳舞跟跳躍對立起來：會打賭的是糟糕的玩家，尤其會跳躍的是小丑，他以為跳躍意味跳舞、超越、超出[169]。

如果我們提到帕斯卡的賭注[170]，這是為了最終得出結論說這跟擲骰子沒有絲毫共同之處。在打賭中，這全然無關對偶然給予肯定，而是相反地將之片<u>斷化</u>（fragmenter）為或然性、將之轉換成「得與失之偶然」（hasards de gain et de perte）。這就是為什麼去思量打賭是否具有真正的神學意義或只有辯解性的意義是徒勞無益的。因為帕斯卡的賭注跟**神**的存在或不存在無關。打賭是人類學的（anthropologique），它僅落在人的兩種存在方式上，即說神存在的這種人的存在和說神不存在的那種人的存在。神的存在——並未被放在賭注中——同時是這場賭注所預設的觀點、將偶然片斷化為得之偶然與失之偶然的觀點。選項完全落在禁欲理想及貶低生命的旗幟之下。尼采將他所說的遊戲跟帕斯卡的賭注對立起來是正確的：「如果沒有基督教信仰，帕斯卡認為，對你們自己而言，你們將成為一個怪物和一團混亂，如同自然和歷史：我們已經實現了這項預言。」[171]尼采的意思是：我們已經發現了另一種遊戲、另一種遊戲的方式；在超越兩種<u>人的—太過於人的</u>（humains-trop humains）存在模式之後，我們已經發現了<u>超人</u>

類（le surhumain）；我們已經懂得肯定整個偶然，而不是將它片斷化並讓一個片斷以主人的姿態說話；我們已經懂得讓混沌成為一個肯定的對象，而不是將之設定為需要加以否定的東西……[172]而每一次人們將尼采跟帕斯卡（或者跟齊克果或舍斯托夫）兩相比較時，總是得出相同的結論，這樣的比較僅在一定的程度上成立：其忽略了對尼采而言最根本的東西，其忽略了思考的方式。其忽略了尼采在宇宙中診斷出的小細菌——<u>報復精神</u>。尼采說：「踰越是整個赫拉克利特主義者的試金石，正是在此，他可以顯現出他理解或誤解了他的導師。」怨恨、愧疚、禁欲理想、虛無主義是整個尼采主義者的試金石。正是在此，可以顯現出悲劇的真正意義是否被埋解或遭到誤解。

---

169. 原註：《查拉圖斯特拉如是說》，第三卷，〈關於舊表與關於新表〉：「人是必須被超越的東西。我們可以透過很多途徑和方式自我超越：要達成目標，這取決於你。然而只有小丑認為：我們也可以跳過人。」同書，〈序言〉，第4節：「我喜歡這樣的人，他看到骰子以對自己有利的方式落下而感到慚愧，並且從而問道：我作弊了嗎？」

170. 譯註：帕斯卡的賭注見於《思想錄》（Pensées）。帕斯卡論道，無論神存在與否，理性的人應該相信神的存在。因為：若是神不存在，人所受的損失不大；但若不信而神存在，則人將遭受莫大的痛苦。

171. 原註：《權力意志》，第三卷，第42節。

172. 原註：「……帕斯卡揭開序幕的運動：一個怪物和一團混亂，因此一個必須予以否定的東西」（前引書）。

CHAPITRE II.

Actif et réactif

主動與反動

1

身體

　　史賓諾莎為科學和哲學開啟了一條新的道路：他說，我們甚至不知道身體能做什麼；我們談論意識（la conscience）、以及談論精神，我們滔滔不絕地談論這一切，但是我們不知道身體能怎麼樣、它的力是哪些或它們籌備著的東西[1]。尼采知道時機已到：「我們正處於意識變得謙卑的時期。」[2]提醒意識其必要的謙卑，此乃依其所是地把握它：即一個徵兆，只是一種更深層轉變的、屬於跟精神全然不同範疇的力之主動性的徵兆。「也許，在整個精神發展中所涉及的僅僅是身體而已。」意識是什麼？跟佛洛伊德（Freud）一樣，尼采認為意識是受外在世界影響的我的區域（la région du moi）[3]。然而，意識較不相對於外在性、從實在的角度受到界定，而是更相對於上位

性（*supériorité*）、從價值的角度來界定。在對於有意識和無意識的基本想法中，這項差異是非常重要。對尼采而言，意識永遠是一個下位者（un inférieur）相對於他所服從或「被併入」（s'incorporer）的上位者（le supérieur）而言的意識。意識永遠不是自己的意識（conscience de soi），而是相對於那個本身不是有意識的自己（le soi qui n'est pas conscient）的一個自我的意識（conscience d'un moi）。它不是主人的意識，而是相對於一個本身無須有意識的主人而言的奴隸的意識。「意識通常只在一個整體（un tout）想要服從於一個上位的整體時才會出現……相對於一個我們可以受其決定的存有，意識開始出現。」[4]這就是意識之奴性（servilité）：它僅見證了「一個上

---

1. 原註：斯賓諾莎（Spinoza），《倫理學》（*Éthique*），第三部分，命題二，「附釋」（scolie）。「我已經指出，人們不知道身體能做什麼，或者僅僅從對其本性的考量上人們可以推論出什麼，而人們藉由經驗而觀察到，數量龐大的東西可以僅僅出自一些自然法則，而如果不是在精神的指導下，人們可能永遠也不會相信……」〔另附上賀麟根據英譯本所做譯文：「但我已經指出，他們不知道身體能作什麼事，亦不知道僅從考察身體的性質上，可以推出些什麼東西來，而且他們依據經驗知道許多只是按照自然規律而發生的事物，他們亦以為除了受心靈的指導外，決不可能發生……」，參見《倫理學》，商務印書館，北京，1997年〕
2. 原註：《權力意志》，第二卷，第261節。
3. 原註：前引書，第二卷，第253節；《歡愉的智慧》，第357節。
4. 原註：《權力意志》，第二卷，第227節。

位身體（un corps supérieur）的形成」。

　　身體是什麼？我們並非將它定義為一個力的場域、許多力相互競逐的一個有利環境。因為，事實上，並沒有「環境」、沒有諸力的場域或戰鬥的場域。並不存在某個現實之量（quantité de réalité），所有現實已然是某種力量（quantité de force）[5]。有的只是一些彼此「處於張力關係中」的力量。[6]任何力都處在跟其他力的關係中，無論是為了服從還是為了命令。那個界定著身體的東西，正是這種介於宰制力和被宰制力之間的關係。任何力的關係（rapport de forces）皆構成一個身體：化學的、生物的、社會的、政治的。任何兩個不對等的力一旦跨入關係中便構成一個身體：這就是為什麼身體始終是偶然下的產物，此乃就尼采的意義上說的，並顯現為最「出乎意料的」（surprenant）東西，在實際上遠比意識及精神更為出乎意料[7]。但是偶然，即力與力的關係，同樣也是力之本質；因此我們不會困惑於一個活的身體係如何誕生的，既然所有活的身體皆作為組成它的力之「任意的」產物[8]。身體是一種多重的現象（phénomène multiple），由多種不可化約的力所組成；它的統一是一個多重的現象之統一，即「宰制之統一」（unité de domination）。在一個身體中，上位的或宰制的力被稱為主動的（actives），下位的或被宰制的力被稱為反動的（réactives）。主動的與反動的確切地說皆是起源性質

（qualités originelles），其表現出力跟力的關係。因為進入關係中的力不會擁有一個量，除非每一個力同時擁有相應於它們如此這般的量差（différence de quantité）的質（qualité）。這種出現在那些跟它們的量相符而被質化的（qualifiées）力之間的差異，我們稱為階層：主動的及反動的力。

5.　　譯註：關於力的討論中，德勒茲將使用若干概念，如此處的力之數量（quantité de force）及隨後會提到的量之差異（différence de quantité）、力之性質（qualité de force）等，為求文字上的簡潔，分別譯為力量、量差、力質。

6.　　原註：《權力意志》，第二卷，第373節。

7.　　原註：前引書，第二卷，第173節：「比諸不久前的靈魂，人的身體是一個更為出乎意料的思想。」第226節：「更令人出乎意料的，毋寧說是身體；一想到人類身體之成為可能，我們一次又一次地驚嘆著。」

8.　　原註：針對生命之開端的虛假問題：前引書，第二卷，第66、68節；針對偶然之角色：第二卷，第25、334節。

2

力之區別

　　即便服從著，下位力不改其為力之本色，跟命令著它的力有所區別。服從係力作為力的一種質，它跟權力的關聯程度並不亞於命令跟權力的關聯程度：「沒有力放棄它自己的權力。正如同命令假設著一種讓步一樣，人們同意對手的絕對的力（la force absolue）並沒有被戰勝、被吸收、被消解。服從和命令是一場競賽所具有的兩種形式。」[9]下位力被定義為反動的：它們一點也沒有失去其力、其力量，它們運用它，以確保各種機制及目的，以滿足生命條件及功能，即保存、適應及效用之任務。如此，這就是反動概念（le concept de réaction）的出發點，我們將看到它對尼采的重要性：機制的和效用的順適（accommodements），亦即各種調節（régulations），它們

表現出下位的和被宰制的力的全部能力。然而我們必須注意到現代思想對於力的這種反動面向毫不節制的胃口。人們總是認為，當他們從反動力（forces réactives）的角度來了解有機體時，他們所做的便已經足夠。反動力的本性及它們一絲一毫的顫動令我們著迷。如此，在生命理論中，機制與目的兩者相對立；但這是兩種僅適用於反動力本身的詮釋。的確，我們至少是從力的角度對有機體加以理解。但也同樣確實的是，除非我們將反動力關聯上宰制它們的力而這個力本身並非反動的，否則我們也無法如其所是地掌握反動力，也就是說，將之當成力而不是當成機制或目的。「對於帶著一種自發、攻擊、征服、篡奪、改造性質並且不斷提出新方向、而適應作用也以其影響作為優先服從對象的這種力所具有的基本上位性，人們視而不見；正是如此，人們否定了有機體最高貴機能的至高權（souveraineté）。」[10]

要描繪這些主動力的特性無疑是更加困難。因為在天性上它們避開意識的掌握：「重大而首要的主動性是無意識的。」[11]意識僅傳達出某些反動力跟支配它們的主動力之間的

---

9. 原註：前引書，第二卷，第91節。
10. 原註：《道德系譜學》，第一卷，第12節。
11. 原註：《權力意志》，第二卷，第227節。

關係。意識在本質上是反動的[12]；這就是為什麼我們不知道一個身體之所能、它能夠具有怎樣的主動性。我們關於意識所說的，在關於記憶和習慣時，我們應該再說一次。更有甚者：針對營養攝取、繁殖、保存、適應等方面，我們也應該這麼說。凡此種種皆是反動的機能、反動的專門化（spécialisations réactives）、這些或那些反動力的表現[13]。不可避免地，意識會從其觀點來看有機體，並以其方式，也就是反動的方式，來理解有機體。科學有時也會依循著意識的路徑，同時仰賴著其他的反動力：總是從狹隘的角度、從它反動的角度來看待有機體。在尼采看來，有機體的問題無關乎在機械論跟生機論（le vitalisme）之間進行爭辯。當生機論在反動力上——跟機械論以不同方式加以詮釋的反動力是相同的——以為自己發現了生命之特殊性時，生機論有何價值呢？真正的問題在於對主動力的發現，沒有它們，反動作用本身也不成為力[14]。力之主動性必然是無意識的，這便是讓身體成為一種上位於一切反動作用的東西之因素，尤其是上位於被人們稱為意識的這種自我的反動作用（réaction du moi）：「從智性的角度來看，整個這個身體現象也上位於我們的意識、上位於我們的精神、上位於我們有意識的思考、感覺及意欲方式，正如代數上位於乘法表一樣。」[15]身體的主動力，這就是使身體成為一個自己（un soi）並將自己界定為上位的和出乎意料的的因素：「……一個更有

力的存有（un être plus puissant），一個不被認識的智者——它的名字是自己。它住在你的身體裡，它就是你的身體。」[16]真正的科學是主動性科學（la science de l'activité），但是主動性科學也是關於必然的無意識（l'inconscient nécessaire）之科學。認為科學應該跟意識亦步亦趨、朝著相同方向前進的想法是荒謬的。在這個想法中，我們感受到道德探出頭來。實際上，只有在沒有意識及不能有意識之處才有科學。

「主動的東西是什麼？趨向於權力（tendre à la puissance）。」[17]占有、掌控、支配、宰制是主動力的特徵。占有指在利用情勢（circonstances）的同時，強加形式和創造形式[18]。尼采之所以批評達爾文，是因為他以完全反動的

12.　　　原註：《歡愉的智慧》，第354節。

13.　　　原註：《權力意志》，第二卷，第43節、第45節、第187節、第390節。

14.　　　原註：尼采多元論的獨創性正在此處。在他對於有機體的看法中，他並不侷限在構成有機體的諸力的一種多元性（une pluralité de forces constituantes）上。真正讓他感興趣的是主動力及反動力的多樣性（diversité）及對主動力的尋找。——這方面可與巴特勒（Butler）令人稱許的多元論相比擬，唯後者僅限於記憶及習慣方面。

15.　　　原註：前引書，第二卷，第226節。

16.　　　原註：《查拉圖斯特拉如是說》，第一卷，〈關於身體蔑視者〉（Des contempteurs du corps）。

17.　　　原註：《權力意志》，第二卷，第43節。

18.　　　原註：《超越善惡》，第259節，及《權力意志》，第二卷，第63節。

方式詮釋演化、甚至如此詮釋在演化中的偶然。他景仰拉馬克（Lamarck）[19]，因為拉馬克預感到一種<u>可塑力</u>（*force plastique*）的存在，其相較於適應作用，是真正主動的及首要的：一種<u>變形之力</u>。正如同在能量學中人們稱那種能夠自我轉化（se transformer）的能量為「高貴的」（noble）[20]，在尼采那兒也是如此。<u>轉化之權力</u>（la puissance de transformation），即戴奧尼索斯的能力，乃主動性的第一個定義。然而，每當我們基於上述而注意到行動之高貴性及它相對於反動的上位性的時候，我們也不應該忘記反動跟主動一樣，都指一種力的類型：很簡單，如果我們並未將反動跟上位的力——其正屬於另一種類型——關聯起來的話，它們無法被掌握為力、被科學地理解為力。反動是一種力之<u>起源性質</u>，但除非它關聯上主動、以主動為根據，否則它無法如此這般地受到詮釋。

---

19. 譯註：拉馬克（Jean-Baptiste de Lamarck, 1744-1829），法國自然學家、生物學、演化論先驅。

20. 譯註：高貴的能量（énergie noble）泛指一種能量形式容易轉換成其他能量形式，例如電力便是最具代表性的高貴能量，可以靈活轉換為力學能、熱能等。

3

量與質

凡力皆有一個<u>量</u>，但它們也具有跟其<u>量差</u>對應的質：主動<u>的</u>和反動的是<u>力質</u>（qualités des forces）。我們預感到力之度量（mesure）問題的棘手，因為它涉及<u>質的</u>詮釋（interprétations qualitatives）的技藝。問題可以如此被提出來：

1. 尼采一直認為這些力是<u>量的</u>（quantitatives），
   必須以量的方式加以界定，他說：「在我們的知
   識能夠運用數字及度量的情況下，它就變成科學
   的。應該嘗試看看，我們是否能夠根據著一個關
   於力的數字的及量的尺度而建立起價值上的一套
   科學順序。所有其他的價值，皆係偏見、幼稚、

誤解。它們完全可以化約在這套數字的和量的尺度上」[21]；

2. 然而，尼采同樣也認為對力的一種純粹量上的規定性仍然是抽象的、不完整的、含糊的。力的度量技藝求助於一整套關於質的詮釋和評價：「機械論的構想只承認量，然而力存在於質中；機械論只能描述現象，而非闡明之」[22]；「所有的量皆係質的徵兆，這難道不可能嗎？……想將所有的質化約成量是瘋狂的。」[23]

這兩段文本之間矛盾嗎？如果說一個力跟其量分不開，那麼它跟自己有所關聯的其他力同樣也分不開。量本身因此跟量差分不開。量差是力的本質，力與力的關係。夢想著兩個均等的力（即便人們賦予它們一種方向上的對立），係一種近似性及概略性的夢想，即生物落在其中但化學卻將之驅散的統計夢想[24]。而尼采每次批評關於量的概念時，我們必須理解到：作為抽象概念，量始終並且本質上趨向一種同一化（identification）、趨向一種以量的組成單位（unité）為基礎的均等化（égalisation）、趨向一種在這樣的單位中對於差異的消除；對於任何以純粹量的方式對於力所做的規定性，尼采的批評是量差在當中被取消了、被均等化了或者被補償〔或校

正〕了。反過來說，每當他對質進行批判的時候，我們必須理解：它們除了是在至少兩股相關聯的力[25]中所相對應的量差之外，質什麼都不是。簡而言之，尼采所感興趣的，永遠不是量之不可化約為質這一點上；或者毋寧說，這只是次要地及作為徵兆這方面讓他感興趣。從量本身的角度來看，主要讓他感興趣的是，量差之不可化約為均等（égalité）這一點。質有別於量，但僅因為它是在量中不可均等的（inégalisable）部分、在量差中不可取消的（inannulable）部分。因此，在一個意義上，量差是不可從（de）量中化約的元素，在另一個意義上，

21.　　　原註：《權力意志》，第二卷，第352節。

22.　　　原註：前引書，第二卷，第46節。同卷第187節出現了幾乎完全一樣的說法。

23.　　　原註：前引書，第二卷，第343節。

24.　　　原註：《權力意志》，第二卷，第86、87節：「在化學世界中，是由對於力差最敏銳的知覺所主導〔譯按：注意這指的不是人對於化學世界的知覺，而是化學物質本身的知覺〕。然而，一個原生質（un protoplasme）──其係一種化學力的多重狀態（une multiplicité de forces chimiques）──對於一個異於它的現實僅具有模糊而籠統的知覺」；「承認在無機物的世界中存在著若干知覺，以及若干具有一種絕對精確度的知覺：這裡才是真相所主宰的東西！進入有機世界，不精確及膚淺的情況也隨之開始。」

25.　　　譯註：力必然處在跟其他力的關係中，正是在這樣的關係中，一個力量具有了量差，而至少要有兩個力才能形成一個力的關係。

〔又〕是不可化約到（à）量本身中的元素。質無非就是量差，在每一個處於關係狀態下的力當中跟量差相對應。「我們不禁將簡簡單單的量差感受成某個跟量絕然不同的東西，也就是說，感受成一些質，彼此之間不可相互化約。」[26]在這個文本中仍然是擬人化的部分必須藉由下述的尼采原理來修正，據此，存在著一種宇宙之主體性（une subjectivité de l'univers），它確切說來不再是擬人化的而是宇宙的（cosmique）[27]。「想將所有的質化約成量是瘋狂的……」

藉著偶然，我們肯定了所有的力的關係。並且，無疑地，在永恆回歸的思想中，我們一次地肯定了整個偶然。但是，所有的力並非為了自身的緣故同時進入關係中。實際上，它們各別的權力是在少數的力所形成的關係中被盈滿的（remplir）。偶然係一個連續體（continuum）之對立面[28]。因此，這樣或那樣不同量的力之相遇便是偶然之諸具體部分（les parties concrètes du hasard）、偶然之諸肯定部分，如此，如同自外於任何法則的部分：戴奧尼索斯的分肢。然而，正是在這種相遇中，每個力得到跟其量相對應的質，亦即那種實際上盈滿了它的權力的感觸（affection）[29]。因此，在一段晦澀的文字中，尼采說宇宙假定了「諸任意質的一次絕對發生」（une genèse absolue de qualités arbitraires），然而質的發生本身又假定著一個（相對的）量的發生[30]。兩種發生分不開的情況意味

著我們不能抽象地計算力[31]；我們應該在每一個案例中（dans chaque cas）具體地評價它們各別的質及此一質的細微差別（nuance）。

26.　　原註：《權力意志》，第二卷，第108節。
27.　　原註：前引書，第二卷，第15節。
28.　　原註：關於連續體，參見前引書，第二卷，第356節。
29.　　譯註：關於感觸，參見本章第11節。
30.　　原註：前引書，第二卷，第334節。
31.　　譯註：因為量總不脫質，因此不能抽象地、純粹地計算量。

4

尼采與科學

　　尼采跟科學關係的問題被問得不好。人們弄得好像這些關係全繫於永恆回歸的理論上，弄得好像當科學有利於永恆回歸時，尼采便對科學感興趣（並且仍然流於空泛），當它對永恆回歸持反對意見時，尼采便對之漠不關心。情況並非如此；尼采對科學所持的批判立場之源頭應該在完全不同的方向中尋找，儘管這個方向為我們開啟了一種看待永恆回歸的角度。沒錯，尼采對於科學並沒有過人的能耐及胃口。但是，將他跟科學分開來的，是一種傾向、一種思考的方式。不論對或錯，尼采認為，科學在它對於數量的處理上總是傾向於均等化數量、補償不均等。作為科學的批判者，尼采從不拿質的權利來反對量；他拿量差的權利來反對均等，他拿不均等的權利來反對量

的均等化。尼采構思著一套「數字的及量的尺度」，但是其刻度（divisions）並非成倍數或除數。這恰恰是他在科學上所要譴責的：尋求補償的科學狂躁、特屬科學的功利主義和均等主義（l'égalitarisme）[32]。這就是為什麼他所有的批評都落在三個層面上：反對邏輯同一（l'identité logique），反對數學均等，反對物理平衡（l'équilibre physique）。反對三種無差異化形式（formes de l'indifférencié）[33]。尼采認為，科學無可避免地會錯過並危害真正的力的理論。

　　這種化約量差的傾向意味著什麼？它首先表現出科學加入現代思想之虛無主義中的方式。否定差異的努力是那種更普遍的事業的一部分，其包括否定生命、貶低存在、向它允諾一種死亡（熱能的死或其他的死）——在此，宇宙沉浸在無差異化（l'indifférencié）中。尼采對於物質、重力、熱等物理概念予以責難之處，係它們同樣也是關於一種量的均等化之因素、一種「無差別」（adiaphorie）[34]之原理。在這個意義上，尼采

32.　　原註：參考尼采給斯特信函中對於梅耶（Mayer）的評斷。

33.　　原註：這三個主題在《權力意志》第一卷及第二卷中占有重要位置。

34.　　譯註：adiaphorie，源自古希臘文ἀδιάφορα，指無差異的事物，斯多葛學派用來指涉一種道德上無關善惡、對之既不要求又不禁止的道德中性狀態。

指出科學屬於禁欲理想，並且以其方式為之效勞[35]。但是，我們還必須探究這種虛無思想在科學中的手段是什麼。答案是：出於使命（par vocation），科學以反動力作為它理解現象的起點，並且從這個觀點詮釋它們。物理學是反動的，就像生物學一樣；總是從狹隘的角度、從各種反動的角度看待事物。反動力的勝利，這就是虛無思想的手段。這也是虛無主義展露之原理[36]：反動的物理學是一種怨恨之物理學，就像反動的生物學是一種怨恨之生物學一樣。但是為什麼這正是反動力之唯一考量（其以否定在力中的差異為目標）、它如何對怨恨起著原理的作用，對於這些，我們還不清楚。

根據不同的立場，科學可能肯定或否定永恆回歸。但是，對永恆回歸的機械論肯定跟它的熱力學否定具有共通之處：這涉及總是以這樣的方式被詮釋的能量守恆（la conservation de l'énergie），乃至於能量的量不僅具有一個恆定的總和，並且總會消除它們的差異。在兩種論點中，我們皆從有限性原理（總和之恆定）進展到「虛無主義的」原理（取消其總和始終恆定的那些量差）。機械論的觀點肯定了永恆回歸，但假設了在一個可逆反系統（système réversible）的初始狀態和最終狀態之間量差上的互相補償或互相取消。最終狀態，跟人們假定與中介狀態無差異化的初始狀態是同一的。熱力學觀念否定永恆回歸，但這只是因為它發現，根據熱量的特性，量差

只在系統的最終狀態下才互相取消。就這樣，人們在<u>無差異</u><u>化的</u>最終狀態裡確定了同一性，並將它跟初始狀態之<u>差異化</u>（différenciation）對立起來。這兩套構想共通於一個相同的假設，一個最終的或終點的（terminal）狀態、生成之終點狀態的假設。一樣<u>無差異化</u>的存有或虛無（néant）、存有或非存有（non-être）：這兩套構想交集在同一個生成觀念上：具有一個最終狀態的生成。「用形上學的話來說，假如生成能夠以存有為終點或以虛無為終點……」[37]這就是為什麼機械論無法確定起永恆回歸之存在，如同熱力學也無法否定它一樣。兩者都走偏了，皆陷入無差異化中，再陷入同一中。

　　根據尼采的說法，永恆回歸絕非一種<u>同一</u>之思想，而是一種<u>綜合</u>的思想（une pensée synthétique），一個絕對地差異（l'absolument différent）之思想，其要求在科學之外的一種新的原理。這個原理是<u>多樣作為多樣本身</u>之<u>重新產生</u>的原理，是<u>差異之重複</u>（la répétition de la différence）的原理：「無差別」之對立面[38]。而且，實際上，當我們將永恆回歸當作是同

<hr>

35.　　原註：《道德系譜學》，第三卷，第25節。

36.　　譯註：關於展露參見本章第11節。

37.　　原註：《權力意志》，第二卷，第329節。

38.　　原註：前引書，第二卷，第374節：「儘管人們可以想像之，但<u>無差別</u>（adiaphorie）並不存在。」

一性的一個後果或一種施行，我們就無法了解它。唯當我們在某種方式下將永恆回歸跟同一性對立起來，否則我們無法了解永恆回歸。永恆回歸並非相同（le même）之恆久、平衡之狀態或同一之停駐。在永恆回歸中，並不是相同或一回返了，而是回歸本身係只說著多樣及只說著那個差異著的東西（ce qui diffère）的一。

永恆回歸的第一個面向：作為宇宙學及物理學方面的學理

對於尼采構想下的永恆回歸之闡述，假設了對於終點狀態、或者說平衡狀態的批判。尼采說，如果宇宙具有一個平衡位置的話，如果生成具有一個終點或一個最終狀態的話，它應該已經達到了。然而，當前的片刻，如同過去的片刻一樣，都證明了它尚未達到：因此諸力之平衡是不可能的[39]。但是，為什麼說，如果平衡或說終點狀態是可能的話，它應該已經達到了呢？這基於尼采所稱的過去時間之無限（l'infinité du temps passé）這個道理。過去時間之無限僅意味著這個：生成

39.　　原註：前引書，第二卷，第312、322-324、329-330節。

不可能開始生成著；它不是已經生成的什麼（quelque chose de devenu）。然而，說它不是已經生成的什麼，它同樣也不是一個正在生成著什麼的生成（un devenir quelque chose）。不是已經生成的，如果它在過往生成著什麼的話，它應該已經是它所生成著的東西。也就是說：過去的時間是無限的，如果有一個最終狀態的話，生成應該已經達到了。而實際上，說如果生成有一個最終狀態的話，生成應該已經達到它的最終狀態，跟說如果生成有一個初始狀態的話，生成將不會脫離這個狀態，二者是一樣的。如果生成生成著什麼的話，為什麼它不在很早以前就結束生成呢？如果它是已經生成出來的什麼的話，它怎麼能夠開始生成著？「如果宇宙具有持久和固定的能耐，並且如果在它整個過程中只有一個嚴格意義上的存有片刻（un instant d'être），那麼將不能再有生成，因此人們將不能再思考或觀察任何一個生成。」[40] 這就是尼采宣稱「在某些古代作家身上」[41] 所發現的思想。柏拉圖說，如果生成著的一切永遠無法閃避現在（le présent），一旦它在現在了，它便停止生成，於是它係它過去正在生成著的東西[42]。但這種古老的思想，尼采論道：每當我遭逢之，「它由別的、基本上具神學色彩的背後思想所決定。」因為，緊抓著生成如何開始及為何尚未結束的問題不放，滿口踰越、犯罪及懲罰，古代哲學家們是虛假的悲劇思想家[43]。除了赫拉克利特，他們沒有認真看待純粹生成（le pur devenir）之思想或這個思想的緣由。此刻不會是一個存有片刻或「嚴格意義上的」現在，除非它是正在過去著的片刻（l'instant qui passe）[44]，這一點迫使我們去思考生成、但確切地將之思考為那個不能開始生成及不能結束生成的東西。

　　純粹生成的思想如何為永恆回歸奠定基礎？光憑這種思想便足以停止繼續相信有別於生成、對立於生成的存有；然而，也光憑這種思想便足以相信生成自身的存有。那個生成著的東西之存有、那個既沒有開始生成亦沒有結束生成的東西之存有是什麼？回返，即那個生成著的東西之存有。「說一切回返著（tout revient），就是在最大的程度上拉近生成之世界跟存有之世界的距離：凝視之峰頂（cime de la contemplation）。」[45]

40.　　原註：前引書，第二卷，第322節。類似文字也出現在第330節。

41.　　原註：前引書，第二卷，第329節。

42.　　原註：柏拉圖，《巴門尼德斯篇》，請參閱第二種假設。然而，尼采想到的毋寧是阿納克西曼德。

43.　　原註：《哲學之誕生》：「在阿納克西曼德心中於是浮現出了這個問題：為什麼已經生成的一切沒有在很早以前就消失呢，既然它已歷經了一段無始無終的時間？始終生生不息的生成激流從何而來？除了藉著一些神祕的新假設，他無法避開這個問題。」

44.　　譯註：passer是過去的動詞，le passé是時間上的過去（過去、現在、未來），le passage是過去這個動作的名詞，譯為過渡。

45.　　原註：《權力意志》，第二卷，第170節。

這個凝視的問題還必須透過另一種方式表述：過去（le passé）如何得以在時間中構成？現在如何能夠過去？正過去著的片刻永遠無法過去，如果它不是跟現在的同時已經過去、跟現在的同時還將要到來的話。如果現在沒有透過它自己過去（passer par lui-même），如果必須等待一個新的現在，好讓這個現在成為過去的，那麼基本上過去永遠不會在時間中構成，這個現在也不會過去：我們不能等待，片刻必須同時是現在及過去、現在及將來，好讓它可以過去（並且過去以利其他的片刻）。現在必須跟作為已經過去的自己及作為將要到來的自己共存。這是片刻跟作為現在、已經過去及將要到來的自己的綜合關係，其奠定了它跟所有其他片刻的關係。永恆回歸因此是對過渡（le passage）問題的回答[46]。在這個意義上，它不該被詮釋為某個存有著、其乃一、其乃相同的東西（quelque chose qui est, qui est un ou qui est le même）之回歸。在「永恆回歸」這個說法中，如果我們將之理解為相同之回歸的話，我們便有所誤解。這不是存有回返著，而是回返本身構成了存有，就存有在生成中及在那個正在過去著的東西中得到肯定而言。它不是一回返著，而是回返本身就是那個在多樣中或在多重中得到肯定的一。換句話說，永恆回歸中的同一性並不指那個回歸著的東西之本性，而是相反地指為了那個差異著的東西而回返（revenir pour ce qui diffère）的事實。這就是為什麼必須將永

恆回歸視為一種綜合：時間及其向度之綜合，多樣及其重新產生之綜合，生成及在生成中得到肯定的存有之綜合，雙重肯定之綜合。於是，永恆回歸本身仰仗著一個並非同一性、但從所有這些方面來看必須滿足一個真正的充足理由（raison suffisante）之所有要求的原理。

為何機械論係一種對永恆回歸如此糟糕的詮釋呢？因為它既不必然且不直接包含著永恆回歸在其中。因為它只會導致一種最終狀態之虛假後果。這種最終狀態，人們認定它跟初始狀態是同一的；並且，在這樣的情況下，人們下結語說，機械過程重新經過了相同的差異。如此便構成了遭到尼采嚴厲批判的循環假說[47]。因為我們不了解這個過程如何可能脫離初始狀態、再脫離最終狀態、重新經過相同的差異，而它甚至連一次經過某些差異的能力都不具備。循環假設無法解釋兩件事：並存著的循環之多樣性，以及尤其是在循環中多樣之存在[48]。這

46.　　原註：從正在過去著的片刻這個角度來談永恆回歸，可見於《查拉圖斯特拉如是說》，第三卷，〈關於幻象與關於謎團〉（De la vision et de l'énigme）。

47.　　原註：《權力意志》，第二卷，第325、334節。

48.　　原註：前引書，第二卷，第334節：「在一個循環內部，多樣性從何而來呢？……承認在宇宙所有的力之中心（centres de forces）中皆存在著一種相同的集中化能量（une énergie de concentration），我們不確定何處可以冒出一絲一毫的多樣性……」

就是為什麼我們無法了解永恆回歸，除非視之為一個原理——其乃多樣性及其<u>重新產生</u>、差異及其重複之理由——之表現。對於這樣的一個原理，尼采將之當成他的哲學最為重要的發現之一。他給了它一個名字：權力意志。透過權力意志，「我表達一個我們不能從機械秩序中將之去除而不會去除這套秩序本身的那種特質。」[49]

49.　　　原註：前引書，第二卷，第374節。

6

什麼是權力意志？

　　為了說明權力意志是什麼，尼采所寫過最重要的文字之一如下：「這個勝利的力之概念——拜它之賜，我們的物理學家才創造了<u>神</u>及宇宙——需要一項<u>補足</u>（*un complément*）；必須<u>授予</u>（*attribuer*）它一種<u>內在的意欲</u>（un vouloir *interne*），我稱之為權力意志。」[50]權力意志因此被授予力，不過是透過一種非常特別的方式進行：它既是力的一項補足<u>並且又</u>是某個內在的東西。它並不是以一項謂詞（prédicat）的方式被授予它。實際上，如果我們提出「誰？」這個問題，我們無法說力就是那個意欲著的東西（*ce qui veut*）。只有權力意志才是那個意欲著的東西，它不讓自己受到委派或在另一個主體——即力——

50.　　　　原註：前引書，第二卷，第309節。

中受到異化[51]。但是，這樣的話，它如何能夠「被授予」呢？別忘了力處於跟力的基本關係中。別忘了力的本質係它跟其他諸力的<u>量差</u>，以及別忘了這個差異表現為<u>力質</u>。然而，被如此理解的<u>量差</u>必然反映著在關係中的力所具有的一個差異元素，這個元素也是這些力所具有的質的<u>發生元素</u>（élément génétique）。如此，這就是權力意志之所是：力之系譜元素，同時是<u>差異的及發生的</u>。權力意志同時是在關係中的力之<u>量差</u>及在此關係中回到每個力上的<u>質</u>此二者所源自的元素。權力意志在這裡揭示了其本性：它是力之綜合（synthèse des forces）的原理。正是在這種關聯上<u>時間</u>的綜合中，力重新經過相同的差異或多樣之重新產生。綜合係力、其差異及其重新產生之綜合；永恆回歸是以權力意志為其原理的綜合。我們不會對「意志」一詞感到驚訝：如果不是意志，還有誰能夠藉著決定力跟力的關係而在力的綜合方面起著原理的作用呢？但是，「原理」應該在什麼意義上被把握？尼采責難一些原理相對於它們所要限定的東西太過廣泛、相對於它們宣稱要掌握或處理的東西總是有著太過寬鬆的篩孔。他喜歡將權力意志跟叔本華的<u>生存意志</u>（le vouloir-vivre）對立起來，這僅是著眼於後者極度的廣泛性。相反地，如果權力意志是一個好的原理，如果它使經驗論跟諸原理調和起來，如果它構成了一個更優越的經驗論，那是因為它是一個基本上可塑的原理，它沒有比它所要限定的

東西更寬鬆，它隨著被限定的東西變形，它在每一個具體案例中皆隨著它所要決定的東西而決定。實際上，權力意志跟被決定的這個或那個力、它們的量、它們的質、它們的方向從來皆劃分不開；它從來沒有高過於它在一個力關係中所做的規定性，總是可塑的及在變形中（en métamorphose）[52]。

　　劃分不開並不意味著是同一的。權力意志一旦被跟力劃分開來，它便落入形上學的抽象中。但若是將力跟意志混為一談，當中的問題可能更大：我們不再將力當成力來理解，我們再度落入機械論的問題中，我們忘記了構成其本質的力差，我們忽略了它們交互發生（genèse réciproque）所源自的元素。力是那個能夠〔如何如何〕的東西（ce qui peut），意志是那個意欲著的東西。如此的區別意味著什麼？上面所引述的文字引領我們對每個字進行評論。── 力的概念在天性上就是勝利的，因為力跟力的關係 ── 如同它在這個概念中被理解的方式 ── 係宰制的概念：處於關係中的兩個力，一方為宰制

51.　　原註：前引書，第一卷，第204節，以及第二卷，第54節：「因此，誰意欲著權力呢？荒謬的問題，如果存有自己就是權力意志……」
52.　　原註：前引書，第二卷，第23節：「我的原則，那就是早先心理學家所談的意志是一種站不住腳的一般化結果，這種意志並不存在，並且有別於思考一種在多樣形式下被決定的意志的多樣表現方式，他們從意志上移除了它的內容、它的方向，從而抹煞了它的特性；叔本華全然就是這種情況；他稱之為意志的東西只不過是一個空洞的說法。」

的，另一方為被宰制的（即便神和宇宙都落在一種宰制的關係中，即便，在這個情況中，對於一種這樣的關係之詮釋是多麼充滿爭議）。然而，這個勝利的力概念需要一項補足，而這項補足是某個內部的東西，一個內部的意欲。沒有這樣的一個添加，它就不會成為勝利的。那就是只要我們不將一項能從一個雙重角度決定力的元素添加在力本身上，力的關係便依然處於未決定狀態。在關係中的力涉及一種雙重的同時發生（une double genèse simultanée）：它們的量差上的交互發生，它們各別的質上的絕對發生（genèse absolue）。因此，權力意志添加到力上，但作為差異的和發生的元素，作為它產生的內部元素（l'élément interne de sa production）。在其本性上，它毫無擬人化的色彩。更確切地說：它添加到力上，作為在一個（$x + dx$）關係中其質之規定性的內在原理，以及作為這個（$\frac{dy}{dx}$）關係本身量的規定性的內在原理。權力意志應該被說成同時是力的及諸力的系譜元素（élément généalogique de la force et des forces）。因此，一個力永遠是藉著權力意志而凌駕於其他力之上，宰制它們或命令它們。甚且：那依然是權力意志（dy）讓一個力在一個關係中服從；那是藉由權力意志而它服從[53]。

我們已經在某種方式下遇到過永恆回歸跟權力意志的關係，只是我們還沒有闡明或分析。權力意志同時是力之發生元素，又是力之綜合原理。然而，關於這種綜合形成了永恆

回歸；關於那些出現在這種綜合中並且依循其原理的力必然地重新產生，對此我們尚無理解的方法。不過從另外一面來說，這個問題的存在揭示了一個尼采哲學的重要歷史面向：它在面對康德思想上的複雜處境。綜合概念是康德思想的中心，此乃他獨到的發現。然而，我們知道，後康德主義者從兩個角度責怪康德對此發現做了一些妥協：從綜合之指導原理的角度，從在綜合本身中客體之重新產生的角度。他們要求一項原理不僅相對於客體是起限定作用的而且是真正發生的和起產生作用的（差異原理或內在規定性原理）；他們譴責在康德思想中殘餘著一些依然存在於外部的術語之間的奇蹟式和諧。在一種差異的或內在規定性的原理上，他們要求一個理由，不單單是為了綜合，更是為了在作為綜合的綜合中多樣之重新產生[54]。如果

---

53. 原註：《查拉圖斯特拉如是說》，第二卷，〈關於勝過自己〉（De la victoire sur soi-même）：「因此，我思忖著它來自何處呢？是什麼決定生命服從、命令、甚至一邊命令一邊又服從？所以聽聽我的話吧，噢，智者中的智者們！請仔細檢視我是否進到了生命的核心，直至其核心的根柢！——無論在何處遭逢生命，我皆找到權力意志；而且甚至是在服從者的意志中，我也找到做主人的意志。」（另外參照《權力意志》，第二卷，第91節）

54. 原註：關於這些在康德身後被提出的問題，請參見格胡勒（M. GUÉROULT），《索羅門・邁門的超驗哲學》（La philosophie transcendantale de Salomon Maïmon）、《費希特科學學說之演變及結構》（L'evolution et la structure de la doctrine de la science chez Fichte）；以及維爾曼（M. VUILLEMIN），《康德的思想遺產及哥白尼革命》（L'héritage Kantien et la révolution copernicienne）。

尼采被放到康德思想史裡頭，那是因為他以獨門的方式參與在這些後康德主義的要求中。他把綜合變成一種力的綜合；因為，沒看到綜合乃力的綜合，人們便不知道它的意義、本性和內容。他將力的綜合理解為永恆回歸，他因此在綜合的核心中找到了多樣之重新產生。他指定權力意志為綜合之原理，並規定權力意志為在場的力（forces en présence）之差異的及發生的元素。在留待日後再對此看法進行更周全檢驗的情況下，我們認為在尼采身上，不僅有著一種對於康德思想的傳承，同時也有著一種半承認、半掩飾的敵對性。對於康德，尼采並未持著跟叔本華一樣的立場：他沒有像叔本華那樣嘗試一種詮釋方式，試圖將康德思想從其辯證法的變貌中拉出來並為其開闢新的出路。因為，對於尼采來說，辯證法的變貌並不源於外，並且以批判工作上的不足為其首要原因。對於康德思想的一種根本改造，對於康德在構想之初就偏離的批判工作所進行的一項重新發明，對於一個立足在新的基礎上並搭配著新的概念進行的批判方案之重拾，這些看來便是尼采所尋求的東西（並且在「永恆回歸」和「權力意志」中找到）。

7

尼采的用語

　　即便搶先了猶待展開的分析一步，對尼采用語某些部分加以確定的時候到了。這套哲學的整個嚴謹性取決於此，人們錯誤地懷疑了其系統性的精確程度。無論是為此感到欣慰或是遺憾，這都是錯的。實際上，對於非常精確的新概念，尼采使用了非常精確的新術語：

1. 尼采稱權力意志為力的系譜元素。系譜的，意味著差異的與發生的。權力意志是力的差異元素，也就是說，在兩個或更多個被預設為相關聯的力之間量差產生的元素。權力意志是力的發生元素，也就是說，在這個關係中回到每一個力上的質之產生的元素。作為原理，權力意志並不消除偶然，而是相反地包含它，因為如果沒有它，權

力意志就不會具有可塑性或變形。偶然就是力之被納入關係（la mise en rapport）；權力意志是這種關係的規定原理（principe déterminant）。權力意志必然添加在力上，但僅能夠添加在那些經由偶然（par le hasard）被納入關係的力上。權力意志在其核心處包含偶然，唯有它能夠肯定整個偶然；

2. 在關係中的力的量差及這些力各別的質同時出於作為系譜元素的權力意志中。根據它們的量差，力被說為宰制的或被宰制的。根據它們的質，力被說成是主動的或反動的。在反動的或被宰制的力中，如同在主動的或宰制的力中，皆有著權力意志。然而在每一個具體案例中，量差都是不可化約的，所以如果我們不對在場的力之質加以詮釋卻想度量量差，實屬徒勞。力在本質上是差異化的（différenciées）及質化的。對於它們的量差，它們藉由回到每個力上的質來表現之。這就是詮釋的問題：針對一個特定現象、一個特定事件，評估那個賦予它意義的力質，並且從這裡來衡量在場的力的關係。別忘了，在每一個具體案例中，詮釋工作都面臨著各式各樣的困難和棘手

的問題：這當中必須有一種「極細膩的」知覺，屬於我們在化合物（corps chimiques）中所見到的那種知覺的種類；

3. 力質在權力意志中找到其原理。而如果我們問「誰詮釋著？」，我們的答案是權力意志；那是權力意志在詮釋著[55]。但是，要如此成為力質之起源，權力意志必須本身具有一些性質，它們格外地變動不居（fluentes），比力質還要更加難以捉摸。「真正主導著一切的東西，是權力意志全然瞬間的（momentanée）性質。」[56]權力意志的這些因此直接關聯上發生的或系譜的元素的性質，這些變動不居的、原初的（primordiaux）、根源的（séminaux）元素，不應跟力質相混淆。同樣重要的是強調尼采所使用的這些術語：主動的和反動的字眼用來指起源的力質（les qualités originelles de la force），但肯定的與否定的字眼則用來指權力意志原初性質（les qualités primordiales de la volonté de puissance）。肯定與

55.　原註：《權力意志》，第一卷，第204節，以及第二卷，第130節。
56.　原註：前引書，第二卷，第39節。

否定、欣賞與貶低表現著權力意志，如同作用與
反作用表現著力（正如同反動力並不因此就較不
屬於力，那個否定著的意志、虛無主義亦皆屬於
權力意志：「……一種毀滅的意志、一種對生命
的敵對、一種對於接納生命基本狀況的拒絕，然
而這依然是且始終是一種意志。」 [57]）然而，如
果我們必須在這兩種性質的區別上賦予最大的
重要性，那是因為這個區別始終都在尼采哲學的
核心位置上；在主動與肯定之間，在反動與否
定之間，存有著一種深層的親和性，一種共謀
（complicité），但絲毫沒有混淆。更有甚者，
關於這些親和性的規定性考驗著哲學整個技藝。
一方面，很明顯地，在所有主動中皆有肯定，所
有的反動中都有否定。但是，另一方面，主動和
反動毋寧就像一些手段，即那個肯定著的及那個
否定著的權力意志之手段或工具；反動力，即虛
無主義之工具。再另一方面，主動和反動皆需要
獲得肯定和否定，如同需要某個超越它們的東
西一樣，但這個東西對於它們實現自己的目標
是必要的。最後，更為深層的是，肯定和否定
溢過（déborder）了主動和反動，因為它們是生

成它本身直接的性質：肯定不是主動，而是主動
生成之權力（la puissance de devenir actif），主
動生成本身（en personne）；否定不是簡單的反
動，而是一種反動生成。相較於主動及反動，一
切就如同肯定和否定既是內在的（immanentes）
又是超越的；連同所有力之交織物（la trame
des forces），它們構成了生成之鏈（la chaîne du
devenir）。肯定讓我們進入了戴奧尼索斯光耀的
世界，生成之存有；否定讓我們跌入反動力所源
自的不安深淵中；

4. 基於所有這些原因，尼采可以說：權力意志不僅
是那個詮釋著的東西（ce qui interprète），更是
那個評價著的東西（ce qui évalue）[58]。詮釋係規
定那個賦予事物一個意義的力。評價係規定那個
賦予事物一個價值的權力意志。因此，諸價值不
讓自己脫離它們得到其價值之處的觀點，正如同
意義不讓自己脫離它得到其涵義之處的觀點。作

57.　　原註：《道德系譜學》，第三卷，第28節。

58.　　原註：《權力意志》，第二卷，第29節：「所有的意志皆包含著一種評
　　　　價。」

為系譜元素，權力意志是<u>意義之涵義</u>及<u>價值之價</u>
<u>值</u>所源自的東西。我們在前一章的開頭所談到
而沒有指名道姓的東西就是它。一個<u>意義之涵義</u>
存在於展現在事物中的<u>力質</u>上：該力是主動的還
是反動的，以及帶著何種<u>細微差別</u>？一個<u>價值之</u>
<u>價值</u>存在於展現在所對應事物中的權力意志的性
質上：這裡的權力意志是肯定的還是否定的，以
及帶著何種<u>細微差別</u>？再加上這些詮釋和評價的
問題相互指涉、相互延伸，這讓哲學的技藝變得
更加複雜。──尼采稱作高貴、高、主人的東
西，有時是主動力，有時是<u>肯定意志</u>（la volonté
affirmative）。他稱作低、卑賤、奴隸的東西，有
時是反動力，有時是否定意志。為什麼使用這<u>些</u>
術語，同樣地我們稍後便會明白。但是，一項價
值總是具有一套系譜，它引領我們<u>相信</u>、<u>感覺</u>及
<u>思考</u>的東西之高貴或低下取決於此。怎樣的低下
可以在一項價值中找到其表現，怎樣的高貴可以
在另一個價值中找到其表現，唯有系譜家才有本
事發現答案，因為他知道如何處理差異元素：他
是價值批判的大師[59]。只要我們看到諸價值，沒看
它們皆係必須加以鑿穿的容器、必須加以打破的

雕像，從而找出它們所包含的東西，那個最高貴的或最低下的東西，那麼我們便從價值概念中剝奪了所有的意義。如同戴奧尼索斯的四散的分肢一樣，只有高貴的雕像會從中重塑而成。高談一般價值之高貴，顯現出一種急於掩飾自己低下的考量：彷彿一些價值並沒有徹頭徹尾地替一切低的、卑鄙的、奴隸的東西充作庇護及展露當成它們的意義、以及確切地說當成它們的價值。尼采是價值哲學的創造者，如果他活得更久，他會發現最具批判性的概念卻為最平庸的、最低下意識形態的順從主義效勞及變節；價值哲學之鐵錘的敲打變成了奉承；論戰和攻擊被怨恨所取代，怨恨係既定秩序吹毛求疵的守衛，現行價值的看門狗；系譜，落在奴隸的手中：性質之遺忘，起源之遺忘[60]。

59.　原註：《道德系譜學》，〈前言〉，第6節：「我們欠缺著一種對於道德價值的批判，而這些價值之價值首先必須被加以質疑。」

60.　原註：當價值理論無視於評價＝創造的原理，這套理論距離其源頭就更加遙遠了。尼采的觀點在一些研究中格外表露出復甦的景況，如同在波朗（Polin）關於價值創造的研究中。然而，從尼采的觀點來看，跟價值創造相對應的，在任何情況下都不能是對它們的沉思，而必須是對所有「現行」價值的根本批判。

8

起源與顛倒形象

　　在起源上，存在著主動力和反動力的差異。主動和反動
並非處於一種先後接續的關係中，而是處於一種在起源本身
中的共存關係中。同樣地，主動力跟肯定之間的、反動力跟
否定之間的共謀也已經在原理中顯現出來：否定已經完全屬於
反動這一邊。相反地，只有主動力得到肯定，它肯定其差異，
它使其差異成為一個享受和肯定的對象。即便服從著，反動力
限制著主動力，將一些限制及局部性約束強加在主動力上，已
經被否定精神（l'esprit du négatif）所占有[61]。這就是為什麼起
源本身以某種方式包含著一幅自己的相反形象：從反動力的角
度來看，系譜的差異元素以顛倒的方式出現，差異變成否定，
肯定變成矛盾。一種起源之顛倒形象（Une image renversée de

l'origine）跟起源相伴：從主動力的角度看是「是」的東西，從反動力的角度看變成「否」，對自己之肯定（affirmation de soi）變成對他者之否定（négation de l'autre）。這就是尼采所謂的「欣賞眼光的顛倒」[62]。主動力是高貴的；但是它們發現自己站在一幅被反動力所反射的平庸形象面前。系譜是差異或區別之技藝，是高貴之技藝；但是在反動力的鏡子中，它以顛倒的方式看到自己。這時，它的形象顯現為一種「進化」（évolution）的形象。——而這種進化，人們有時以德國的方式來理解它，當成一種辯證的及黑格爾思想的進化，當成矛盾之發展；有時又以英國的方式來理解它，當成一種功利主義的衍生，當成好處和利益的發展。但是，真正的系譜總是會在進化論（l'évolutionnisme）——其本質上是反動的——所賦予它的形象中找到自己的歪曲形象：無論是英國的還是德國的，進化論係系譜的反動形象[63]。如此，反動力的特性是從一開始便

---

61. 原註：《道德系譜學》，第二卷，第11節。

62. 原註：前引書，第一卷，第10節（有別於自己得到肯定並且出於單純後果而否定，反動力從否認跟它們不同的東西開始，它們一開始便對立於那些不屬於它們的東西）。

63. 原註：有關英國方面將系譜學視為進化的想法：《道德系譜學》，〈前言〉，第7節，以及〈第一卷〉，第1-4節。有關此一英國思想之貧乏：《超越善惡》，第253節。關於德國方面將系譜學視為進化的想法及其貧乏：《歡愉的智慧》，第357節，以及《超越善惡》，第244節。

否定在起源中構成它們的差異，顛倒它們所源自的差異元素，加諸它一幅扭曲的形象。「差異滋生仇恨」[64]。正是由於這個原因，它們沒有將自身理解為力並且偏向反對自己，而不是將自己理解為力並接受差異。尼采所譴責的思想之「平庸」（médiocrité）總是可以回溯到從反動力角度詮釋或評價現象的狂躁，不同的民族思想各自選擇了自己的反動力。但是這種狂躁本身的源頭就在起源中、就在被顛倒的形象中。意識本身和各種意識不過就是這種反動形象的簡單放大……

更進一步：假設在有利的外部或內部情勢的推波助瀾下，反動力占上風並壓制了主動力。我們已經脫離了起源：它所涉及的不再是一個被顛倒的形象，而是涉及這個形象的一個發展，諸價值本身的一種顛倒[65]；低被置於高，反動力獲得勝利。如果它們勝利了，那是憑藉著否定意志、憑藉著虛無意志（volonté de néant），正是它讓形象發展著。但是它們的勝利不是憑空想像的。問題是：反動力如何勝利？也就是說：當它們戰勝了主動力時，換反動力變成宰制的、即攻擊的和支配的嗎？它們全部一起會形成一種更大的並且換成它是主動力嗎？尼采的回應是：反動力，即使結合起來也不會構成一種更大的並且主動的力。它們的做法完全是另一套：它們分解（décomposent）：它們將主動力跟其所能分隔開來；它們從主動力中減去它一部分或幾乎全部的能力；而藉此，它們並不

會變成主動的，而是相反地讓主動力投入它們的行列並在一種新的意義上變成反動的。我們隱約感覺到，從其起源開始及透過發展，反動的概念改變了涵義：當一些反動力（在最初的意義上）將主動力跟其所能分隔開來，一個主動力變成反動的（在新的意義上）。這樣的一種分隔在細節上如何可能，尼采會做出分析。但我們先必須注意到的是，尼采很小心，從未將反動力的勝利說成是一種上位於主動力的力之組成（composition），而是將之說成是一種減法（soustraction）或一種分隔。尼采將用一整本書的篇幅來分析人類世界中反動勝利的種種樣貌：怨恨、愧疚、禁欲理想；在每個情況下，他將呈現出反動力獲勝，並不是以組成一個更上位的力的方式，而是透過「分隔」主動力[66]。而且，在每個情況下，這種分隔皆建立在一種虛構（une fiction）上、建立在一種神祕化或歪曲（falsification）上。那是虛無意志發展了否定的及顛倒的形象，那是它遂行了減法。然而，在減法的操作中，總是會有某種想像的東西，其顯見於對數字之否定的使用（utilisation

64.　　原註：《超越善惡》，第263節。

65.　　原註：參見《道德系譜學》，第一卷，第7節。

66.　　原註：參考《道德系譜學》中的三篇論文。

négative）。因此，如果我們想針對反動力的勝利提供一種數字化的講法，我們便不該找那個讓反動力全部一起變得比主動力更強的加法，而是找那種將主動力跟其所能分隔、否定它的差異以便將它本身變成一種反動力的減法。由此，反動力光憑勝利也不足以讓它不是一個反動；情況相反。透過一種虛構，主動力跟其所能被分隔，此主動力因此在實際上變得有些反動，甚至正是透過這個方式，它在實際上變成反動的。在尼采那兒，對於「卑鄙的」、「無知的」、「奴隸的」等字的使用正是由此而來：這些字指一種反動力的狀態，其抬高自己，其將主動力引入陷阱，同時主人則由一些奴隸所取代，但這些奴隸依舊不改其為奴隸。

9

力的衡量問題

　　這就是為什麼我們不能用一種抽象的單位來衡量力、也不能把力在一個系統中的實在狀態當標準來決定它們的量及它們相應的質之緣故。我們說過：主動力是上位的力、宰制的力、最強的力。但是，下位的力可以獲勝，而不改其在量上是下位的、在質上是反動的、以它們的方式繼續是奴隸的這樣的情況。《權力意志》中出現的最重要的話之一是：「我們永遠要反對弱者來捍衛強者」[67]。我們不能仰仗著一個力之系統的事實狀態（l'état de fait d'un système de forces）或仰仗著力之

67.　　原註；《權力意志》，第一卷，第395節。

間相互鬥爭的結局來得出結論說：這些係主動的，那些係反動的。跟達爾文及進化論的看法相左，尼采注意到：「在承認此種鬥爭確實存在（以及它確實出現了）的同時，它很不幸地以一種跟達爾文學派所預期的、跟人們或許跟著這個學派而膽敢預期的相反方式結束：它不幸地以有損於強者、特權者（privilégiés）、幸運的例外的方式結束。」[68]從這個意義上說，首先，詮釋是一項如此困難的技藝：我們必須判斷占上風的力是下位的還是上位的、是反動的還是主動的；它們就其是被宰制的還是宰制的而占上風。在這個領域中，沒有事實，只有詮釋。我們不應該將力之衡量設想為一個抽象物理學程序，而是設想為一門具體物理學的根本性舉措（l'acte fondamental d'une physique concrète），不是設想為一種無差異的技術，而是針對獨立於事實狀態的差異及性質進行詮釋的技藝（尼采有時說：「自外於現存的社會秩序」[69]）。

這個問題喚起了一樁歷史悠久的爭論，一段發生在卡里克利斯（Calliclès）和蘇格拉底之間的著名討論[70]。在某個點上，尼采看來跟卡里克利斯在意見上相近，而卡里克利斯的見解也馬上便由尼采所補充。卡里克利斯努力區別自然與法律。他稱法律為任何將力跟其所能分隔開來的東西；在這個意義上，法律表現出弱者對強者的勝利。尼采補充：反動對主動的勝利。實際上，一切將力分隔的東西皆係反動的；一個被分隔其所能

的力，其狀態依然是反動的。相反地，任何貫徹其能力到底的力（toute force qui va jusqu'au bout de son pouvoir）皆係主動的。一個力貫徹到底的情況，這不是一種法律，這甚至是法律之對立面[71]。——蘇格拉底回答卡里克利斯：對自然和法律的區分並不成立；因為如果弱者占上風，那是因為他們全部團結起來，形成了比強者的力更強的力；從自然本身的角度來看，法律獲勝。卡里克利斯並未抱怨自己不受理解，他再說道：奴隸不改其是奴隸而勝利；當弱者勝利時，並非藉著形成一股更大的力，而是通過將力跟其所能分隔開來。人們不應該抽象地比較力；從自然的角度來看，具體的力（la force concrète）是那種貫徹到最終後果的、貫徹到權力或欲望之極限的力。蘇格拉底再次反駁：卡里克利斯，對你而言，重要的是快樂……你從快樂來界定一切的善……

68.　　原註：《偶像的黃昏》，〈不合時宜的晃蕩〉（Flâneries inactuelles），第14節。

69.　　原註：《權力意志》，第三卷，第8節。

70.　　譯註：相關內容出現在柏拉圖對話錄《高爾吉亞篇》（*Gorgias*）。

71.　　原註：《權力意志》，第二卷，第85節：「我們看到，在化學上，任何〔化合〕物體都將其權力伸展到其所能的極限」；第二卷，第374節：「沒有法律；一切權力在任何時刻皆以其最終後果為目標」；第二卷，第369節：「我避免談到化學法則，這個字眼有著一種藏在後頭的道德味。此處所涉及的毋寧是以絕對的方式看到權力關係（relations de puissance）。」

人們會注意在智辯家（le sophiste）跟辯證法家之間上演的事情：真誠（la bonne foi）、以及推理上的嚴謹屬於哪一方。卡里克利斯具有攻擊性，但不帶有怨恨。他寧可不說話；明顯地，蘇格拉底第一次沒聽懂，而第二次則岔題了。如何向蘇格拉底解釋：「欲望」並不是快樂跟痛苦的交織，那種受到欲望煎熬的痛苦及那種滿足欲望的快樂？而快樂和痛苦僅僅是反動、僅僅是反動力的特性、僅僅是對適應或不適應的見證？還有如何讓他理解弱者並不能組成一種更強大的力？蘇格拉底一方面不懂，另一方面他不聽：太過受到辯證的怨恨及報復精神所推動。他，對別人的要求如此的高，而當人們回答他時是如此地吹毛求疵……

10

階層

尼采也遇到了他的蘇格拉底們。這是那些自由思想家
（libres penseurs）。他們說：「你們在埋怨什麼呢？如果弱
者自己沒有形成一股上位的力，他們如何獲勝呢？」「讓我
們在<u>事實</u>面前低頭」[72]。這就是現代實證主義（le positivisme
moderne）：人們佯裝展開了價值的批判，人們佯裝拒絕任何
對超越價值的援引，人們宣稱它們已經過時了，然而一切只是
為了重新找到它們，作為領導當今世界的力。**教會、道德、國
家**等：人們不談它們的價值，除了是為了讚揚其中<u>人的力</u>（la

---

72.   原註：《道德系譜學》，第一卷，第9節。

force humaine）和內容。自由思想家有著有一種奇特的狂躁，想要取回（récupérer）所有的內容，所有的確實（le positif）[73]，但是卻從來不質疑這些所謂確實的內容的本性，也不質疑與之相對應的人的力（les forces humaines）之起源或質。此乃尼采稱為「事實主義」（faitalisme）的東西[74]。自由思想家想取回宗教之內容，但從不懷疑宗教是否正好包含著那些人類最卑劣的力，我們毋寧應該希望它們留在外面。這就是為什麼不可能信賴自由思想家的無神論，即使他是民主主義者和社會主義者：「**教會令我們反感，但並不是他的毒藥……**」[75]這就是自由思想家的實證主義和人本主義的基本特徵：事實主義，對於詮釋無能為力，對於力質無知。當某個東西看起來像一種人的力或一個人的事實（un fait humain）的時候，自由思想家就會鼓掌叫好，卻不去思慮這個力難道不是出身卑劣，這個事實難道不是一個高尚事蹟（un haut fait）之相反：「人的、太過於人的」（Humain trop humain）。因為自由思想不去考量力質，所以，它出於使命地為反動力效勞並彰顯出它們的勝利。因為事實總是弱者對抗強者的事實；「事實總是愚蠢的，看起來總是像一個蠢蛋而不是一個神。」[76]針對自由思想家，尼采反之以自由精神（*l'esprit libre*），即從力的起源及質的角度對力進行評斷的這種詮釋精神本身：「沒有事實，只有詮釋。」[77]對於自由思想之批評是尼采作品中的一項根本的主題。無疑地，

這是因為這種批評找出了一種觀點，藉此可以同時對不同的意識形態進行攻擊：實證主義、人本主義和辯證法。在實證主義中對於事實之喜好，在人本主義中對於人的事實之頌揚，在辯證法中對於取回人的內容之狂躁。

在尼采思想中，階層一詞具有兩個意義。它首先表示主動力和反動力之間的差異，即主動力對於反動力的上位性。因此，尼采可以談到有一種「在階層中的不變的及固有的次序（rang immuable et inné）」[78]；而階層問題本身就是自由精神的問題[79]。但是階層也指反動力的勝利、反動力的感染（la contagion）以及隨之而來的複雜組織，當中弱者獲勝、強者被感染（contaminés），當中不改其奴隸本色的奴隸相對於不改其主人本色的主人而占了上風：法律及美德之統治。在這第

73.　　譯註：關聯著實證主義的討論，此處的positif取其指涉qui peut être posé的意思，形容詞譯為「確實的」，作名詞用的le positif譯為「確實」。

74.　　原註：前引書，第三卷，第24節。

75.　　原註：前引書，第一卷，第9節。

76.　　原註：「不合時宜的思考」系列，第二卷《論歷史研究對生命之用處及不利》（De l'utilité et de l'inconvénient des études historiques pour la vie），第8節。

77.　　原註：《權力意志》，第二卷，第133節。

78.　　原註：《超越善惡》，第263節。

79.　　原註：《人的、太過於人的》，〈前言〉，第7節。

二個意義上，道德和宗教仍然是一些階層理論（théories de la hiérarchie）[80]。如果我們比較兩個意義，我們會看到第二個如同第一個的反面。我們使教會、道德和國家成為整個階層之主宰或掌握者。我們擁有我們所應得的階層，這種我們在本質上是反動的，這種我們把反動的勝利當成一種主動的變形、把奴隸當成新的主人──這種我們只認得反面的階層。

尼采稱弱者或奴隸不是最不強者（le moins fort），而是那個跟其所能分隔開來的人，無論他的力是什麼。如果他貫徹到底，最不強者跟強者一樣強，因為他藉以補充其微弱力量的詭計、機敏、精神性（spiritualité）、甚至是魅力確切地說皆屬於此力並且使它不微弱[81]。力的衡量及對其質化（qualification）完全不取決於絕對的量（la quantité absolue），而是取決於相對的實行（l'effectuation relative）。我們不能以鬥爭的結果及成功為標準來評斷力的強弱。因為，再一次地，弱者獲勝是一個事實：這甚至是事實之本質。我們無法對力進行評斷，除非我們首先考量了力質，是主動的還是反動的；其次，我們考量這個力質跟在權力意志上相應端（pôle correspondant）[82]的親和性，是肯定的還是否定的；第三，我們考量在力的發展的這個或那個時刻中，相對於它的親和性，其質上所呈現出的細微差別。基於此，反動力就是：

1. 效用的、適應的、局部限制的力；

2. 將主動力跟其所能分隔開來的、否定主動力的力
   （弱者或奴隸的勝利）；

3. 跟其所能分隔開來、否定自己或反對自己的力
   （弱者或奴隸的統治）。

而相應地，主動力是：

1. 可塑的、宰制的及支配的力；

2. 貫徹其所能的力；

3. 肯定它的差異、使它的差異成為享受和肯定之對
   象的力。

力無法被具體地及完整地決定，除非這三組成對特徵同時
受到考量。

80.　　原註：《權力意志》，第三卷，第385節、第391節。

81.　　原註：查拉圖斯特拉的兩隻動物是鷹和蛇：老鷹強壯而凶猛；但蛇同樣強
　　　　壯，還同時狡猾並具有誘惑力；參照《查拉圖斯特拉如是説》，〈序言〉，
　　　　第10節。

82.　　譯註：即否定的還是肯定的這兩端。

11

權力意志及權力感受

　　我們知道權力意志是什麼：差異元素，那個決定了力與力的關係並且產生出力質的系譜元素。權力意志也必須在力之作為力中展露自身（*se manifester*）。對權力意志在展露這方面所進行的研究必須格外小心，因為力之動力論（le dynamisme des forces）完全取決於它。但是，權力意志展露自身，這意味著什麼？在每一個案例中，就一個力被其他力（無論它們是下位的或上位的）所感觸的情況下，力的關係便被決定了。因此，權力意志係作為一種被感觸的能力（un pouvoir d'être affecté）而展露自身出來。這種能力並非一種抽象的可能性：在任何瞬間，它必然被跟此力產生關聯的其他力所盈滿（rempli）及實行（effectué）。我們並不會驚訝於權力意志的雙重面向：從

力之發生或產生的角度來看，它決定了諸力之間的關係；但從它自己展露的角度來看，它係由那些在關係中的力所決定。這就是為什麼權力意志總是在它決定著的同時也被決定著，總是在它質化著的同時也被質化著。因此，權力意志首先展露自身為被感觸的能力、展露自身為由被感觸之力本身所決定的能力（le pouvoir déterminé de la force d'être elle-même affectée）──在這裡，很難否認史賓諾莎帶給尼采的啟發。在一個極其深邃的理論中，史賓諾莎主張任何力量皆相應於一個被感觸的能力。當一個〔身〕體（un corps）能夠以更多的方式被感觸，它便擁有著更多的力。正是此一能力衡量著一個〔身〕體之力或者表現出它的權力。而且，一方面，此一能力並非一種單純的邏輯可能性：它在每一個瞬間由跟這個〔身〕體有關的那些〔身〕體所實行。另一方面，此一能力並非一種物理的被動性（une passivité physique）：只有受到考量的〔身〕體並非相符應的原因（cause adéquate）時，感觸（affections）才是被動的[83]。

83.　原註：如果我們的詮釋是正確的，斯賓諾莎先於尼采看到一個力無法跟一種被感觸的能力劃分開來，以及此一能力表現出其權力。在這方面，尼采對斯賓諾莎的批判不算少，不過是著眼於其他的地方：斯賓諾莎不知道要將問題提升到一種權力意志的概念上，他將權力跟簡單的力混為一談，並且以反動的方式來構想力（參見努力〔le conatus〕和保存〔la conservation〕）。

在尼采那兒情況也一樣：被感觸的能力並不必然意味著被動性，而是意味著感觸性（affectivité）、感受性（sensibilité）、感覺（sensation）。從這個意義上說，尼采在發展權力意志的概念並給予其全部意涵之前，他先談到一種權力感受（*sentiment de puissance*）：在成為一件意志的事情前，尼采將權力當成一件感受的及感受性的事情來處理。但是當他發展出完整的權力意志概念時，這個最初的特徵一點也沒有消失，而是轉為權力意志之展露。這就是為什麼尼采不停地說，權力意志是「原始的感觸形式」（la forme affective primitive），從中衍生出所有其他的感受[84]。或說得更貼切些：「權力意志既不是一種存有也不是一種生成，而是一種悲慟作用。」[85] 亦即：權力意志展露自身為力之感受性（la sensibilité de la force）；力之差異元素展露自身為它們的差異感受性（sensibilité différentielle）。「事實是，即使在非有機世界（le monde inorganique）中，權力意志依然當道，或毋寧說，不存在非有機世界。我們不能除去隔著距離的行動（l'action à distance）：一個東西吸引另一個，一個東西感到被吸引。這就是根本的事實（le fait fondamental）……為了使權力意志得以展露自身，它需要知覺到它所看到的東西，它感覺跟它相近的事物（*ce qui lui est assimilable*）之靠近。」[86] 在一個力占有著反抗它的東西的情況下，在它讓下位的力服從於它的情況下，

則它的所有感觸皆係主動的。反之，當一個力受到它所服從的上位的力所感觸，則這些感觸皆係被承受的（subies）、或毋寧是被作用的。這裡一樣，服從是權力意志的一種展露。但是，一個下位力可以導致上位力的瓦解、它們的分裂、它們所蓄積能量的爆炸；從這個意義上說，尼采喜歡將原子分解、原生質分裂和生物繁殖等現象一起對照[87]。不僅瓦解、分裂、分隔總是表現出權力意志，而且被分解、被分裂、被分隔也是如此：「劃分（division）顯現為權力意志的後果」[88]。假設有兩個力，一個居上位，另一個居下位，我們會看到每一個力所具有的被感觸的能力如何必然地被盈滿。但是，如果與之相應的力本身沒有進入一段歷史中（dans une histoire）或進入一個可感的生成（un devenir sensible）中，這種被感觸的能力也無從被盈滿：

84.　　　原註：《權力意志》，第二卷，第42節。
85.　　　原註：前引書，第二卷，第311節。
86.　　　原註：前引書，第二卷，第89節。
87.　　　原註：前引書，第二卷，第45節、第77節、第187節。
88.　　　原註：前引書，第二卷，第73節。

1. 主動力，作用著或命令著的權力；

2. 反動力，服從著或被作用著的權力；

3. 已發展的反動力（force réactive développée），分裂、劃分、分隔的權力；

4. 變成反動的主動力，被分隔、轉身反對自己的權力[89]。

　　整個感受性只是一個諸力之生成（un devenir des forces）：存在著一個關於力的循環（un cycle de la force），在其過程中力「生成著」（例如，主動力生成為反動的）。甚至有多個力的生成（devenirs de forces），它們可以相互對抗[90]。因此，僅僅將主動力跟反動力的各別特質對照起來或對立起來是不夠的。主動的和被動的皆係力質，它們來自權力意志。但是，權力意志本身也有一些性質、一些可感物（sensibilia），它們就如同力的生成一樣。權力意志首先展露為力之感受性；其次，展露為可感的力之生成：悲慟作用是最基本的事實，從中產生出一個生成[91]。整體上，力之生成不應該跟力質混淆：它是這些性質本身之生成，即權力意志本身的性質。但是，恰恰是，我們不能將力質從它們的生成中抽象出來，正如同我們不能將力從權力意志中抽象出來一樣：對力的具體研究必然涉及一種動力學（une dynamique）。

89.　　　原註：前引書，第二卷，第171節：「……這種達到其巔峰的力，轉而反對
　　　　自己，一旦沒什麼可組織的時候，便使用其力來解組（désorganiser）。」
90.　　　原註：前引書，第二卷，第170節：「不是因果關係，而是各式各樣生成之
　　　　間的鬥爭；對手經常被吞噬；生成在數量上並非固定的。」
91.　　　原註：前引書，第二卷，第311節。

12

力之反動─生成

但是實際上，力之動力學將我們導向一個令人遺憾的結論。當反動力將主動力跟其所能分隔時，後者現在生成為反動的。主動力生成為反動的。而生成這個字必須在最強烈的意義上被把握：力之生成顯現為一種反動─生成（un devenir-réactif）。沒有其他的生成嗎？問題是，除了反動─生成，我們沒感覺到、沒體會到、沒認識到其他的生成。我們不僅看到反動力的存在，並且到處都能看到它們的勝利。憑什麼勝利呢？憑著虛無意志，拜反動跟否定的親和性之賜。什麼是否定？它是權力意志的一種性質，是它將權力意志質化為虛無主義或虛無意志，是它構成了力之反動─生成。不應該說是因為反動力獲勝，主動力才生成為反動的；相反，它們之所以獲

勝，是因為藉著將主動力跟其所能分開，它們將主動力交到虛無意志手中，如同交給一個比反動力本身更深沉的反動－生成。這就是為什麼反動力獲勝的樣貌（怨恨、愧疚、禁欲理想）基本上皆是虛無主義的形式。力之反動－生成、虛無主義的生成，這就是看起來在本質上被包含在力與力的關係當中的東西。── 還有另一種生成嗎？或許，一切都促使我們去「思考」之。但是這裡需要另一種感受性；就像尼采常說的，需要另一種感覺的方式。我們還無法回答這個問題，幾乎摸不著頭緒。但是我們可以問為什麼我們只能感覺到、只能認識到反動－生成。人在本質上是反動的，反動－生成是人的組成部分，不是嗎？怨恨、愧疚、虛無主義並非一些心理學特徵，而是如同在人當中人性之基礎（le fondement de l'humanité dans l'homme）。它們是如此這般的人之原理。人，地球的「皮膚病」（maladie de peau），大地之反動……[92]。正是在這個意義上，查拉圖斯特拉談到了對人的「極大蔑視」（grand mépris）和「極大厭惡」（grand dégoût）。另一種感受性、另一種生成，它們仍然屬於人嗎？

92.　　原註：《查拉圖斯特拉如是說》，第二卷，〈關於大事〉。

這種人的狀況對永恆回歸至關重要。這種狀況似乎嚴重危害或感染了它，以至於它自身也成為焦慮、反感和厭惡的對象。即使主動力回歸，它們也將再生成為反動的，永恆地反動的。反動力的永恆回歸，更有甚者：力之反動—生成的回歸。查拉圖斯特拉不僅將永恆回歸的想法看作神祕的及祕密的，而且還是令人作嘔的、難以承受的[93]。緊接著對永恆回歸的首次提及，一幅詭異幻象浮現：一位「渾身扭動、喘息並痙攣、容貌失色」的牧羊人之幻象，一條沉甸甸的黑蛇從他口中垂下[94]。稍後，查拉圖斯特拉自己闡述了這個幻象：「對人的極大厭惡，讓我窒息並且進到我的喉嚨裡頭的正是這個……他將永恆地回返，讓你精疲力竭的人，低下的人（l'homme petit）……唉！人將永恆地回返……而永恆回歸，甚至是最低下的人（le plus petit）之永恆回歸——這是我對整個存在感到沮喪的原因！唉！厭惡、厭惡、厭惡！」[95]低下的、平庸的、反動的人之永恆回歸，這一點不僅把永恆回歸的想法變成讓人無法忍受之事；它也讓永恆回歸成為不可能的事，它把矛盾放入永恆回歸之中。蛇是一個永恆回歸的動物；但是當永恆回歸係反動力之永恆回歸的情況下，蛇蜷曲著，生成為一條「沉甸甸的黑蛇」並且從原本準備好要說話的口中垂下。因為永恆回歸——生成之存有——如何可以在一個虛無的生成中得到肯定呢？——為了肯定永恆回歸，必須割斷並吐出蛇頭。此時，

牧羊人不再是人，也不再是牧羊人：「他已然轉化、被光所環繞，他笑著！在大地上，從來沒有一個人像他這樣笑著。」[96]
另一種生成，另一種感受性：超人。

93.　　　原註：參照《權力意志》，第四卷，第235、246節。

94.　　　原註：《查拉圖斯特拉如是說》，第三卷，〈關於幻象與謎團〉。

95.　　　原註：前引書，第三卷，〈康復者〉（Le convalescent）。

96.　　　原註：前引書，第三卷，〈關於幻象與謎團〉。

13

意義與價值之兩面性

　　另一種生成，有別於我們所認識的力之主動－生成：一種
反動力之主動－生成（un devenir-actif des forces réactives）。對
於這樣的一種生成進行評價牽連著好幾個問題，並讓我們對於
力之理論中尼采概念的系統一致性進行一次最後的檢驗。──
第一個假設如下。尼采稱對於其後果貫徹到底的力為主動力；
一個其所能被反動力所分隔的主動力因此現在生成為反動的；
但是這個反動力本身，它不是也以其方式貫徹其所能嗎？如果
這個跟其所能分隔的主動力生成為反動的，那麼反過來，這個
起分隔作用的反動力難道沒有生成為主動的嗎？這不是它成為
主動的方式嗎？具體而言：難道沒有一種低下、一種卑鄙、一
種愚蠢等等，它們仗著貫徹其所能而生成為主動的嗎？「堅毅

而不凡的愚蠢……」，尼采將如此寫道[97]。這個假設讓人想起了蘇格拉底的反駁，但實際上與之不同。人們不再像蘇格拉底一樣地說，下位力藉著形成一股更大的力而獲勝；人們說反動力藉著對於其後果貫徹到底的方式──因此是藉著形成一個主動力的方式──而獲勝。

確實，反動力可以從不同的觀點考慮。例如，疾病讓我跟我所能分隔：反動力，它讓我成為反動的，它縮小了我的可能，並且將我限制在一個別無選擇只能適應的狹窄環境。但是，以另一種方式，它向我揭示了一種新權力，它賦予我一種可以據為己有的新意志，貫徹一種奇怪的能力到底（這種極端能力牽涉許多東西，其中包括：「藉著將自己置於病人的觀點而觀察更健康的概念、更健康的價值……」[98]）。我們看到對尼采很重要的一種兩面性（ambivalence）：所有他指責帶有反動特質的力，在幾頁或幾行之後，他又受其吸引，有鑑於它們為我們所開啟的觀點，它們相當不凡，以及它們所見證的令人擔憂的權力意志。它們將我們跟我們的能力分隔，但是同時也給了我們另一種能力，多麼「危險」、多麼「有趣」。它們

97.　　原註：《超越善惡》，第188節。
98.　　原註：《瞧！這個人》，第一卷，第1節。

給我們帶來了新的<u>感觸</u>，它們教我們一些新的<u>被感觸的方式</u>。在力之反動—生成中，存在著一些了不起的東西，了不起而危險。不僅是<u>生病的人</u>（l'homme malade），甚至是<u>宗教的人</u>（l'homme religieux）都表現出這種雙重面向：一方面是<u>反動的人</u>；另一方面是具有一種新權力的人[99]。「說真的，如果沒有<u>無能者</u>（les impuissants）據以帶動歷史的精神，人類的歷史會是一件相當愚蠢的事情。」[100] 尼采每次談到蘇格拉底、基督、猶太教和基督教、一種墮落或退化的形式時，他都會看到這種在事物、存有及力上頭的兩面性。

　　然而：那個分隔我跟<u>我所能</u>的力，跟那個賦予我一種新能力的力，完全是一樣的力嗎？那個淪為其疾病之奴隸的病人，跟那個把疾病當成一種探索、宰制、握有權力之方式來利用的病人，所涉及的是相同的疾病、相同的病人嗎？其信徒如同咩咩叫著的羔羊的宗教，跟其若干教士如同新「猛禽」的宗教，是相同的宗教嗎？實際上，反動力並非一概而論，並且根據它們跟虛無意志程度不一的<u>親和性</u>而出現<u>細微差別</u>的變化。一種既服從又抵抗的反動力；一種將主動力跟其所能分開的反動力；一種<u>感染</u>著主動力、以貫徹到底的方式將主動力拉到反動—生成這一端、拉到虛無意志裡頭的反動力；一種最初是主動的但由於跟其<u>所能</u>分隔開而生成為被動的、接著再被拉入深淵中（dans l'abîme）並反對自己的反動力：凡此種種就是系譜

家必須予以詮釋，並且除了他，沒有其他人知道如何詮釋的不同的細微差別、不同的感觸、不同的類型。「我需要說在觸及墮落的所有問題上我皆有經驗嗎？我曾對之在各個方向上、前前後後地予以細察。這門隱而不明的技藝（art du filigrane），這種觸摸（le toucher）和理解的感覺，這種細微差別之本能，這種迂迴的心理學（psychologie du détour），皆係我的寫照……」[101]。詮釋問題：在每個案例中，詮釋反動力的狀態，也就是說，在跟否定、在跟虛無意志的關係中，它們所達到的發展程度（degré de développement）。——相同的詮釋問題也會出現在主動力這一邊。在每個情況裡頭，對其細微差別或其狀態進行詮釋，亦即主動跟肯定之間關係的發展程度。有一些反動力持續追隨虛無意志而成為不凡的及令人矚目的；但是也

99.　　原註：《道德系譜學》，第一卷，第6節：「正是在這種本質上是危險的存在形式——教士的存在——之場域中，人才開始生成為一種有趣的動物；正是此處，在一種不凡的意義上，人類的靈魂獲得了深度和凶惡……」——針對教士所具有的兩面性，前引書，第三卷，第15節：「他必得自己生病，他必得深入地融入病人、窮人，以便能傾聽他們，以便能跟他們相融；但他還必得堅強，不只是其他人的主人，更是自己的主人，尤其在他的權力意志上不可動搖，以便獲得病人的信賴並讓他們感到敬畏……」

100.　原註：前引書，第一卷，第7節。

101.　原註：《瞧！這個人》，第一卷，第1節。

有一些主動力沉淪，因為它們不知追隨著肯定的權力（我們將看到這是尼采所說的「文化」或「高等人」的問題）。最後，相較於詮釋所涉及的兩面性，評價呈現出更深沉的兩面性。從否定本身的觀點來評斷肯定本身，以及從肯定的觀點來評斷否定；從虛無意志的觀點來評斷肯定的意志，從那個肯定著的意志的觀點來評斷虛無的意志：這便是系譜家的技藝，系譜家即醫生。「藉著將自己置於病人的觀點中，來觀察更健康的概念、更健康的價值，並且反過來，意識著富饒生命所具有的飽滿及對自己的感受（sentiment de soi），將眼光投入墮落本能之祕密工作中⋯⋯」

然而，無論是怎樣的意義和價值的兩面性，我們都不能得出結論，認為一個反動力藉著貫徹其所能而生成為主動的。因為「貫徹到底」、「貫徹其最終後果到底」有兩個意義，取決於人係肯定著還是否定著，取決於人係肯定自己的差異還是否認那個差異著的東西。當一個反動力發展著其最終的後果時，這個情況所關聯的是否定、所關聯的是為它充當動力的虛無意志。相反地，主動─生成假設著主動跟肯定的親和性；為了生成為主動的，單憑一個力貫徹其所能是不夠的，它必須使其所能成為一個肯定的對象。主動─生成是起肯定作用的及肯定的，就像反動─生成是起否定作用的（négateur）及虛無的一樣。

14

永恆回歸之第二面向：
作為倫理的及選擇的思想

　　既不被感覺也不被認識，一個主動—生成無法被思考，
除非是作為一個選擇之產物（le produit d'une *sélection*）。雙重
的、同時的選擇（double sélection simultanée）：來自力之主
動性及來自意志中的肯定。但是誰能做出選擇呢？誰充當選
擇的原理（principe sélectif）呢？尼采回答：永恆回歸。方才
厭惡之對象，永恆回歸現在超越了厭惡，使查拉圖斯特拉成為
「康復者」、「被撫慰者」[102]。但是，永恆回歸在什麼意義上

102.　　原註：《查拉圖斯特拉如是說》，第三卷，〈康復者〉。

是選擇的？首先，因為，以思想的名義，它賦予意志一條實踐規則（une règle pratique）[103]。永恆回歸賦予意志一條跟康德所立下的規則一樣嚴格的規則。我們已經指出，作為物理學說，永恆回歸是思辨綜合（la synthèse spéculative）的新表述方式。作為倫理思想，永恆回歸是實踐綜合（la synthèse pratique）的新表述方式：你所意欲的東西，以你也意欲它永恆回歸的方式來意欲它。「如果在所有你意欲做的事情中，你先問自己：我是否確定我意欲無限次地做它，這將對你而言是最牢固的重心。」[104]世界上有一件事使尼采感到反感：小小的補償，小小的快樂，小小的喜悅，所有我們允許自己一次、只有一次的東西。所有我們隔天不會再做、除非我們在前一天說「明天我再也不這麼做」的事——執迷不悟者的老套。而且，我們就像這些只允許自己破戒一次的老太太一樣，我們像她們一樣地作為，我們像她們一樣地思考。「唉！願你們擺脫所有這些半心半意的東西，願你們選擇懶惰如同選擇行動！唉！願你們明白我的話：始終做你們所意欲的東西，但首先請成為能夠意欲的人。」[105]一種意欲著其永恆回歸的懶惰（une paresse qui voudrait son éternel retour），意欲著其永恆回歸的愚蠢、低下、怯懦、凶惡：它將不再是相同的懶惰，它不再是相同的愚蠢……我們要仔細看永恆回歸在此處如何進行選擇。是永恆回歸之思想在選擇著。它使意欲成為某個完整的東西。永恆回歸

之思想去除了意欲當中所有落在永恆回歸之外的東西，它使意欲成為一種創造，它實行了意欲＝創造的方程式。

顯然，這樣的一種選擇仍然低於查拉圖斯特拉的抱負。它僅止於去除某些反動狀態，某些發展程度最低的反動狀態。但是那些以其方式貫徹其所能、在虛無意志中找到一股強大動力的反動力，它們抵抗著第一種選擇。遠非落在永恆回歸之外，它們進入永恆回歸中，並且看來跟它一起回返。因此，必須預期著跟第一種選擇迥然有別的第二種選擇。然而，這第二種選擇對尼采哲學中最晦澀的部分提出了疑問，並在永恆回歸的學說中構成了一個幾乎是啟發性的（initiatique）元素。因此，我們應該先簡單回顧一下尼采的議題，而一套更詳細的概念說明只能期待稍後再提出：

103.　原註：《權力意志》，第四卷，第229、231節：「偉大的選擇思想」（La grande *pensée* sélective）。

104.　原註：前引書，第四卷，第242節。

105.　原註：《查拉圖斯特拉如是說》，第三卷，〈關於縮小的美德〉。第二卷，〈關於仁慈者〉（Des miséricordieux）：「最糟糕的是狹隘的思想。實際上，寧可做得不好，也不要狹窄地思考。你們說，沒錯：小罪小惡的喜悅令我們免於鑄下嚴重的惡行。然而在這方面，人們不應該意欲省略。」

1.　為什麼永恆回歸被稱為「虛無主義的極端形式」
　　（la forme outrancière du nihilisme）[106]？如果說永
　　恆回歸是虛無主義的極端形式，那麼跟永恆回歸
　　分隔開來或抽離開來的虛無主義在其自身上永遠
　　是一種「不完整的虛無主義」[107]：無論它發展到
　　何種地步、無論它有多強。只有永恆回歸才能讓
　　虛無意志成為一個完整及無缺的意志；

2.　就像我們迄今為止所研究的那樣，虛無意志總是
　　在它跟反動力的結盟中向我們顯現。這就是它的
　　本質：它否定主動力，它引領主動力否定自己、
　　轉而反對自己。但是，與此同時，它也如此地奠
　　定了反動力之保存、勝利和感染。虛無意志是普
　　遍的反動—生成，力之反動—生成。因此，這就
　　是為什麼虛無主義就其自身總是不完整的：甚至
　　禁欲理想也是我們之所信的反面：「它是保存生
　　命的一種權宜之計」；虛無主義係弱的、縮小
　　的、反動的生命的保存原理；對生命的貶低、對
　　生命的否定形成了一種原理，在其陰影下，反動
　　生命得以保存、存活、獲勝並變成感染的[108]；

3.　當虛無意志被關聯上永恆回歸時會發生什麼？唯
　　此，它才能打破跟反動力的結盟。唯有永恆回歸

才能使虛無主義成為完整的虛無主義，因為它使否定成為一種對反動力自身的否定。藉由永恆回歸及在永恆回歸中，虛無主義不再表現為弱者之保存及勝利，而是弱者的破壞，即他們的<u>自我破壞</u>（auto-destruction）。「這種消失表現在一種破壞、一種破壞力之本能選擇（une sélection instinctive de la force destructive）的面貌下……破壞的意志，僅是一種更深的本能、自我破壞之意志的表現：虛無意志。」[109]這就是為什麼從序言開始，查拉圖斯特拉就不斷唱著「那個意欲他自己沒落的人」的原因：「因為他意欲滅亡」，「因為他不意欲自我保存」，「因為他會毫不猶豫地過橋」[110]。查拉圖斯特拉的序言包含著如同永恆回歸早熟祕密的東西；

4. 我們別將轉身反對自己（le retournement contre

106.　原註：《權力意志》，第三卷，第8節。

107.　原註：前引書，第三卷，第7節。

108.　原註：《道德系譜學》，第三卷，第13節。

109.　原註：《權力意志》，第三卷，第8節。

110.　原註：《查拉圖斯特拉如是說》，〈序言〉，第4節。

soi）跟這種對自己之破壞（la destruction de soi）、這種自我破壞（auto-destruction）相混淆。在轉身反對自己的反動過程中，主動力生成為反動的。在自我破壞中，反動力本身遭受否定並導向虛無。這就是為什麼自我破壞被稱為一種主動的操作、一種「主動破壞」（destruction active）的原因[111]。是它，而且只有它，才表現了力之主動—生成：在反動力 —— 其依據著未久前還確保著它們的保存及勝利的原理 —— 自我否定、自我消除的情況下，力生成為主動的。主動的否定，即主動破壞，是那些在其自身上破壞反動的強精神（esprits forts）的狀態，讓反動經受著永恆回歸的檢驗，讓強精神他們本身經受著這項檢驗，冒著意欲著他們沒落的危險：「這是強精神跟強意志（volontés fortes）的狀態，他們不可能停留在一種否定的評判上，主動的否定深植在他們的深刻本性中。」[112]如此乃是反動力生成為主動的的唯一方式。實際上還不僅如此：讓自己成為對於反動力本身的否定，這個否定不單是主動的，它還如同已經蛻變的（transmuée）。它表達肯定，它表現主動—生成，如同給予肯定的權

力（puissance d'affirmer）。尼采於是談到「生成之永恆喜悅，這種喜悅身上仍然帶著毀滅之喜悅」；「毀滅及破壞的肯定，在一種戴奧尼索斯的哲學中，乃具有決定性的東西……」[113]

5. 因此，永恆回歸中的第二種選擇內涵如下：永恆回歸產生主動—生成。只要將虛無意志關聯上永恆回歸，就足以明白反動力並不會回返。不管反動力前進得多遠，無論力的反動—生成有多深沉，反動力都不會回返。低下的、平庸的、反動的人不會回返。藉由永恆回歸及在永恆回歸當中，作為權力意志之性質的否定蛻變成肯定，它生成為一種否定本身之肯定，它生成為一種給予肯定的權力、一種肯定的權力。尼采將此說成是查拉圖斯特拉之痊癒，以及還說成是戴奧尼索斯之祕密：「虛無主義被其自身所戰勝」，歸功於永恆回歸[114]。然而這第二種選擇與第一種選擇大

---

111. 原註：《權力意志》，第三卷，第8節；《瞧！這個人》，第三卷，第1節。

112. 原註：《權力意志》，第三卷，第102節。

113. 原註：《瞧！這個人》，第三卷，〈希臘悲劇之起源〉，第3節。

114. 原註：《權力意志》，第三卷。

相逕庭：它不再涉及藉著永恆回歸簡單的思想，將落在這個思想外的東西從意欲中去除的問題；它涉及藉著永恆回歸，讓不改變其本性就無法進入存有的東西進入存有之中。它不再是一種選擇的思想，而是選擇的存有（l'être sélectif）；因為永恆回歸是存有，而存有就是選擇（選擇＝階層）。

15

永恆回歸的問題

　　所有這些僅是對於文本的簡單回顧。除非聚焦在下述幾
點，否則這些文本無法獲得闡明：權力意志兩種性質——否定
和肯定——的關係；權力意志本身跟永恆回歸的關係；作為感
覺、思考的新方式、尤其是作為存有的新方式（<u>超人</u>）的一種
蛻變之可能性。用尼采的術語來說，價值之顛倒意味著主動而
非反動（確切來說，此乃<u>一種顛倒之顛倒</u>〔le renversement d'un
renversement〕，因為反動始於對主動的取代）；但是價值之
蛻變或價值重估意味著肯定而非否定，更重要的是，否定被轉
化為<u>給予肯定的權力</u>，即戴奧尼索斯式的至高變形（suprême
métamorphose dionysiaque）。所有這些尚未分析的要點構成了
永恆回歸學說之頂峰。

我們從遠處幾乎看不到這個頂峰在何處。永恆回歸乃生成之存有。然而生成係雙重的：主動─生成，以及反動─生成、反動力之主動─生成和主動力之反動─生成。然而只有主動─生成擁有一種存有；生成之存有在一個反動─生成中得到肯定，也就是說從一個本身是虛無的生成上得到肯定，此乃自相矛盾的。如果永恆回歸是反動力之回歸，那麼永恆回歸會變得自相矛盾。永恆回歸告訴我們，反動─生成並不擁有存有。而且同樣地，是它告訴我們一種主動─生成之存在。它在重新產生著生成的同時，必然產生著主動─生成。這就是為什麼肯定總是成雙的：我們不能飽滿地肯定生成之存有而不同時肯定主動─生成之存在。因此，永恆回歸具有雙重的面向：它是生成之普遍存有（l'être universel du devenir），但是生成之普遍存有所說的是唯一的一個生成（un seul devenir）。只有主動─生成才擁有一個存有，其係整個生成之存有（l'être du devenir tout entier）。回返係整體（revenir est le tout），不過係在單一瞬間中得到肯定的那種整體。就我們肯定永恆回歸是生成之普遍存有的情況下、就我們更進一步肯定主動─生成是普遍的永恆回歸（l'éternel retour universel）之徵兆及產物的情況下，肯定也在細微差別上有所變化，並且變得越來越深刻。作為物理學的學理，永恆回歸肯定了生成之存有。但是作為一種選擇的存有論（ontologie sélective），它以在主動─生成中「得到肯

定」的方式肯定了這個生成之存有。我們看到，在將查拉圖斯特拉跟他動物們連結起來的默契當中，由於動物們既不明白也沒認識到一個問題，但這個問題又是跟查拉圖斯特拉自己的厭惡及痊癒有關，於是誤解便產生了：「噢，你們這些搗蛋鬼！噢，執迷不悟的東西！查拉圖斯特拉一邊笑一邊說道……你們把它變成一種陳腔濫調了。」[115]陳腔濫調是循環和整體，普遍的存有。但是肯定的完整說法是：整體，是，普遍存有，是，但是普遍存有說的是唯一的一個生成，整體說的是唯一的一個時刻。

115.　　原註：《查拉圖斯特拉如是說》，第三卷，〈康復者〉。

CHAPITRE III.

La critique

批判

1

人的科學之改造

    對尼采而言，科學似乎交出了一張令人難過的成績單：無處不見被動的、反動的、否定的概念稱霸的情況。無處不見從反動力的角度詮釋現象的努力。對此，我們已經在物理學和生物學的領域中見識過了。但是，隨著我們深入人的科學（les sciences de l'homme）的領域，我們同樣也看到關於現象的反動的及否定的詮釋發展：以「效用」、「適應」、「調節」、甚至「遺忘」作為解釋概念[1]。在人的科學及甚至在自然科學中，到處顯現著對於力的起源和力的系譜的無知。看來，學者把反動力之勝利當成自己的榜樣，並且想將思想綑綁在這上頭。他提及對事實的尊重及對真（le vrai）的喜愛。但是事實是一種詮釋：哪一種詮釋類型呢？真表達一種意志：誰意欲著真呢？

而那位說「我探求著真」的人，他所意欲著的是什麼呢？從某種意義上來說，我們從來沒有像今日這般看到科學在自然及人的探索上進展到如此深遠的地步，但是我們也從來沒有見過科學在對既存理想及秩序的臣服上達到如此深遠的地步。學者們，甚至是民主主義者們和社會主義者們，在虔誠上並未少掉什麼；他們只是發明了一種不再取決於心的神學[2]。「看看在一個民族的演進過程中那些由學者擔當重任的時代，盡是些疲乏、常常是衰微、沒落的時代。」[3]

對行動（l'action）、對主動的一切（tout ce qui est actif）的無知在人類科學中展現著：例如，人們透過效用來評斷行動。我們別急著說功利主義今日已然是過時的學說。首先，如果是如此，在某種程度上，這要歸功於尼采。接著，一套學說有時不讓自身被超越，除非它將其原理先行擴展了，並將之變成了一些公設（postulats），以更安穩的方式隱藏在那些〔表面上〕超越它的學說裡頭。尼采問：效用概念所對應的是什麼？也就是說：對誰（à qui）而言，一項行動有用抑或有

1.　　　原註：《道德系譜學》，第一卷，第2節。

2.　　　原註：前引書，第三卷，第23-25節。針對學者之心理學（la psychologie du savant），參見《超越善惡》，第206-207節。

3.　　　原註：《道德系譜學》，第三卷，第25節。

害呢？因此，誰從行動的效用性或危害性的角度、從行動的動機及後果的角度來考慮行動呢？不是那位行動者（celui qui agit）；他不「考量」（considérer）行動（action）。而是第三方，病人或觀者。是他考量著自己所未從事的行動——正是因為他未從事此一行動——如同某種他要從自己在其中可以獲取或可能獲取利益的角度來評價的東西：他認為自己對於行動具有一種自然權利，這個不行動的人（qui n'agit pas），他認為他應得其利益或好處[4]。讓我們來揣想一下「效用」的來源：此乃基本上所有被動的概念之來源，即怨恨，除了怨恨之要求，別無其他。——效用在此對我們而言只是個例子。但是那個看起來無論如何都跟科學、並且也跟哲學脫不了關係的東西，就是用一種抽象關係（rapport abstrait）取代那些力的實在關係（les rapports réels de forces）的喜好，當中，這種抽象關係被視為要表達這些實在關係，如同一種「度量」（mesure）。由此來看，黑格爾的客觀精神其實並不好過於在「客觀」這一點上一樣也不差的效用。然而，無論是怎樣的抽象關係，在其中我們總是被導向以第三方關於這些主動性的觀點來取代實在的主動性（如創造、說話、喜愛等）：我們將主動性的本質跟第三方的利益兩相混淆，人們宣稱這第三方應該獲取其利或它擁有獲得其成果的權利（這些成果諸如神、客觀精神、人性、文化、或甚至無產階級……）。

讓我們舉另一個例子，以語言學為例：人們習慣從聽者的角度來評判語言。尼采夢想著另一種語文學，一種主動的語文學。字之祕密不再屬於聽者的一方，如同意志之祕密不再屬於服從者的一方或力之祕密不再屬於反動者（celui qui réagit）的那一方。尼采的主動語文學只有一項原理：唯有在說者藉著說此字而意欲著什麼的情況下，一個字才要說著什麼。以及唯一的一條規則：將說話當成一種實實在在的主動性，置身於說者的觀點下。「這種據此人們得以命名的主人權利是如此深遠，乃至於人們可以將語言起源本身視為一個出於宰制者的權威行為。宰制者他們說：此乃如此這般的東西，他們便將一個如此這般的詞加諸在一個對象上、一個事實上，並且可以說藉此占有之。」[5]主動語言學力求發現說話和命名者（celui qui parle et qui nomme）。誰使用這個字，他首先將之運用在誰的身上，對他自己，還是對其他的聽者，還是對其他的東西，並且是在怎樣的意圖中？藉著說如此這般的字，他意欲著是什麼？一個字在意義上的轉變意味著另外的東西（另一個力和另一個意志）控制了這個字，將這個字運用在另一個事物上，因為它意

4.　　　原註：前引書，第一卷，第2、10節；《超越善惡》，第260節。
5.　　　原註：前引書，第一卷，第2節。

欲著不同的東西。尼采關於字源學和語文學的整套想法（常常被誤解）正仰賴著此一原則和此一規則。──尼采在《道德系譜學》中做出了一個精采的示範，他對「好」（bon）這個字的字源學、它的意義、這個意義的轉變做了探討：「好」一詞是如何首先由主人們所創造出來，將之運用到自己身上，然後再被那些從主人口中將之搶走的奴隸所把持，對於主人們，奴隸反過來稱「他們是壞蛋」[6]。

　　如同這門新語文學一樣，什麼才會是被主動的概念所滲透的真正的<u>主動的科學</u>呢？只有一種主動的科學才能夠發現主動力，但也同時才能以反動力所是的方式認識它們，也就是說視之為力。只有一種主動的科學才能夠詮釋實在的主動性，但也同時能夠詮釋力之間的實在關係。因此，它呈現在三種形式下。一種徵兆學，因為它詮釋現象，待之如徵兆，其意義必須在產生它們的力中尋找。一種類型學，因為它從<u>力質</u>──主動的或反動的──的角度來詮釋力本身。一種系譜學，因為它從力的高貴或低下的角度評價力的起源，因為它在權力意志中及在這種意志的性質中找到它們的<u>直屬世系</u>（ascendance）。不同的科學，甚至是自然科學，在這樣的構想中找到它們的統一。更重要的是，哲學和科學也找到它們的統一[7]。當科學不是再使用被動概念時，它也不再是一種實證主義，而哲學也不再針對那種補償著這種實證主義的主動性（l'activité qui compense ce positivisme）的一種烏托邦、一種空想。哲學家作為哲學家是徵兆學家、類型學家、系譜學家。我們認識到尼采關於「未來之哲學家」的三位一體：醫生哲學家（由醫生詮釋徵兆），藝術家哲學家（藝術家塑造類型），立法者哲學家（立法者決定次序、系譜）[8]。

6.　　　原註：前引書，第1節、第4節、第5節、第10節、第11節。

7.　　　原註：前引書，第一卷，末尾的註解。

8.　　　原註：參見《哲學之誕生》；《權力意志》，第四卷。

2

尼采的問句

　　形上學在「……是什麼？」（Qu'est-ce que…？）問題的形式下表述著關於本質的問題。也許我們已經習於視此一問題為理所當然；實際上，這得自於蘇格拉底和柏拉圖。我們必須回到柏拉圖，看看在哪一點上「……是什麼？」這個問題以一種特殊的思考方式為前提。柏拉圖問：美是什麼（qu'est-ce que le beau），正當是什麼（qu'est-ce que le juste）等諸如此類的問題。他關切於要將任何的其他形式跟這種問題形式對立起來。他將蘇格拉底跟一些很年輕的人，或跟一些頑固老人，或者跟那些知名的智辯家對立起來。然而，所有這些人看來皆同樣以列舉那個是正當的的東西（ce qui est juste）、那個是美的的東西（ce qui est beau）來回答問題：一個年輕處女，一匹

母馬，一只鍋子……蘇格拉底大獲全勝：列舉那個是美的的東西，人們並沒有回答「美是什麼？」這個問題。對柏拉圖至關重要的區別出自於此：這區別發生在美的事物（les choses belles），其是美的僅作為例子、出於偶然並根據生成；以及美（le Beau）本身，其只是美（qui n'est que beau），必然地美，根據存有和本質的美所是的那個東西（ce qu'est le beau）[9]。這就是為什麼在柏拉圖那兒，本質與外觀、存有與生成之對立首先取決於一種提問的方式和一種問題的形式。然而，在這裡我們可以問蘇格拉底的勝利是否當之無愧。因為這種蘇格拉底的方法看來似乎毫無建樹：確切地說，它主宰著那種所謂疑難的（aporétiques）對話，在此虛無主義為王。當您被問到「美是什麼？」的時候，列舉那個是美的的東西無疑很愚蠢。然而，我們較不確定，「美是什麼？」的問題本身不愚蠢嗎？我們不確定它是合理的（légitime）並且提問得宜，甚至且尤其是從一個有待發現的本質的角度來看。有時在對話中會迸出一道閃

9.　　譯註：此處以ce qu'est及ce qui est兩種說法來區分兩種不同的問句，前者圍繞著que，所問的是「什麼」的問題，後者則以qui為中心，所問的是「誰」的問題。在翻譯上，前者被譯為「某所是的那個東西」，後者「那個是某的的東西」。以美為例，ce qu'est le beau譯為「美所是的那個東西」，ce qui est beau譯為「那個是美的的東西」。

電，但很快就熄滅了，其短暫地向我們指出智辯家的想法是什麼。將智辯家跟老人和孩子混在一起，是一種混為一談的手法（procédé d'amalgame）。智辯家希庇亞[10]不是一個在被問到「什麼」（ce que）時自滿於回答「誰」（qui）的小孩。他認為「誰？」的問題是最好的問題[11]，最適合決定本質的問題。因為它並不像蘇格拉底所相信的那樣，反映著一些不相連貫的例子（exemples discrets），而是反映著具體的事物──其被包含在它們的生成中──的連續性（la continuité des objets concrets pris dans leur devenir），反映著由一切可列舉為例子的或當成例子而被列舉的事物所組成的美─生成（le devenir-beau）。因此，問誰是美的（qui est beau）、問誰是正當的（qui est juste），而不是問美所是的那個東西、問正當所是的那個東西，係一種精細發展出來的方法所獲致的成果，包含了一個關於起源性本質（l'essence originale）的想法及一整套跟辯證法相對立的智辯派技藝（art sophistique）。一套經驗主義的和多元的技藝。

「我好奇地大喊『什麼？』（quoi）。── 你應該問『誰？』！戴奧尼索斯如是說，然後祂以對祂而言特殊的方式沉默不語，也就是說，自居誘惑者（en séducteur）。」[12]根據尼采的看法，「誰？」這個問題的涵義如下：對任何東西而言，控制它的是哪些力？擁有它的是哪個意志？誰在它上頭表

達著、展露著、甚至隱藏著？除了「誰？」這個問題之外，沒有其他的問題可以帶領我們走向本質。因為本質僅是事物的意義和價值；本質是由跟事物具有親和性的力及跟這些力具有親和性的意志所決定的。更重要的是：當我們問「這是什麼？」的問題時，我們不僅陷入最糟糕的形上學中，並且事實上，我們所提出的也只是「誰？」的問題，但卻以一種笨拙的、盲目的、無知的和混淆的方式提出。「『這是什麼？』的問題係提出某種意義的一個方式，但這是在另一個觀點下所見的意義。本質、存有係一種觀點性現實（réalité perspective），並且假設著一種多元性。事實上，這始終是『對我而言（或對我們而言、對活著的一切而言等），這是什麼？』的問題。」[13]當我們問美所是的那個東西時，我們所問的是在哪一個觀點下東西顯得美；而在我們看來不美的東西，它又是在其他的哪一

10.　　譯註：希庇亞（Hippias d'Élis），西元前5世紀的古希臘智辯家，相關記載主要來自柏拉圖《大希庇亞篇》和《小希庇亞篇》兩篇對話錄。

11.　　譯註：此處區分兩種問題：「什麼」（que）、「誰」（qui），以美為例，前者所對應的是「那個美所是的東西」（ce qu'est le beau），後者所對應的是「那個是美的東西」（ce qui est beau）。

12.　　原註：《浪跡者及其影子》（Le voyageur et son ombre），〈前言草案〉（projet de préface），第10節（ALBERT譯本，第二卷，第226頁）。

13.　　原註：《權力意志》，第一卷，第204節。

個觀點下變得如此？對於這樣一個東西而言，占有它並使之成為美的或可能會使之成為美的力是哪些，臣服於這些力之下的其他力又是哪些呢？或者，相反地，跟它對抗的力是哪些呢？多元論的技藝並不否定本質：它讓本質在每種情況裡皆取決於現象跟力之間的一種親和性、取決於力跟意志之間的一種協調（coordination）。一個東西的本質是從擁有它並在其上表現著的那個力當中發現的，是在跟這個力具有親和性的那些力當中發展的，是被反對它及可以戰勝它的那些力所危害或破壞的：本質始終是意義與價值。如此，「誰？」這個問題為所有的東西迴響著並在所有的東西上迴響著：哪些力，哪個意志？此乃悲劇的問題（la question *tragique*）。在最深處，整個它都趨向戴奧尼索斯，因為戴奧尼索斯是躲藏著和展露著的神，戴奧尼索斯是意欲，戴奧尼索斯是那位……的誰（celui qui…）。「誰？」這個問題在戴奧尼索斯身上或在權力意志當中找到它的至高所司（instance suprême）[14]；戴奧尼索斯，即權力意志，係每當「誰？」這個問題被問出時，那個盈滿著它的東西。我們不會問「誰意欲著」、「誰詮釋著？」、「誰評價著？」，因為，在任何地方及任何時刻，權力意志就是那個誰（*ce qui*）[15]。戴奧尼索斯是變形之神，多重之一，肯定多重並在多重中得到肯定的一。「究竟是誰？」，這永遠是祂[16]。這就是為什麼戴奧尼索斯自居誘惑者而沉默不語的原因：那種祂

隱藏著、採取另一種形式及改變不同的力的時間。在尼采的整個作品中，令人讚賞的詩〈雅莉安之怨〉便表達出這個在一種發問方式跟那位出現在所有問題下的神性人物之間的基本關係──這種介於多元提問跟戴奧尼索斯的或悲劇的肯定之間的基本關係[17]。

14.　　譯註：instance有機關、權威的意思，德勒茲用來指事情背後最高的負責者，「誰？」這個問題的最終答案。在此譯為「所司」。

15.　　原註：同前。

16.　　譯註：「是？」（Oui donc ?）指如此說來，戴奧尼索斯就是那個「是」嗎？就是那個說著「是」的東西嗎？

17.　　原註：《戴奧尼索斯頌》（*Dithyrambes dionysiaques*），〈雅莉安之怨〉（La plainte d'Ariane）。

3

尼采之方法

　　從這個問題形式中衍生出一種方法。任何一個概念、一種感受、一個信念，我們待之如一個意欲著什麼的意志之徵兆。那位說著此事的人（*celui qui dit ceci*），那位思考著或感受著彼事（*cela*）的人，他意欲著什麼？這涉及表明出，如果他沒有如此這般的意志、如此這般的諸力、如此這般的存有方式，他便無法說著這個、思考著這個或感覺著這個。那位說著、愛著、創造著的人，他意欲著什麼？相反地，那位要求著他自己所沒參與的一項行動之好處的人，那位呼籲「無利害」的人，他意欲著什麼？而甚至是禁欲的人？而那些帶著其效用概念的功利主義者呢？而叔本華呢，當他發展出一種對意志之否定的奇怪概念？這會是真理嗎？但是，真理之探求者，那些說「我

探求著真理」的人，他們最終意欲著的是什麼呢[18]？——意欲
係一種不同於所有其他舉措的舉措（acte）。意欲係所有我們
的行動、感受及思想之<u>既發生的又批判的所司</u>（l'instance à la
fois génétique et critique）。尼采的方法內容如下：將一個概念
關聯上權力意志，令其成為某個意志之徵兆，而無此意志，此
概念甚至無法被思考到（情感也無法被感受到，行動無法被施
展）。如此的一種方法回應著悲劇的問題。它本身就是<u>悲劇
的方法</u>（la *méthode tragique*）。或者更確切地說，如果我們從
「戲劇」一字中移除所有損害其意義的辯證法的和基督教的悲
慟作用，此乃<u>戲劇化</u>（*dramatisation*）之方法。「祢意欲著什
麼？」，雅莉安問戴奧尼索斯。一個意志意欲著的那個東西，
這就是相應事物之<u>潛在內容</u>（le contenu latent）。

我們絕不能被「意志意欲著的那個東西」（*ce que* la
volonté veut）如此的表達方式誤導。一個意志意欲著的那個東
西並非一個對象、一個目標、一個目的。那些目的及對象、甚
至那些動機仍只是徵兆罷了。一個意志意欲著的那個東西，依

18.　　原註：在其所有著作中，此乃尼采一貫的方法。在《道德系譜學》中，我們
　　　　認為它以尤為系統的方式受到呈現。

據其性質，係肯定它的差異或否定那個差異著的東西[19]。除了性質，它別無其他所意欲著的東西：沉重、輕盈……一個意志所意欲的東西，總是它自己的性質及與之相應的力質。正如尼采針對高貴的、肯定的和輕盈的靈魂所說的：「我不知道關於它本身的確定性有多麼根本，是某種無法探求、發現及或許甚至是失去的東西。」[20]因此，當我們問「那位思考著這個的人意欲著的是什麼？」的時候，我們並沒有脫離「誰？」這個根本問題，我們僅是給予它方法上的一個規則及一個開展（une règle et un développement méthodiques）[21]。實際上，我們要求對於問題的回答不是透過一些例子，而是透過對於一個類型之確立。而確切地說，一種類型是由權力意志之性質、由此性質所具有的細微差別及由其所相應的力的關係所構成的：其他一切都只是徵兆。一個意志意欲著的那個東西不是一個對象，而是一個類型，即那位說著的人、那位思考著、作用著、不作用的（qui n'agit pas）、反作用著等等的人之類型。界定一個類型唯有一途，即在此類型之各種樣本（exemplaires）中確立意志意欲著的東西。那位探求著真理的人，他意欲著的東西是什麼？如此乃知道誰在探求真理的唯一方法。如此，戲劇化方法就是適切於尼采的計畫及他所提出的問題形式的唯一方法：一種差異的、類型學的及系譜學的方法。

的確，這種方法必須克服第二個反對意見：其人類學

的特徵。但是我們只需要想一想人自己是哪一種類型就足夠了。如果說反動力的勝利確實是人的組成部分，那麼整個戲劇化方法則被導向於發現表現著其他力的關係的其他類型、被導向於發現能夠讓其太過於人的（trop humaines）細微差別有所蛻變的另一種權力意志性質。尼采說：非人類（l'inhumain）和超人類。一個東西、一隻動物、一位神之可戲劇化的（dramatisable）程度並不亞於一個人或人的規定性（déterminations humaines）之可戲劇化的程度。凡此皆係戴奧尼索斯的變形、皆係一個意欲著什麼的意志之徵兆。它們也

---

19. 譯註：前文提過權力意志具有肯定及否定的性質，以肯定為其性質的權力意志肯定著它的差異，以否定為其性質的權力意志則否定著那個差異著的東西。

20. 原註：《超越善惡》，第287節〔譯按：針對此段引文，譯者比較了另外兩位法譯者的版本：Cornélius Heim及Henri Albert，其中前者跟本處引文類似，以je為主詞，跟原引文一樣不易理解，後者則以高貴的靈魂本身為主詞，單就上下文似乎明朗多了，茲翻譯如下：「高尚的靈魂對其自身所具有的是某種根本的認識，某個既不能被探求亦不能被發現，某個或許也不能被丟棄的東西。」（c'est une certaine connaissance foncière qu'une âme noble a d'elle-même, quelque chose qui ne se laisse ni chercher, ni trouver, et qui peut-être ne se laisse pas perdre non plus）〕。

21. 譯註：德勒茲似乎要說，問「意欲著的是什麼」跟問「誰」其實是一樣的問題，因為「意欲著的是什麼」問題的答案是確立一個類型，涉及的仍是「誰」的問題。由此來理解，他何以說「意欲著的是什麼」是方法層次上的東西。

表現著一個類型，一個對人而言陌生的力的類型。從各方面來看，戲劇化方法並不侷限在人身上。一個大地的意志（une volonté de la terre），一個能夠肯定大地的意志會是什麼？這個若無之大地本身形同無意義的意志，它意欲著的是什麼[22]？它的性質——其也變成大地之性質——是哪一個？尼采答道：「輕盈……」[23]

22. 　　譯註：原句中的dans應為sans之誤。

23. 　　原註：《查拉圖斯特拉如是說》，〈前言〉，第3節：「超人是大地之意義。願您的意志說：願超人是大地之意義。」此外，第三卷，〈關於沉重的精神〉（De l'esprit de lourdeur）：「這個有一天將教人飛翔的東西將挪動所有的界限；對它而言，甚至界限將在空中飛翔，它將重新為大地命名，他將稱之為輕盈……」

4

反對前輩

　　「權力意志」意味著什麼？尤其不是這些說法：說意志意欲著權力，說它渴望著或尋求著權力如同一個目的，或說權力是它的動機。說「欲求權力」（désirer la puissance）跟說「意欲活著」（vouloir vivre）一樣荒唐：「高談著生命意志（la volonté de vie）的人當然沒有碰觸到真相，這種意志並不存在。因為不存在的東西不能意欲著，而那個在生命中的東西如何能夠再欲求著生命呢？」；「欲求著宰制，但是誰願意稱此為一種欲求（désir）呢？」[24] 這就是為什麼儘管表面上不見

24.　　原註：前引書，第二卷，〈關於對自己的勝利〉（De la victoire sur soi-même）；第三卷，〈關於三惡〉。

得，尼采仍然認為權力意志是由他所創造並引入哲學的一個全新概念。他帶著必要的謙虛態度說：「如同我所做的方式，在一種權力意志的形態學（morphologie）和發生學（génétique）的方式下構思心理學，此乃未曾在任何人的腦海中閃過的一個觀念，即便人們可以根據所有形諸文字的部分揣度出那些曾經默而不宣的內容。」[25] 但是，在尼采之前，確實不乏一些思想家曾經談到權力意志或類似的東西；在尼采之後，談論此的人也並非沒有。然而，他們不是尼采的門徒，如同那些早於尼采的人也不是他的老師一樣。他們總是在尼采明確譴責的意義上談論之：宛如權力是意志的最終目標，也是它的重要動機。宛如權力就是意志所意欲的東西。但是，這樣的想法至少包含三個誤解，其有害於整個意志哲學：

1. 人們將權力詮釋為一個再現之對象（l'objet d'une représentation）。在「意志意欲著權力或欲求著宰制」這樣的說法中：再現跟權力間的關係甚至是如此緊密，以至於所有的權力都被再現，而所有的再現就是權力之再現。意志之目標也是再現之對象，反之亦然[26]。在霍布斯（Hobbes）那兒，處於自然狀態中的人意欲看到自己的優越性（supériorité）受到再現並被他人所承認；在

黑格爾那兒，意識意欲著被另一個意識所承認並被再現為自意識；在阿德勒[27]那兒亦然，涉及一種優越性之再現，其在有需要時補償一種機體自卑（infériorité organique）的存在。在所有這些情況中，權力總是一個再現之對象、一個承認（récognition）之對象，其物質地假設了一種意識之間的比較。因此，一個相應著權力意志的動機是必要的，其同時也充當比較的動力：虛榮、驕傲、自尊心、炫耀、或甚至一種自卑感。尼采問：誰（qui）將權力意志設想成一種讓自己被承認的意志？誰將權力本身設想成一種承認之對象？誰基本上意欲著將自己再現為優越的，並且甚至將他的自卑再現為一種優越？那是病人，他

25.　原註：《超越善惡》，第23節。

26.　譯註：權力並不是一個外於權力意志的東西，因此說意志意欲著權力是一個自相矛盾的說法，這種說法反映出的是下位者的想像，對他而言，權力是一個其所無的東西、外在的東西，也就是非其本身而被再現的東西。

27.　譯註：阿爾弗雷德・阿德勒（Alfred Adler, 1870-1937），奧地利醫師、心理治療師、個體心理學派奠基者。

意欲著「在任何形式下再現著優越」[28]。「那是奴隸，他努力說服我們對他具有好的看法；那也是奴隸，他在這些看法前卑躬屈膝，宛如產生出這些看法的人不是他。我再說一遍，虛榮是一種返祖現象（atavisme）。」[29]人們當成權力本身而呈現給（présenter）我們的東西，只不過是奴隸為自己塑造的權力<u>再現</u>。人們當成主人而呈現給我們的東西，乃是奴隸為自己塑造的主人觀念，乃是奴隸根據他想像自己坐在主人的位置上的樣子而為自己塑造出來的觀念，乃是實際上獲勝時如此這般的奴隸。「這種攀搆著貴族（l'aristocratie）的需求乃從根本上有別於貴族心靈（l'âme aristocratique）之追求，它是這種心靈闕如之最有說服力和最危險的徵兆。」[30]為什麼哲學家會接受僅僅跟獲勝的奴隸相似的這種虛假主人形象呢？一切皆為了一套全然是辯證法的把戲做準備：將奴隸放在主人中，人們便認為主人的真理就在奴隸中。實際上，一切僅發生在奴隸之間，獲勝的奴隸或臣服的奴隸。對於再現、被再現、讓自己被再現的<u>狂躁</u>；對於擁有再現者（représentants）和被再現者（représentés）的狂

躁：如此乃是所有奴隸共通的狂躁，他們在他們之間所構想的唯一關係、他們藉著他們所強加的關係，就是他們的勝利。再現的概念困住了哲學；它直接是奴隸和奴隸關係的產物，它構成對權力最糟糕的詮釋，最平庸的及最低下的詮釋；[31]

2. 意志哲學所犯的第一項錯誤是什麼？當我們將權力當作一個再現的對象時，我們必然使它取決於一項因素，據之一個東西被再現或否、被承認或否。然而，唯有現行的價值、只有已被接受的價值才能在承認這方面如此地提供判準。在權力意志被理解為讓自己被承認的意志的情況下，它必然是讓自己被授予任何特定社會中現成價值（金

---

28. 原註：《道德系譜學》，第三卷，第14節。
29. 原註：《超越善惡》，第261節。另外，關於「對與眾不同的嚮往」，參照《曙光》，第113節：「嚮往著與眾不同的人一直盯著同類不放並想知道其感覺是什麼；但是這種傾向在獲得滿足上所需要的感應和自豪，跟受到純真、憐憫或仁慈所激發的情況相距甚遠。相反，人們想知道或猜測同類以何種方式在內在上或外在上受苦於我們的外表、其如何失去對自己的權力並屈服於我們的手法或我們的外表對其所造成的印象。」
30. 原註：《超越善惡》，第287節。
31. 原註：《權力意志》，第三卷，第254節。

錢、榮譽、權勢、聲譽）的意志[32]。但是這裡也一樣，是誰將權力視為對<u>可授予價值</u>（valeurs attribuables）的取得呢？「一般人除了人們授予他的價值外從未有其他價值；全然不習於自己訂定價值，他授予自己的只有人們在他身上所承認的價值」，或者甚至是他讓自己被承認的價值[33]。盧梭譴責霍布斯將自然狀態下的人描繪成一種已預設了社會存在的形象。在一種截然不同的精神下，我們在尼采那兒也找到一種類似的責難：從霍布斯到黑格爾，權力意志的整個概念都以既定價值之存在為前提，而意志僅努力讓自己被授予這些價值。這就是在這種意志哲學中看來帶著徵兆色彩的東西：順從主義，對權力意志作為新價值之創造完全無知；

3. 我們應該繼續問：既定價值如何被授予？這總是在一場戰鬥、一場鬥爭的結束後，無論這場鬥爭的形式是哪一種，祕密的或公開的，忠誠的還是奸詐的。從霍布斯到黑格爾，權力意志被拉進一場戰鬥中，正是因為戰鬥決定了哪些人將獲得現行價值之好處。被扯入鬥爭中係既定價值的特性，但跟一些既定價值始終糾纏不清也是鬥爭

的特性：為了權力的鬥爭，為了承認的鬥爭或為了生存的鬥爭，其模式總是並無二致。然而，我們必須強調下述要點：鬥爭、戰爭、對抗或甚至是比較的觀念跟尼采及跟他對於權力意志的觀念相差得有多遠。這並不是說他否認鬥爭的存在；而是在他看來，鬥爭一點都不是在價值上起創造作用的。充其量，它所創造的唯一價值只是獲勝奴隸的那些價值：鬥爭並非<u>階層</u>之原理或動力，而是奴隸推翻<u>階層</u>的手段。鬥爭從未是力的主動表現，也不是一種其肯定著的權力意志之<u>展露</u>；其結果也非表現著主人或強者之勝利。相反地，鬥爭是弱者勝過強者的手段，因為他們的人數最多。這就是為什麼尼采反對達爾文：達爾文混淆

---

32. 原註：《權力意志》，第四卷，第522節：「在一位群眾煽動家（un démagogue）那兒，要為自己清楚地再現出一種優越性是如何的不可能。這就如同那些高等人之基本特徵跟真正價值在於他們激起群眾的能耐，簡言之，在於他們產生的效果。然而，偉人（le grand homme）的優越性在於他跟其他人差異之處，這是無法互通的（incommunicable）、屬於另一個等級的。」（他們所產生的效果＝人們由之所形成的群眾煽動再現＝被授予他們的既定價值）

33. 原註：《超越善惡》，第261節。

了鬥爭和選擇，他並未看到鬥爭產生出跟他所相信的相反的結果：鬥爭選擇著，但它只選擇了弱者，並確保著他們的勝利[34]。太彬彬有禮了而不可能去搞鬥爭，尼采如此談到自己[35]。關於權力意志，他還說到：「撇開鬥爭」[36]。

34.　　　原註：《權力意志》，第一卷，第395節；《偶像的黃昏》。
35.　　　原註：《瞧！這個人》，第二卷，第9節：「我一生沒有任何一絲鬥爭的樣子，我是英雄本性的對立面；意欲著某個東西，嚮往著某個東西，展望著一個目標、一個願望，凡此，我皆沒有透過經驗認識到。」
36.　　　原註：《權力意志》，第二卷，第72節。

5

反對悲觀主義
及反對叔本華

　　這三個誤解其實還不算什麼，如果它們並沒有在意志哲學中導入一種「調子」，一種極其令人遺憾的感觸調性（une tonalité affective）。意志之本質總是帶著悲傷及沉重而被發現。所有在權力意志中或類似的東西中發現意志之本質的人，都不停地感傷於自己的發現，彷彿他們必須從中得出逃避它或免除其作用的奇特決心。一切就彷彿意志之本質使我們陷入了無法接受、難以忍受和讓人受騙的境地。要解釋這種情況很容易：將意志作為一種在「欲求宰制」意義上的權力意志，哲學家意識到在這種欲望中的無限性；將權力作為再現的對象，他們意識到一種如此的被再現物的不實在性；將權力意志牽扯在戰鬥中，他們意識到在意志本身當中的矛盾。霍布斯宣稱，權力意志就如同處在一場夢中，只有對死亡的恐懼才能讓它脫

離。黑格爾強調主人處境中的不實在狀態，因為主人依賴著奴隸才能受到承認。他們每一位都將矛盾放到意志中，以及同時將意志放到矛盾中。被再現的權力只是外觀罷了；當意志之本質落在它所意欲的東西上時，意志同時也失落在外觀中。此外，哲學家對意志許諾了一種約束（une *limitation*），理性的或契約的約束，單單憑藉著這樣的約束便可以讓意志成為可接受的並且消解了矛盾。

　　從這些方面來看，叔本華沒有建立一套新的意志哲學；相反地，他的才華在於從舊的哲學中得出最極端的後果，在於將舊的哲學推向其極端後果。叔本華並不止步於意志的本質上，他讓意志成為事物的本質，「從內部觀看的世界」。意志變成了一般及自在之本質（l"essence en général et en soi）。但是，從那時起，它意欲著的那個東西（它的客體化）也變成了再現，即一般外觀。它的矛盾變成了起源的矛盾：作為本質，它意欲著它顯現其中的外觀。「在意志顯現其中的世界中等待著它的命運」正是這種矛盾的苦難。生存意志的表述方式便如下述：作為意志及作為表象的世界[37]。我們在這裡看到一個由康德所起頭的神祕化方式的更進一步發展。藉著讓意志成為事物之本質或從內部觀看的世界，人們在原理上拒絕了兩個世界的區別：這是同一個世界，其是可感覺的及超越感覺的。但就在否定這種兩個世界的區別時，人們實際上所做的卻只是代之以一

種內部和外部的區別，其一如本質和外觀各據一方，也就是如同兩個世界各據一方一樣。藉著讓意志成為世界之本質，叔本華繼續將世界理解為一種幻象、一種外觀，一種再現[38]。——因此，對叔本華來說，對於意志的一種約束是不夠的。意志必須要被否定，它本身必須要否定自己。叔本華的選擇：「我們是一些愚蠢的存有或，在最好的情況下，是自己消滅自己的存有。」[39]叔本華告訴我們，對於意志的理性的或契約的約束是不夠的，我們必須走到神祕的消滅（la suppression mystique）這一步。而這就是人們從叔本華身上所留下的東西，這就是例如華格納從他身上所留住的東西：不是他對形而上學的批判，不是「他殘酷的現實感」，不是他的反基督教主義，不是他對於人的平庸之分析，不是他據以指出現象是一種意志之徵兆的方式，而是完全相反，就在他將意志命名為生存意志的同時，他讓它越來越難以被忍受、越來越難以被接受的那種方式……[40]

---

37. 譯註：即叔本華代表著作的名稱：《作為意志和表象的世界》（*Le Monde comme volonté et comme représentation*）。唯本書譯文一般將représentation譯為再現，此處例外。

38. 原註：《超越善惡》，第36節；《權力意志》，第一卷，第216節，以及第三卷，第325節。

39. 原註：《權力意志》，第三卷，第40節。

40. 原註：《歡愉的智慧》，第99節。

6

為意志哲學所樹立的原理

尼采的意志哲學必須取代舊的形上學：它將之摧毀並超越。尼采認為他完成了第一個意志哲學；所有其他的皆是形上學最後的不同變貌。按照他的構想，意志哲學具有兩項原理，它們構成喜悅的信息：意欲＝創造，意志＝喜悅，「我的意志總是作為解放者和喜悅之信使（messagère de joie）而降臨。意欲解放著：此乃意志與自由的真正要義，查拉圖斯特拉係如此教你們」；「意志，解放者和喜悅之信使以這樣的方式稱呼著自己。我的朋友們啊，這就是我要教你們的東西。但是謹記著這一點：意志本身依然受困著。意欲解放著……」[41]——「『但願意欲變成非—意欲（non-vouloir）』，然而我的兄弟們啊，你們知悉這則瘋狂的無稽之談吧！當我教你們『意志是

起創造作用的（créatrice）』時，我將你們遠遠帶離這些陳腔濫調」；「創造一些價值，此乃主宰者的真正權利。」[42]為什麼尼采將創造及喜悅這兩個原理當成查拉圖斯特拉道理中的主旨，當成一支必須既敲打又拔除的鐵錘之兩端呢？這些原理看似籠統或未定，然而如果人們理解它們的批判面向，即它們跟早先關於意志的想法相對立的方式，它們實際上具有極其精確的涵義。尼采說：人們構想權力意志，如同意志意欲著權力，如同權力是意志所意欲的東西；從那時起，人們把權力變成某種被再現的東西；從那時起，對於權力，人們為自己形塑了一種屬於奴隸及無能者的觀念；從那時起，人們根據完全形成的既定價值之授予來評判權力；從那時起，人們構想權力意志時總是不脫一場戰鬥，而這場戰鬥的重要性本身也在於這些既定價值；從那時起，人們將權力意志等同於矛盾及等同於矛盾的痛苦。相對於這個意志之綑綁，尼采宣告意志解放著；相對於意志之痛苦，尼采宣告意志是喜悅的。相對於一種期盼著讓自己被授予既定價值的意象，尼采宣告意志乃是創造新的價值。

---

41. 原註：《查拉圖斯特拉如是說》，第二卷，〈在幸福島上〉；第二卷，〈關於救贖〉。

42. 原註：前引書，第二卷，〈關於救贖〉；《超越善惡》，第261節。

權力意志並不意味著意志意欲著權力。權力意志並不包含任何的擬人化，無論在它的起源中、在它的涵義中、還是在它的本質中皆然。權力意志必須以全然不同的方式來詮釋：權力就是在意志中那個意欲著的東西（*ce qui* veut dans la volonté）。權力就是在意志中發生性的及差異性的元素。這就是為什麼權力意志在本質上是起著創造作用的。這就是為什麼權力絕不跟再現相提並論的原因：它絕不被再現，它甚至不被詮釋或評價，它是「那個」詮釋著的「東西」（« ce qui » interprète），「那個」評價著的「東西」，「那個」意欲著的「東西」。但是它意欲著的東西是什麼？確切地說，它意欲著那個得自發生元素的東西（ce qui dérive de l'élément génétique）。發生元素（權力）決定了力跟力的關係，並且質化了在關係中的力。作為可塑元素，它決定著的同時也決定了自己，它質化著的同時也質化了自己。權力意志所意欲的東西是如此這般的力的關係、是如此這般的力質。還有如此這般的權力的性質：肯定、否定。這個因每個案例而異的複合體形成了一個類型，一些特定的現象則與之相對應著。任何現象都表現著若干力的關係、若干力質和權力的性質、這些性質所具有的若干細微差別，總歸一句，也就是一種力和意欲的類型。我們必須依循尼采的術語說：所有現象都關聯上一個類型，其構成了它的意義及它的價值，但也關聯上權力意志，如同關聯上它的意義之涵義及它

的<u>價值之價值</u>所源自的元素。權力意志就是這樣才在本質上是起創造作用的和起<u>施予作用的</u>（*donatrice*）：它不嚮往著，它不尋求著，它不欲求著，尤其是它不欲求著權力。它施予著（*donner*）：在意志中，權力是某種無法表達的東西（可動的、可變的、可塑的）；在意志中，權力如同「施予著的美德」（la vertu qui donne）；藉由權力，意志本身就是在意義上和價值上的起施予作用的[43]。關於權力意志最終是一還是多重這個問題不該被提出；它顯示出對尼采哲學的一項普遍誤解。權力意志是可塑的、跟每一個它在其中決定自己的案例是不可分的；一如永恆回歸是存有，然而是在生成中得到<u>肯定</u>的存有，權力意志是一，然而是在多重中得到肯定的一。它的統一是多重之統一並且說的只是多重。權力意志之一元論（monisme）跟一種多元論的類型學是劃分不開的。

在意義和價值上起創造作用的元素也必然被界定為批判的元素。力的一種類型不僅意味著一種<u>力質</u>，而且還意味著<u>被</u>

---

43. 原註：《查拉圖斯特拉如是說》，第三卷，〈關於三惡〉：「宰制之欲求（désir de dominer），但誰意欲稱此為一種欲望呢……？哦！誰因此會以它的真名來命名一個這樣的欲望呢？施予著的美德──查拉圖斯特拉從前就是如此稱呼這種表達不出的東西（chose inexprimable）。」

質化的力之間的一種關係。主動的類型不僅指主動力，還指一個階層化的整體（un ensemble hiérarchisé），其中主動力贏過反動力，並且反動力被作用著；反過來，反動的類型指一個整體，當中反動力獲勝，並且將主動力跟其所能分隔開來。正是在這個意義上，類型包含著權力的性質，藉之某些力凌駕在其他力之上。對尼采而言，高的及高貴的指主動力之上位性、這些力跟肯定之間的親和性、它們的上升趨向、它們的輕盈。低下的和卑鄙的表示反動力的勝利，這些力跟否定之間的親和性，它們的沉重或遲滯。然而，許許多多的現象只能被詮釋為反動力所獲得的這種壓倒性勝利之展現。這不就是整個人類現象的情況嗎？有些事物唯有憑藉著反動力及憑藉著它們的勝利才得以存在。有些事物，人們無法說出、感覺到或思考，有些價值，人們無法相信，除非人們受到反動力所左右。尼采更清楚地說：除非人們有著沉重而卑下的靈魂。不只是錯誤而已、不只是愚蠢而已：而是靈魂的某種卑下[44]。這就是為何現在輪到力的類型學及權力意志的學理也無法跟一種批判劃分開來，因為批判才能夠決定價值之系譜學、它們的高貴或卑下。——的確，人們會問，是在何種意義上以及為什麼，高貴比卑鄙「更有價值」（vaut mieux），或高比低更有價值。憑什麼？在我們只從其本身來考量權力意志或者是以抽象的方式（權力意志如同僅被賦予肯定及否定兩種相反性質的東西）來考量權

力意志的情況下，那麼沒有什麼東西能夠回答這個問題。為什麼肯定比否定更有價值呢？[45]我們將看到，唯有藉由永恆回歸的試煉，否則我們得不到答案：那個回返著的東西、那個支撐著回返的東西、那個意欲著回返的東西「更有價值」並且絕對地有價值。然而，永恆回歸的試煉既不讓反動力繼續存在，也不讓給予否定的權力（la puissance de nier）繼續存在。永恆回歸使否定蛻變：它讓沉重成為輕盈的東西，它讓否定過到肯定那一邊，它讓否定成為一種給予肯定的權力。但是確切地說，批判是在這種新的形式之下的否定：破壞變成主動的，攻擊性在深處關聯著肯定。批判是如同喜悅般的破壞，是創造者之攻擊性。價值之創造者跟破壞者、犯罪者、批判者劃分不開：對既定價值的批判，對反動價值的批判，對卑下的批判[46]。

44.　原註：參考尼采對福樓拜（Flaubert）的評語：他發現了愚蠢，但沒有發現它背後的靈魂的低下（《超越善惡》，第218節）。

45.　原註：不可能有預先建立的價值來確立更有價值的東西：參見《權力意志》，第二卷，第530節：「我區分了一種向上的生命類型和一種墮落、腐敗、孱弱的生命類型。人們會相信嗎，這兩種類型之間孰先孰後的問題仍然懸而未決。」

46.　原註：《查拉圖斯特拉如是說》，〈前言〉，第9節：「……破壞者，犯罪者──然而，創造者是他」；第一卷，第15節：「無論誰要創造，總要破壞。」

7

「道德系譜學」計畫

　　《道德系譜學》是尼采寫得最有系統的書。它的價值是雙重的：一方面，它呈現的方式既非如同箴言所組成的一個集體，也不是如同一首詩，而是如同對箴言的詮釋和對詩的評價的一個引介[47]。另一方面，它詳細分析了反動類型、反動力獲勝的方式及它們致勝的原理。第一篇論文處理怨恨，第二篇處理愧疚，第三篇處理禁欲理想：怨恨、愧疚、禁欲理想皆係反動力勝利的樣貌，也是虛無主義的形式。——《道德系譜學》的這種雙重面向，即對於詮釋的一般性引介及具特殊色彩的反動類型分析，並非出於偶然。實際上，如果不是反動力本身的作用，那會是什麼阻礙了詮釋和評價之技藝，那又會是什麼扭曲了系譜並顛倒了階層呢？《道德系譜學》的兩個面向因此

形成了批判。但是批判是什麼、在什麼意義上說哲學是一種批判，凡此猶待分析。

我們知道反動力倚仗著一種虛構而獲勝。它們的勝利總是立足在否定之上，如同立足在某種想像的東西上：它們將主動力跟其所能分隔開來。主動力因此在實在上變成反動的，不過是在一種神祕化之作用下。

1. 從第一篇論文開始，尼采就說怨恨是「一種想像的報復」、「一種本質上精神性的追訴」[48]。更有甚者，怨恨的構成包含了一種謬誤推論（*paralogisme*），對此尼采進行了詳細的分析：力被跟其所能分隔開來的謬誤推論[49]；

2. 第二篇論文一樣也強調愧疚不能跟「精神的和想像的事件」劃分開來[50]。愧疚在天性上係二律背反的（antinomique），表現出一個反對自己的力[51]。在這個意義上，它位在尼采將稱為「被顛倒的世

---

47. 原註：《道德系譜學》，〈前言〉，第8節。
48. 原註：前引書，第一卷，第7及10節。
49. 原註：前引書，第一卷，第13節。
50. 原註：前引書，第二卷，第18節。
51. 原註：同前：「一些自相矛盾的概念，如無私、克己、自我犧牲……它們在精神上所帶來的快感（volupté）跟殘酷具有相同的本質。」

界」（le monde renversé）之源頭上[52]。我們會注意到，尼采基本上樂於強調康德二律背反概念的不足之處：康德既沒弄懂它們的來源，也不了解它們真正的擴展[53]；

3. 禁欲理想最終關聯上最深的神祕化，即理想（l'Idéal）的神祕化，其包含了所有其他的理想、所有道德的和知識的虛構。尼采說，三段論的精巧（Elegantia syllogismi）[54]。這一次，它涉及一個意欲著虛無的意志（une volonté qui veut le néant），「但這至少是、並且始終還是一種意志」[55]。

此處，我們僅試著指出《道德系譜學》的形式結構。如果我們停止繼續認為這三篇論文的組織係出於偶然，我們就必須結論道：尼采在《道德系譜學》中想要重做一次《純粹理性批判》。靈魂之謬誤推論，世界之二律背反，理想之神祕化：尼采認為批判的觀念跟哲學係同一回事，然而康德正是錯過了此一觀念，他並非只是在應用上才損害及糟蹋了這個觀念 而是從原理上便是如此。舍斯托夫[56]樂於在杜斯妥也夫斯基的《地下室手記》中找到真正的《純粹理性批判》。認為康德搞錯了批判，這首先是尼采的看法。不過，在構想及實現真正的批

判這方面，尼采並未假手他人。而這個計畫對哲學歷史具有重要意義；因為它不僅反對它所要抗衡的康德學說，也以激烈對立的方式反對康德的徒子徒孫。在康德之後，從黑格爾到費爾巴哈、再到著名的「批判的批判」（la critique critique），批判變成什麼了呢？係精神、自意識、批判者本身藉此占有事物和思想的一種技藝；或者還有，係人據此重新占有（se réapproprier），據他說，曾被剝奪的規定性（déterminations）的一種技藝：簡而言之，就是辯證法。然而，這個辯證法，這種新的批判，小心翼翼地避免問出先決的問題：誰應該進行批判，誰有條件進行批判？人們跟我們談到理性、精神、自意識、人；但是在所有這些概念中，所涉及的是誰呢？人們沒跟我們說誰是人、誰是精神。精神似乎隱藏了一些敏於跟任何權力——無論是教會還是國家——和解的一些力。當低下之人重新占有低下事物（choses petites）時，當反動的人（l'homme

---

52.　　原註：前引書，第三卷，第14節。

53.　　原註：二律背反之源頭是愧疚（前引書，第二卷）。二律背反以道德與生命之間對立的方式呈現（《權力意志》，第一卷，第304節；《哲學之誕生》，第二卷；《道德系譜學》，第三卷）。

54.　　原註：《道德系譜學》，第三卷，第25節。

55.　　原註：前引書，第三卷，第28節。

56.　　譯註：列夫・舍斯托夫（Léon Chestov, 1866-1938），俄國作家、哲學家，著有《悲劇哲學：杜斯妥也夫斯基與尼采》。

réactif）重新占有反動的規定性時，人們真的相信批判有了重大的進展，相信它正藉此證明了它的主動性？如果人是反動的存有，他基於何種權利能夠進行批判呢？把宗教拿回手上，我們就不再是宗教的人嗎？把神學變成人類學，把人放在神的位置上，我們就消除了最根本的東西、亦即位置（la place）了嗎？所有這些含糊不清的起點皆在康德的批判中[57]。康德的批評未能發現真正主動而能夠進行批判的所司。它在妥協中消耗殆盡：它永遠不會使我們超越那些展現在人身上、在自意識中、在理性中、在道德中、在宗教中的反動力。它甚至產生相反的結果：它使這些力成為某種更加是「我們的」東西。最後，尼采之相對於康德跟馬克思之相對於黑格爾是一樣的：對尼采而言，這涉及重新將批判樹立起來，如同對馬克思而言的辯證法。但是，這種類比遠非將馬克思和尼采拉在一起，反而是使他們更深地分隔開來。因為辯證法正出於原原本本的康德批判中。如果批判本身及首先沒被顛倒的話，也永遠不會產生重新將辯證法樹立起來的需要、永遠也不會在任何方式下產生「做辯證法」的需要。

---

57. 原註：《反基督》，第10節：「在德國人之間，如果我說哲學被神學家的血所腐壞，人們馬上就理解我所說的。新教牧師是德國哲學的祖父，新教本身就是它的原罪（peccatum originale）⋯⋯康德的成功只不過是一種神學家的成功。」

8

尼采與康德：
從原理的觀點來看

康德是第一位將作為批判的批判理解為必須是全面的和正面的（positive）哲學家：日之為全面的，因為「沒有什麼應避開它」。日之為正面的、肯定的，因為當它限制認識之權力（la puissance de connaître）的時候，必然會解放迄今被忽略的其他權力。但是，這麼宏大的一項計畫獲致哪些成果呢？讀者認真地相信，在《純粹理性批判》中，「康德對於神學家教條（神、靈魂、自由、永生）的勝利，打擊了相對應的理想」，甚且我們還能相信康德真的有打擊它的意圖嗎？[58]至於《實踐

58.　　原註：《道德系譜學》，第三卷，第25節。

理性批判》，康德不是打從前面幾頁就承認這根本不是一種批判嗎？康德似乎將批判的正面性（la positivité）跟一種對被批判對象的權利（les droits du critiqué）的謙卑承認混在一起。我們從未見過更具和解色彩的全面批判，也從未見過更持尊重態度的批判。然而，在計畫跟結果間（更有甚者，在一般性的計畫跟特定性的意圖間）的這種對比很容易獲得解釋。康德只不過是將關於批判的一種非常古老的看法推到了極致。他把批判設想成一個只針對關於知識及真理的所有主張的力，但卻不是針對知識本身、不是針對真理本身。就如同一種應該針對所有道德主張的力，但卻不是針對道德本身。自此，全面的批判轉而成了妥協之政治（politique de compromis）：上戰場前，它已經開始劃分著勢力範圍了。它區分出三個理想：「我能夠知道什麼？」、「我應該做什麼？」、「我可以期待什麼？」。它各別地限定著它們，譴責不當的使用和越界，然而每個理想的不可批判性始終不離康德思想的核心，如同果實中的蠕蟲一樣：真正的知識，真正的道德，真正的宗教。在其語言中，康德仍然稱為事實的東西：道德事實、知識事實……康德對於劃定領域之興致終於不受限地展現，其在《判斷力批判》中恣意地揮灑著；我們在其中見識到從一開始我們就知道的東西：康德批判的唯一目標是正當化，它從相信它所批判的東西開始。

這是被宣告的偉大政治（la grande politique）嗎？尼采指

出，「偉大政治」還沒有過。在批判自滿地說「真正的道德嘲笑著道德」的情況下，批判什麼都不是，什麼也都沒說[59]。在它沒有將矛頭指向真理本身、指向真正的知識、指向真正的道德、指向真正的宗教的情況下，批判一事無成[60]。尼采每次譴責美德，他所譴責的並非那些虛假的美德，也不是把美德當成一種面具的那些人。他所譴責的是作為其自身的美德（la vertu elle-même en elle-même）[61]，也就是說：真正美德之低下（petitesse）、真正道德之難以置信的平庸、其真實價值之卑下。「查拉圖斯特拉在此不留任何疑問：他說，那是對於好人、最優秀的人的知識讓他感受到人的可怕；正是從這種反感中在他身上生出了翅膀。」[62]只要我們批判著虛假的道德或虛假的宗教，我們便是可憐的批判者，亦即其崇高（majesté）

---

59. 譯註：「真正的道德嘲笑著道德」意味著有所謂的真正的道德及不是真正道德的道德，這個預設便成為批判不夠根本的障礙。

60. 原註：《歡愉的智慧》，第345節：「那些最洞察入微者……指出並批判在一個民族對其道德所形成的觀念中、在人們針對整個人類道德、其起源、其宗教懲罰、自由意志之偏見等方面所形成的觀念中可能存在的愚蠢，並且他們自認為基於此他們便已經針對這種道德本身進行了批判。」

61. 譯註：指視自己為自在的美德的那種美德。

62. 原註：《瞧！這個人》，第四卷，第5節。

之相反，成了可悲的辯護者。此乃一種治安法官[63]層次的批判。我們批判那些宣稱了什麼的人，譴責那些對領域的越界情況，但是領域本身對我們來說乃不可侵犯的（sacré）。在知識方面，情況也是如此：名符其實的批判不應該針對那種以不可認識的內容為對象的假知識，而是首先要針對可以被認識對象之真正知識[64]。這就是為什麼，在這個領域中及同樣也在其他領域中，尼采認為自己在這個他稱為他的「觀點主義」（perspectivisme）中找到了一種全面批判的唯一可能原理。沒有事實，也沒有道德現象，有的是關於現象的一種道德詮釋[65]。沒有知識之幻象，而是知識本身就是幻象：知識是一種錯誤，更糟的情況它是一種歪曲[66]（這最後一個主張，尼采得自於叔本華。叔本華就是以這樣的方式來詮釋康德思想，在一個跟辯證法家相反的方向上將之徹底改造了。因此，叔本華能夠備妥批判原理：不過他在道德上被羈絆住，這是他的弱點）。

---

63. 譯註：治安司法所（justice de paix）設置於一七九〇年至一九五八年間，每區（canton）設置一所，由治安法官（juge de paix）負責，處理最基層的司法問題及紛爭。

64. 原註：《權力意志》，第一卷，第189節。

65. 原註：前引書，第二卷，第550節。

66. 原註：前引書，第一、二卷（參考：知識被定義成「變得組織性的〔organique〕及被組織的〔organisée〕錯誤」）。

9

批判之實現

　　在《純粹理性批判》中，康德之天才係構思了一種內在性批判（une critique immanente）。批判不應該是一個透過感受、透過經驗、透過任何一個外部所司來進行的理性批判。而被批判對象也並不在理性之外：我們不應該在理性中尋找一些來自別處——如身體、感官或激情——的錯誤，而是一些來自如此這般的理性的幻象。然而，落在這兩項要求之間，康德得出結論，批判必須是由理性本身所做的一種對於理性的批判。這不是康德式的矛盾嗎？讓理性同時成為法庭和被告，將其作為法官和訴訟的當事人，審判著的及被審判的[67]。——

67.　　原註：前引書，第一卷，第185節。

康德缺乏一種方法，既允許從內部評判理性，又不同時交付它做自己法官的任務。而且，實際上，康德沒有實現他的內在性批判計劃。超驗哲學發現若干條件（conditions）依然處於被條件限定對象（le conditionné）之外。超驗原理是條件限定作用（conditionnement）的原理，而不是內在發生（genèse interne）的原理。我們要求理性本身的發生，而且也要求知性（entendement）及其範疇的發生：理性的和知性的力是哪些呢？藏身及展現在理性中的意志是哪個？在理性後頭、在理性本身中存在著的是誰？仰賴著權力意志及從中得出的方法，尼采掌握到一種內在發生之原理。當我們拿權力意志跟超驗原理進行比較時，當我們拿權力意志中的虛無主義跟一個先驗結構（une structure *a priori*）進行比較時，我們首先想指出它們跟一些心理的規定性間的差異。剩下的是，在尼采那兒，原理從來不是超驗的原理；它們正是被系譜學所取代了。只有作為發生的和系譜的原理、作為立法的原理的權力意志才有辦法實現內在批判。只有它才能使一種蛻變成為可能。

在尼采那兒，哲學家—立法者（le *philosophe-législateur*）以未來哲學家的姿態登場；立法意味著價值創造。「真正的哲學家是那些命令著及立法著的哲學家。」[68]尼采的啟發激勵了舍斯托夫令人讚賞的文本：「對我們來說，所有真理皆來自服從（le *parere*），甚至是形上學的真理。然而，形上學真

理的唯一來源是命令（le jubere）[69]，在人不參與命令的情況下，形上學在他們看來是不可能的」；「希臘人感覺到對所有出現事物的臣服、服從式接受，對人遮掩了真正的存有。為了觸及真正的現實，就必須將自己視為世界的主人（le maître du monde），就必須學習命令及創造……就在充足理由闕如之處，以及根據我們所見，就在任何思考之可能性止步之處，他們看到了形上學真理的開始。」[70]——我們並不是說哲學家必須在其業務中添上這項立法者的業務，理由是他最有資格這麼做，宛如他向智慧俯首這一點賜予了他發現最佳可能法則的資格，而眾人則應該向這些法則俯首。我們要說的完全是另一回事：哲學家作為哲學家，他不是智者，哲學家作為哲學家，他不再服從，他用命令取代舊智慧，他打破舊價值並創造新價值，從這個意義上，整個他的學問都是<u>起立法作用的</u>（législatrice）。「對他來說，知識就是創造，他的作品即立法，他的真理意志就是權力意志。」[71]然而，設若這種關於哲

68.　　原註：《超越善惡》，第211節；《權力意志》，第四卷，第104節。

69.　　譯註：parere及jubere皆為拉丁文動詞，分別有服從及命令的意思。

70.　　原註：舍斯托夫，《思想的第二向度》（*La seconde dimension de la pensée*），NRF出版，1932年。

71.　　原註：《超越善惡》，第211節。

學家的觀念確實具有前蘇格拉底的根源，然而它在現代世界中的復起似乎是跟康德有關並且是批判的。用*jubere*取代*parere*：這難道不是哥白尼革命的本質，以及批判對於古老智慧、教條的或神學的臣服的反抗方式嗎？起立法作用的哲學作為哲學的觀念，這確實補足了內在批判作為批判的觀念：憑藉著二者，它們共同形成了康德思想的主要貢獻，即在起解放作用上所帶來的貢獻。

但是，這裡也一樣，我們必須問，康德是以哪種方式來理解他的哲學—立法觀念。尼采為什麼在他看似接棒並發展康德觀念之際卻將康德歸入「哲學工人」之列，也就是說那些自滿於清點現行價值的人，未來哲學家之對立面[72]？實際上，對於康德來說，那個（在某個領域中）起立法作用的東西始終是我們的能力（facultés）之一：知性、理性。我們本身是立法者，僅就我們遵循著對這種能力予以正確使用的情況下，並且僅就我們對其他能力訂定一項本身跟此一正確使用相符合的任務的情況下。我們是立法者，僅就我們以如同服從我們自己的方式服從著我們諸能力之一的情況下。但是，在這樣的能力下我們所服從的是誰、在這樣的能力中我們所服從的是哪些力呢？知性、理性有著漫長的歷史：它們構成了那些當我們不再想服從任何人時讓我們仍然服從的所司。當我們停止服從神、國家、我們的父母的時候，理性降臨了，它說服我們繼續順從，因為

它告訴我們：是你在命令著。理性代表著我們的奴隸性和臣服性，如同也代表著程度相當的優越性，其讓我們成為理性的存有。在實踐理性的名目下，「康德特別發明了一種理性，以迎合那些人們不需要顧及理性的情況，也就是說當事關感情的需求、道德及義務的時候。」[73]最後，在康德著名的立法者和臣民之統一中隱藏著的是什麼？除了一套革新的神學，即符合新教口味的神學之外，別無其他：人們在我們肩頭加上牧師和信徒、立法者和臣民的雙重工作。康德的夢想：並非去除感覺和超越感覺兩個世界之區別，而是要確保兩個世界中位格性之統一（*l'unité du personnel*）。相同的人作為立法者和臣民、作為主體和客體、作為本體（noumène）和現象、作為牧師和信徒。這種協調是神學上的成功：「康德的成功只是一種神學家的成功。」[74]人們相信藉著將牧師和立法者安置在我們身上，我們最起碼也就不再是信徒和臣民了嗎？此一立法者和此一牧師行使著神職、立法、既定價值的再現；他們所做的只是內化現行價值。在康德那兒，能力的正確使用跟這些既定價值奇特地吻合著：真的知識、真的道德、真的宗教……

---

72. 原註：同前。
73. 原註：《權力意志》，第一卷，第78節。——類似段落，《反基督》，第12節。
74. 原註：《反基督》，第10節。

10

尼采與康德：
從結論的觀點來看

如果我們總結一下尼采的批判想法跟康德想法之間的對比，我們發現其落在五個要點上：

1. 不是超驗原理（它們係對所謂的事實而言的一些單純條件），而是<u>發生的和可塑的原理</u>（它們讓各種信念、詮釋方式及評價方式之意義及價值獲得說明）；

2. 不是一種因為它只服從理性便認為自己起著立法作用的思想，而是一種思想，<u>其違逆理性地思考</u>（qui pense *contre* la raison）：「成為理性的（être raisonnable），此乃永不可能的。」[75]只要

人們以為非理性主義（l'irrationalisme）係透過思想之外的東西——給定內容之權利（les droits du donné）、人心、感受、善變或激情之權利——來反對理性，那麼人們便對非理性主義有了嚴重的誤解。在非理性主義中，所涉及的不是思想之外的其他東西、不是思考之外的其他東西。人們用來對抗理性的東西是思想本身；人們用來反對理性存有的東西是思想家本身[76]。因為理性為了自身考量而接納並表達了那個讓思想臣服的東西（ce qui soumet la pensée）之權利，所以思想重新贏得其權利並讓自己違逆理性地起著立法作用：擲骰子，這就是擲骰子的意義；

3. 不是康德的立法者，而是系譜學家。康德的立法者是一位法庭的法官，是一位同時監督著領域的

75. 原註：《查拉圖斯特拉如是說》。

76. 原註：參見「不合時宜的思考」系列第一卷《大衛・史特勞斯》（*David Strauss*），第1節；第三卷，《教育家叔本華》，第1節：個人思想家（penseur privé）和公共思想家（penseur public）的對立（公共思想家是一個「有教養的俗人」、理性之代表）。——類似主題也出現在齊克果、費爾巴哈、舍斯托夫的思想中。

劃分和既定價值之分配的治安法官。系譜的靈感跟司法的靈感相對立。系譜學家是真正的立法者。系譜學家有點預言者（devin）的味道，是未來之哲學家。他向我們宣告的不是一種批判的和睦（une paix critique），而是一些我們未知的戰爭[77]。對他來說一樣，思考也是判斷（juger），只不過判斷是評價和詮釋，是創造價值。判斷的問題變成了關於正當的問題、關於階層的問題；

4. 不是理性的存有，不是現行價值之公務員，不是同時的牧師和信徒、立法者和臣民、戰勝的奴隸和戰敗的奴隸，不是為自身服務的反動的人。但是這樣的話，誰進行批判呢？批判的觀點是哪一種？批判的所司不是已經完滿實現的人（l'homme réalisé），也不是人的任何被昇華的形式（forme sublimée），如精神、理性、自意識。既不是神，也不是人，因為在人跟神之間尚未有足夠的差異，兩者太容易互取對方位置。批判的所司是權力意志，批判的觀點是權力意志的觀點。但是在哪一種形式下？不是超人，超人係批判本身正面的產物。而是有一個「相對地超人類的類型」（un type relativement surhumain）[78]：這正是批判

的類型，是人，在他意欲著被超越、被克服的情
況下……「你們可以將自己轉變成超人之父親和
祖先：願這是你們最好的成就」[79]；

5. 批判之目的：不是人或理性之終結，而是總算到
來的超人，被克服、被超越的人。在批判中，
所涉及的不是正當化，而是以其他的方式感覺
（sentir autrement）：另一種感性。

77.　　原註：《瞧！這個人》，第四卷，第1節。

78.　　原註：同前，第5節。

79.　　原註：《查拉圖斯特拉如是說》，第二卷，〈在幸福島上〉。

11

真理之概念

「真理一直被當成本質、**神**、至高所司而提出……但是真理之意志欠缺一種批判。──讓我們如此界定我們的任務：我們必須一勞永逸地質疑真理的價值。」[80]正是基於此，康德可謂是古典哲學家中的最後一位：他從不質疑真理之價值，也從未質疑我們的對真（le vrai）臣服之理由。在這方面，他跟其他人一樣教條。他和其他人都沒有問：誰探求著真理？也就是說：那個探求著真理的人，他意欲著什麼？他的類型是哪一種，他的權力意志是哪一種？對於哲學的這種不足，讓我們試圖理解其本質。所有的人都知道，在事實上（en fait），人很少探求真理：我們的利益還有我們的愚蠢，使我們跟真分隔開來，更甚於跟我們的錯誤。但是哲學家宣稱，思想作為思想探

求著真,它「在法理上」(en droit)喜愛著真,它「在法理上」意欲著真。藉著在思想跟真理之間建立一種法理的連結(un lien de droit),藉著如此將一位純粹的思想家之意志關聯上真理,哲學便避免了將真理關聯上一種具體的並可能才是它自己的意志、一種力之類型、一種權力意志之性質。尼采在問題被提出之處接受了問題:對他而言,這並不涉及質疑真理的意志,這並不涉及再一次提醒著人在事實上並不喜愛真理。尼采問,真理作為概念意味著什麼,這個概念在法理上預設了哪些被質化的力及哪種被質化的意志。尼采並不批判對於真理所提出的各種虛假主張,而是批判真理本身及真理作為理想這個東西。遵循著尼采的方法,便需要戲劇化真理的概念。「這個依然誘使著我們蹈入許多危難的真之意志(la volonté du vrai),這個所有的哲學家始終帶著敬意談論著、大名鼎鼎的真確性(véracité),除了對我們造成問題之外,別無其他!……在我們身上那個意欲找到真理的東西是什麼?實際上,在這個意欲起源的問題面前,我們耽擱了良久的時間,並且最終我們完全裹足在一個還要更加根本的問題之前。假如說

80.　　　原註:《道德系譜學》,第三卷,第24節。

我們意欲著真，然而為何不是寧可意欲著非真（le non-vrai）
呢？或意欲著不確定呢？或甚至意欲著無知呢？……人們會相
信嗎？在我們看來，說到底，這個問題直到現在從來沒被提出
過，而我們是第一個看到它、考量它、敢問它的人。」[81]

　　真理的概念將一個世界描述為真確的（véridique）。即
使在科學中，現象之真理也形成了一個跟現象世界有別的
「世界」。然而，一個真確的世界假設了一個真確的人（un
homme véridique），它關聯上他，就如同關聯上它的中心一
樣[82]。——這個真確的人是誰？他意欲著什麼？第一種假定：
他意欲不被騙、不讓自己被騙。因為「被騙是有害的、危險
的、致命的。」然而這樣的一種假定預設了世界本身已經是真
確的。因為在一個徹底虛假的世界中，不讓自己被騙的意志變
成了有害、危險和致命的東西。實際上，真理之意志必須自己
形成，「即便不惜任何代價所追求的真理之危險及無用」。因
此，剩下另一種假定：我意欲著真理意味著我不意欲著欺騙，
而「我不意欲著欺騙，作為一種特殊狀況的方式，包含了我不
意欲著自己欺騙自己。」[83] ——如果有人意欲著真理，那不是
出於世界是什麼，而是出於世界不是什麼。「生命力求誤導、
愚弄、掩飾、迷惑、使人盲目」，人們如此認為。但是，那個
意欲著真的人首先意欲貶低這種高度的虛假權力（cette haute
puissance du faux）：他使生命成為一種「錯誤」，他使這個世

界成為「外觀」。因此，他以知識來反對生命，他以另一個世界來反對世界，一個彼岸—世界（un outre-monde），確切地說是真確的世界。真確的世界跟這種意志是劃分不開的，也就是將這個此岸—世界（ce monde-ci）當作外觀的一種意志。由此，知識跟生命的對立、彼岸世界跟此岸世界之區別才揭示了它們的真實特質：這是一種道德源起的區別，一種道德源起的對立。不意欲著欺騙的人意欲著一個更好的世界和一個更好的生命；所有舉著不欺騙旗幟的理由都是道德的理由。我們總是跟那種意欲著真的人所持的美德論（le vertuisme）相抵觸：他愛不釋手的事情之一就是劃分錯誤，他究責，他論罪，他控訴及審判生命，他譴責外觀。「我已經意識到，在整個哲學中，道德的（或不道德的）意圖構成了整株植物誕生於其中的真正胚芽……因此，我不相信存在著一種知識的本能，其係哲學之父。」[84]——但是，這種道德的對立本身只是一個徵兆。那個意欲著另一個世界、另一種生命的人意欲著某種更深層的東

81. 原註：《超越善惡》，第1節。
82. 原註：《權力意志》，第一卷，第107節：「要想像一個真及存有之世界，首先便必須創造一個誠實的人（包括他相信自己是誠實的這個事實）。」
83. 原註：《歡愉的智慧》，第344節。
84. 原註：《超越善惡》，第6節。

西：「生命對抗生命」[85]。他意欲生命變成具有美德的，他意欲它自我矯正及矯正外觀，他意欲它充作通往另一個世界的過道。他意欲生命自我否定並反對自己：「試圖以力枯竭力」。[86]如此，道德對立的背後浮現出屬於另一個種類的矛盾，即宗教或禁欲的矛盾。

從思辨的立場到道德的對立，從道德的對立到禁欲的矛盾……但是，禁欲主義同樣也是一個必須加以詮釋的徵兆。禁欲理想的人，他意欲著什麼呢？否定生命的人仍然是意欲著一種被縮小生命的人、意欲著他的退化的及被縮小的生命、意欲著他的類型的保存、更有甚者意欲著他的類型所具有的權力及勝利、意欲著反動力的勝利及它們的感染作用。在此處，反動力找到了它們那令人不安的盟友，其帶領著它們邁向勝利：虛無主義、虛無意志[87]。虛無意志不支持生命，除非在它的反動形式下。它把反動力當成手段來利用，藉此生命必須自我矛盾、自我否定、自我毀滅（s'anéantir）。虛無意志從一開始便鼓吹著人們所謂「高於」生命的所有價值。而這就是叔本華所犯的最大錯誤：他以為在高於生命的價值中意志會自我否定。實際上，意志並沒有在高等價值（valeurs supérieures）中自我否定，而是高等價值關聯上一種否定生命、毀滅生命的意志。這種否定意志界定了高等價值之「價值」。它的武器：將生命推向反動力的宰制之下，以這樣的方式，整個生命跟其所能分

隔開來、越形縮小，總是越走越遠，「……趨向虛無，趨向它的虛無的痛苦感受」[88]。虛無意志與反動力乃是禁欲理想的兩個組成元素。

　　如此，詮釋透過在三處──知識、道德和宗教──挖掘而有所發現：作為高於生命的價值的真、善及神性（le divin）。三者皆相互連貫著：禁欲理想是第三時刻，但同時也是其他二者的意義與價值。因此，人們易於劃分三者的影響範圍，人們甚至可以用任一時刻來反對其他時刻。作為一種不會危害誰的精細發展（raffinement），禁欲理想在其中始終無所不在，以不同的濃度占據著所有的領域。誰能夠相信知識、科學、甚至是自由思想家的科學、「不惜任何代價追求的真理」會危害禁欲理想呢？「當精神心懷嚴肅、充滿精力和秉持正直地從事著其工作，那麼它跟理想便絕對沒啥兒瓜葛……：除了它意欲著真理。但是這個意志，如果人們願意相信我的看法，這個理想的殘餘就是在其最嚴厲的、最精神化的、最純然深奧的、剝除了一切外在包裹而最赤裸裸的禁欲理想本身。」[89]

85.　　原註：《道德系譜學》，第三卷，第13節。
86.　　原註：前引書，第三卷，第11節。
87.　　原註：前引書，第三卷，第13節。
88.　　原註：前引書，第三卷，第25節。
89.　　原註：前引書，第三卷，第27節。

12
知識、道德及宗教

　　儘管如此，也許有一個理由讓人們喜歡區別知識、道德和宗教，甚至讓它們相互對立。我們稍早從真理<u>上溯</u>（remonter）到禁欲理想，目的是發現真理概念的起源。現在讓我們先將〔由下而上的〕<u>系譜學</u>暫時擱在一旁，更去關注〔由上而下的〕<u>演進</u>（évolution）的問題：我們從禁欲或宗教理想重新<u>下降</u>（redescendre），一直到真理意志上。於是我們必然會清楚看到道德取代了宗教成了教條，而科學取代道德的程度也越來越高。「作為教條的基督教已經被它自己的道德所破壞」；「戰勝了基督教的**神**的是基督教道德本身」；或「到最後，<u>真理之本能</u>（l'instinct de vérité）最終阻絕了信仰**神**的謊言」[90]。今日，對一位信徒甚至是一位牧師而言，有些事情

不再能被說或思考。唯獨幾個主教或教宗還可以：神性的天意和仁慈、神性的理性、神性的目的，「凡此乃一些思考方式，在今日已然過時，並且面臨著我們道德良知（conscience）之聲的反對」，它們是不道德的[91]。宗教通常需要一些自由思想家，以便存留下來並接納一套獲得調整的形式。道德係宗教的延續，唯憑藉著不同的手段；知識乃道德和宗教的延續，唯憑藉著不同的手段。禁欲理想無處不在，但手段則變換著，它們可不是相同的反動力。這就是為什麼人們如此有意地將批判跟不同反動力之間的算帳（règlement de compte）相混淆。

「作為教條的基督教已經被它自己的道德所摧毀……」但是尼采加上：「如此，作為道德的基督教也應當走向破敗。」他想說的是真理意志應當以道德乃宗教之破敗相同的方式而意味著道德之破敗嗎？其意義應該不大：因為真理意志依然出於禁欲理想，其方式也始終是基督教的方式。尼采要求別的東西：一種理想的改變，另一種理想，「以其他的方式感覺」。但是，這種改變在現代世界中如何可能呢？就我們問禁欲的和宗教的理想是什麼的情況下，就我們對此理想本身提出這個

90.　　原註：前引書，第三卷，第27節；《歡愉的智慧》，第357節。
91.　　原註：《道德系譜學》，第三卷，第27節。

問題的情況下，道德或美德就挺身而出，以代替它回答。美德說：你們所攻擊的東西是我本身，因為我負責禁欲理想；在宗教中，有壞的部分，但也有好的部分；我承接了這個好的部分，是我意欲著這個好的部分。而當我們問：但這美德，它是什麼呢？它意欲著什麼呢？相同的故事再度開始。是真理親自挺身而出，真理說：那是我意欲著美德，我替美德回答。它是我的母親及我的目標。如果我不通向美德，那麼我什麼都不是。然而，誰將否定我是某個東西呢？──從真理到道德、從道德到宗教，那些我們所經歷的系譜階段，人們聲稱我們以演進為託辭讓這些階段以頭尾顛倒的方式快速地重新下降。美德為宗教回答，真理為美德回答。那麼只要延伸〔這個〕運動就夠了。〔然而〕如果我們沒有重新找到我們的起點（其也是我們的彈跳板）的話，人們不會為我們讓這些層級重新下降：〔這個起點就是〕真理本身並不是不可批判的，也不是神性的權利，批判必須批判真理本身。「基督教的真理之本能，從一段推演到另一段推演，從一個停頓到另一個停頓，最終將抵達它最可怕的推演，抵達它反對自身的停頓；但這個停頓將到來，當它自問：真理意志意味著什麼？而在這裡，我總算回到我的問題上，哦，我未知的朋友們（因為我還不認識任何朋友）：整個生命的意義對我們來說是什麼，如果不是在我們身上這個真理意志意識到它本身作為一個問題？一旦意識到

它自身，真理意志將毫無疑問地意味著道德之死（la mort de la morale）：這裡是預留給歐洲歷史接下來的兩個世紀由上百劇幕所構成的偉大表演，係一場在所有人之間驚心動魄的表演，但或許也是在滋生美好願望上養分富饒的表演。」[92]在這段相當嚴謹的文本中，每個詞語都經過斟酌。「從推演到推演」、「從停頓到停頓」意味著是下降的層級：從禁欲理想到它的道德形式，從道德良知到它的思辨形式。但是「最可怕的推演」、「反對自身的停頓」的意思是：在真理意志之後，禁欲理想不再有藏身之處、不再有什麼人可以代替它回答。只需繼續進行推演，只需下降到人們不意欲讓我們下降到的更遠之處。此時，禁欲理想被迫現身、卸下面具、不再掌握著任何人物來扮演其角色。不再有道德人物，不再有博學人物。我們回到我們的問題上，但同時我們身處一個以上溯為導向的時刻：以其他的方式感覺、改變理想的時刻。因此，尼采無意說真理之理想必須取代禁欲的甚至道德的理想；相反地，他說，對真理意志的質問（它的詮釋和它的評價）必須阻止禁欲理想讓自己被其他的理想所接替，它們在不同的形式下延續著它。當我們在真理意志中譴責禁欲理想之恆在時，我們便從這個理想中

92.　　原註：同前。

撤消了其恆在的條件或它最後的喬裝。從這個意義上講，我們也是「真確的人」（les véridiques）或「知識的探求者」[93]。但是我們並不讓禁欲理想被接替，我們不讓任何東西靠著這個位置本身繼續存在，我們意欲著燒掉這個位置，我們意欲著另一個位置上的另一個理想，另一個認識的方式，另一個真理的概念，也就是說，一種真理並不將自己預設在一種求真之意志（une volonté du vrai）中，而是假設著一個完全不同的意志。

93.　　原註：「我們這些知識的尋求者」。同樣地，在一種跟早先不同的意義上，尼采會說，主人皆係「真確的」人：《道德系譜學》，第一卷，第5節。

13

思想與生命

　　尼采經常批評知識對立於生命、度量著和審判著生命、把自己當成目的的種種意圖。在《希臘悲劇之起源》中，尼采已經是在這種形式之下談蘇格拉底的顛倒。而尼采不停說：原本是從屬於生命的簡單手段，知識卻以目的、法官、至上權威自居[94]。但是，我們必須評價這些文本的重要性：知識與生命的對立、知識藉以讓自己成為生命之法官的操作，皆係徵兆並只是徵兆而已。知識對立於生命，然而是因為它展現著一種跟生命相矛盾的生命，一種反動生命，這種反動生命在知識本身當

94.　　原註：《權力意志》，第一、二卷。

中找到了一種保存其類型並使之獲勝的手段。（如此，知識給了生命一些法則，其令生命跟其所能分隔開來，其避免它行動並禁止它行動，讓它維持在可科學觀察的反動作用之狹窄框架內：幾乎就像在動物園中的動物。但是，這種度量著、限制著和模塑著生命的知識，完全建立在反動生命之模型上、在反動生命之界限中）。——因此，我們不訝異於尼采其他的文本會更為複雜，不止於徵兆上並深入在詮釋中。此時，尼采指責知識，不再是針對它把自己當目的，而是針對它把思想變成服務生命的一種簡單手段。尼采有時會指責蘇格拉底，不再是針對讓生命服務知識，而是相反地針對讓思想服務生命。「在蘇格拉底那兒，思想服務著生命，而在所有早先的哲學家身上，生命服務著思想。」[95]如果人們可以先有感於「生命」一詞的不同細微差異，那麼在這兩種文本之間便不會看到任何矛盾了：當蘇格拉底讓生命為知識服務時，我們必須理解到整個生命藉此變成反動的；但是當他讓思想為生命服務時，人們必須特別理解到這個反動生命，它變成整個生命及思想本身的模式。而如果人們注意到「知識」和「思想」之間的差異，那麼人們在兩種文本之間所看到的矛盾還會更少一些。（這裡不也是有著一個康德所談的主題，卻受到徹底的轉變並轉向反對康德嗎？）

當知識讓自己成為起立法作用的的時候，思想是最大的

臣服者。知識是思想本身，不過係臣服於理性及在理性中表現著的一切（tout ce qui s'exprime dans la raison）的那種思想。知識本能因此是思想，不過係被反動力所控制或征服並跟反動力關聯起來的那種思想。因為理性知識對生命所設定的界限，但也是理性生命對思想所設定的界限，都是相同的界限；生命臣服於知識之時，同時也是思想臣服於生命之時。無論如何，理性有時勸阻我們，有時阻止我們越過某些界限：因為這是無用的（知識在此為了預測），因為這可能是壞的（生命在此為了是美德的），因為這是不可能的（在真之背後，沒有什麼可看或可思考）[96]。——但此時，批判——被構想為一種對知識本身的批判——難道不會表現出一些能夠帶給思想另一種意義的新的力嗎？一種貫徹生命之所能的思想，一種帶領生命貫徹其所能的思想。一種肯定著生命的思想，而非一種對立於生命的知識。生命會是思想的主動力，而思想則是生命的肯定權力。在一種前所未有的創造的努力中，兩者將朝著相同方向前進，

95.　　原註：《哲學之誕生》。

96.　　原註：在《希臘悲劇之起源》中，阿波羅已經顯現在這種形式之下了：祂在個體周圍圈上了界限，「然後，在祂關於自我認識和把持分寸的告誡中，祂不斷地提醒他們〔這些界限〕，如同普遍的及神性的法則。」（《希臘悲劇之起源》，第9節）。

互相牽引，並且打破界限，你一步、我一步。思考將意味著：發現、發明生命之新可能。「有一些生命，當中的困難極大；此乃思想家的生命。我們必須聽聽關於他們的種種，因為人們從中發現了生命的一些可能性，這方面獨一無二的故事可以帶給我們喜悅和力，並將光亮傾注在他們追隨者的生命上。如同在那些偉大航海家旅程中的情況，這當中也有著程度相當的發明、思索、勇敢、絕望及希望；並且事實上，這些也確實是在生命最遠的和最危險的領域中的探索之旅。這些生命讓人驚訝之處，在於朝向兩個相反方向拉扯的兩個敵對本能，似乎被迫共負一軛前行：追求知識的本能不斷迫使人放棄習慣生活的土地並投身於不確定中，而意欲生命的本能發現自己不斷被迫摸索著一個可落腳的新地點。」[97]換句話說：生命超越了知識為它所設定的界限，而思想超越了生命給它設定的界限。思想不再是一種理性（une *ratio*），生命不再是一種反動。如此，思想家表現出思想與生命之間美妙的親和性：生命使思想成為某種主動的東西，思想使生命成為某種肯定的東西。在尼采那兒，這種普遍的親和性不僅顯現為最具代表性的前蘇格拉底的祕密，而且也顯現為藝術之本質。

97.　　　原註：《哲學之誕生》。

14

藝術

　　尼采關於藝術的想法是一種<u>悲劇的想法</u>。它立足在兩項原理上，必須視之為非常古老的原理，但同時也是未來的原理。首先，藝術是一種「無利害的」（désintéressée）操作之對立物：它不治癒、不安撫、不昇華、不<u>去利害</u>（désintéresser）、不「中止」欲望、本能、意志。相反地，藝術是「權力意志之<u>刺激物</u>」（stimulant de la volonté de puissance）、「意欲之<u>興奮劑</u>」（excitant du vouloir）。我們可以很容易地把握到這一原理的批判意義：它譴責關於藝術的任何反動想法。當亞里斯多德將希臘悲劇理解為醫療上的淨化（purgation médicale）或道德上的昇華時，他賦予它一個<u>利害性</u>（intérêt），然而那是一種跟反動力的利害性交融在一起的利害性。當康德將美（le beau）跟所有的利害性區分開來、甚至道德也不例外時，他仍然是從一個觀者之反應（les réactions d'un spectateur）的角度出發，唯這是一位對美僅有一種無利害的眼光並且越來越不具才華的觀者。當叔本華發展自己的無利害理論時，根據他自己的吐露，他一般化了一項個人經驗，即一位年輕人的經驗，對之藝術（如同對於其他人來說的運動）產生了性欲鎮定的作用[98]。尼采所問的問題比起任何時候都更形重要：誰以無利害的方式看美？藝術始終從觀者的角度受到判斷，並且是從一個離藝術家越來越遠的觀者的角度。尼采呼籲一種創造之美學，即畢馬龍[99]的美學。但是，正是從這個新的角度，為什麼藝術會以作為權力意志刺激物的方式出現呢？為什麼不需要動機、目標、也不需要再現的權力意志會需要一種興奮劑呢？這是因為，除非它跟主動力、跟一個主動生命關聯起來，否則它無法表現為肯定的（se poser comme affirmative）權力意志。肯定係一種預設著主動生命為其條件及其伴隨物（concomitant）的思想之產物。根據尼采的看法，人們尚未了解一位藝術家的生命意味著什麼：這種生命之主動性充作對於包含在藝術作品本身中的肯定（l'affirmation contenue dans l'oeuvre d'art elle-même）的刺激物，〔這種肯定也就是〕藝術家作為藝術家的權力意志。

藝術的第二項原理的內容如下：藝術是最高的虛假權力，它頌揚著「作為錯誤的世界」（le monde en tant qu'erreur），

它使謊言變得聖潔，它讓欺騙意志（volonté de tromper）成為一個高等理想[100]。第二項原理在某種方式上帶來了第一個原理之逆反（la réciproque）；那個在生命中係主動的的東西（ce qui est actif dans la vie）唯有在關聯上一個更深的肯定時才被實行。生命的主動性就像是一種虛假權力，愚弄、掩飾、迷惑、誘惑。但是為了被實行，這種虛假權力必須被選擇、被增強（redoublée）或被重複，因此被提升到一個更高的權力。虛假權力必須一直被提高到一種欺騙意志（une volonté de tromper）的層次，這是唯一具有能力可以跟禁欲理想相抗衡並成功反對這種理想的藝術家意志（volonté artiste）[101]。確切地說，藝

---

98. 原註：《道德系譜學》，第三卷，第6節。

99. 譯註：畢馬龍（Pygmalion）是希臘神話中的一位雕刻家，他根據心中理想的女性形象，創作出一件雕塑作品，取名為伽拉忒亞（Galatée），並愛上了它，愛神相當同情，便賦予這件雕塑生命。

100. 原註：《浪跡者及其影子》，〈前言草案〉，第6節：「在意涵上如此豐富、如此深刻、如此美妙的不是作為物自身（chose en soi）的世界（這個世界是空的，沒有意義，值得一陣荷馬之笑！），而是作為錯誤的世界（le monde en tant qu'erreur）。」—《權力意志》，第一卷，第453節：「藝術被賜予我們，好讓我們避免死於真理。」—《道德系譜學》，第三卷，第25節：「藝術——其恰好使謊言成聖，並且將欺騙的意志置於良知的一邊——從原理上講比科學更對立於禁欲理想。」

101. 原註：《道德系譜學》，第三卷，第25節。

術發明了謊言，這些謊言將虛假提升到這種更高的肯定權力的層次，藝術讓欺騙意志成為某種在<u>虛假權力</u>中得到肯定的東西。對於藝術家來說，外觀不再意味著在這個世界中對於實在的否定（la négation du réel），而是這種選擇、這種修改（correction）、這種增強、這種肯定[102]。因此，真理可能獲得了一種新的涵義。真理就是外觀。真理意味著權力之<u>實行</u>、邁向最高權力的提升。在尼采那兒，我們這些藝術家＝我們這些知識或真理的探求者＝我們這些生命的新可能性的發明者。

102.　　原註：《偶像的黃昏》，〈在哲學中的理性〉（La raison dans la philosophie），第6節：「在此處，外觀意味著被重複的現實（la réalité répétée），再一次地，不過是在一種選擇、增強、修改的形式之下。悲劇藝術家不是一位悲觀主義者，他對一切有問題的及可怕的東西皆說<u>是</u>，他係戴奧尼索斯的門人。」

15

思想之新形象

關於思想的教條形象顯現在三項基本論點上：

1. 人們告訴我們，思想家作為思想家意欲著並喜愛
   著<u>真</u>（思想家之<u>真</u>確性）；思想作為思想明確包
   含著<u>真</u>（觀念之天賦性〔innéité〕、概念之先驗
   性）；思考是一種能力的自然運作，因此只需要
   「真正地」（vraiment）思考，便得以不失真理
   地思考（penser avec vérité）（思想之先天權利、
   受到普遍分享的道理〔bon sens〕）；

2. 人們還告訴我們，我們偏離了<u>真</u>，不過是由於外
   於思想的力所致（身體、激情、相當程度的利害

關係）。因為我們並不單純只是會思考的存有（êtres pensants），我們也會陷入錯誤中，我們會把虛假當真。錯誤：這便是在如此這般的思想中，跟思想相對立的各種外在力的唯一作用；

3. 最終，人們告訴我們，只需要一種方法就可以正確思考、真正地思考。方法是一種人為的東西（un artifice），但是憑藉著它，我們可以重新觸及思想的本性，我們可以依附於這個本性而避免各種扭曲本性及讓我們有所偏離的外在力的作用。藉著方法，我們可以避免錯誤。時辰和地點無關緊要，如果我們應用這個方法：它將讓我們進入到「那個在任何時間、在任何地方皆有效的」領域。

在這種思想形象中，最讓人好奇的是，在其方式中，真被構想成一個普遍的抽象（un universel abstrait）。人們從不參照一些造就思想的實在的力（forces réelles），人們從不將思想本身關聯上它作為思想所假設的實在的力。人們從不將真關聯上它所預設的東西。然而，並沒有任何真理在其成為一種真理之前不是某種意義之實行（effectuation）或某種價值之實現（réalisation）。真理作為概念是全然未被決定的。一切都

取決於我們所思考的東西的價值及意義。關於各種真理，我們所擁有的，始終是相應於我們所構想的東西之意義、相應於我們所相信的東西之價值，從而為我們所應得的那些真理。因為一個可被思考到的或已被思考到的意義（un sens pensable ou pensé）總是被實行的（effectué），就在思想中跟它相應的力（les forces qui lui correspondent dans la pensée）在思想外也控制著什麼、占有著什麼的情況下。明白的是，思想永遠不會透過它自己思考（penser par elle-même），也不會透過它自己發現真。一種思想之真理必須根據那些決定它思考，或決定它思考此而非彼的力或權力，而受到詮釋及評價。當人們跟我們「不多一字地」（tout court）說到真理的時候，當人們跟我們說到真宛如它是自在（en soi）、自為（pour soi）或甚至是為我們（pour nous）的時候，我們必須問這個真理的思想中隱藏著哪些力，因此它的意義是什麼及它的價值是什麼？令人困惑的事實是：被當成普遍抽象來構想的真，被當成純粹科學來構想的思想，它們從未讓任何人不舒坦。事實是，既定的秩序和現行價值在其中持續獲得最佳的支持。「這種真理總是與人為善、性喜安逸，並且不斷地向一切既有權力保證它絕不找麻煩，因為說穿了它只是個純粹科學。」[103]這就是思想的教條形

103.　　原註：「不合時宜的思考」系列第三卷，《教育家叔本華》，第3節。

象所隱藏的東西：把思想決定為純粹科學的那些既存的力之作用，以理想的姿態展現在如自在般的真當中的那些既存的權力之作用。在哲學上，萊布尼茲所做的古怪宣稱猶有其影響力：要產生新的真理，但首先「不推翻既定的看法」。而從康德到黑格爾，整體而言，我們看到哲學家仍然是一位非常謙遜及虔誠的人物，喜歡將文化目的跟宗教、道德或國家的好處攪和在一起。科學自稱批判的，因為它讓世界種種權力到它跟前出庭，然而卻是為了將它該給它們的東西還給它們，即對於如自在、自為、為我們的真之贊同[104]。

一種新的思想形象首先意味著：真不是思想之元素。思想之元素是意義與價值。根據那些控制著思想本身的力的本性，思想的範疇不是真與假，而是高貴與卑鄙、高與低。真就如同假一般，我們總是擁有我們所應得的部分：有一些低下之真理，一些係奴隸之真理的真理。反過來說，我們更高的思想所著眼的是假；更有甚者，它們絕不放棄要讓假成為一種高的權力，一種肯定的和藝術的權力，其在藝術作品中找到它的實行、它的證實（vérification）、它的成真（devenir-vrai）[105]。其中得出的第二個後果是：思想之否定狀態並不是錯誤。錯誤之概念在哲學上的氾濫證明了教條形象之難以撼動。根據這樣的形象，任何實際上對立於思想的東西皆只會對如此這般的思想產生一種影響：將之導入錯誤。因此，錯誤之概念在法理上，

表現出在思想上可能會發生的最壞情況，即思想跟真分隔開來的狀態。此處一樣，尼采以它在法理上被提出的方式接受了問題。但是正巧，哲學家通常用來闡明錯誤的那些例子所顯現出的不嚴謹特性（例如，當某人遇到西奧多時說「你好，泰阿泰德」；說3 + 2 = 6），足以說明這種錯誤之概念只是一些本身係幼稚、刻意或可笑的事實情境之外推（extrapolation）。如果不是學校中的孩童，誰會說3 + 2 = 6呢？如果不是罹患近視或漫不經心的人，誰會說「你好，泰阿泰德」？成熟和用心的思想還有其他敵人，一些更深的否定狀態。愚蠢（la bêtise）是如此這般的思想的一種結構：它並非一種自己欺騙自己的方式，它在法理上表現出思想中的無意義。愚蠢並非一種錯誤或一連串的錯誤。我們看過一些完全由真理所構成的愚蠢思想、愚蠢論述；不過，這些真理是低下的，是一個低下的、沉重的和下沉的靈魂之真理。愚蠢及更深層地以愚蠢為其徵兆的東西：一種低下的思考方式。這就是那個在法理上表達出一個受反動力所宰制的精神之狀態的東西。在真理中及在錯誤中皆

----

104. 原註：前引書，第3, 4, 8節。

105. 原註：《人的、太過於人的》，第146節：「關於真理的認識，較諸思想家，藝術家的道德更薄弱；他絕對不想讓人搶走關於生命的精采詮釋……」

然，愚蠢的思想所揭露的，只是那個最低下的東西，即表現出奴隸之勝利、偏狹價值之稱霸或一種既定秩序之權力的那些低下錯誤及那些低下真理。對抗著他所身處的時代，尼采不斷地譴責：除了低下，否則無法這麼說、這麼想！

真理之概念唯依循著一種多元的類型學而獲得確立。而類型學是從一種拓撲學開始的。這涉及去弄明白這般的錯誤及這般的真理屬於哪一個區域（région）、它們的類型是哪一個、誰將它們表述出來及構想出來。要讓真接受低（le bas）的考驗，但也要讓假接受高（le haut）的考驗：這才是實實在在的批判的任務，以及在「真理」中不迷失自己的唯一方法。當有人問哲學能做什麼時，答案必須是攻擊性的，因為這個問題語帶諷刺及刻薄。哲學對國家或教會無用，它們有其他的關注焦點。它對任何既定的權力無用。哲學用來使人難過（attrister）。一種哲學如果不會讓任何人難過也不會使任何人氣惱，那麼它並非哲學。它用來損害愚蠢，使愚蠢成為某種羞愧的東西[106]。除此之外，它沒有其他用途：譴責一切形式的思想低下（la bassesse de pensée）。除了哲學之外，還有哪一門學科自許對所有神祕化──不論其起源和目的是哪些──進行批判呢？譴責所有的虛構，沒有了它們，反動力就不會獲勝。譴責在神祕化中低下與愚蠢的這種混合，這種混合同樣也構成了在受害者跟其加害者之間令人訝異的同謀。最後，讓思

考成為某種攻擊的、主動的及肯定的東西。造就自由的人，也就是說，一些不將文化的目的跟**國家**、道德或宗教的好處混淆的人。對抗在我們身上取代了思想的怨恨、愧疚。擊敗否定和其虛假的魅力。除了哲學之外，誰還對這一切感興趣呢？作為批評的哲學告訴我們關於它本身最<u>正面</u>的一面：去神祕化（démystification）的事業。在這方面，我們不要急於宣布哲學的失敗。如此巨大的愚蠢及低下會變得更巨大，如果沒有一點點的哲學存留著，在每一個時代阻擋著它們如其所願地推進得更遠，並且分別地禁止它們——可能只是透過口耳相傳的間接方式——為了各自的目的而變成如其所願地一樣愚蠢及低下。它們的某些過度情況受到禁止，但是除了哲學之外，誰會禁止它們呢？誰強迫它們戴上面具，披上一些高貴的及聰穎的樣

106.　原註：「不合時宜的思考」系列第三卷，《教育家叔本華》，第8節：「當有人在他面前讚美一位哲學家時，第歐根尼（Diogène）表示反對：他有什麼地方可以顯得偉大呢？他如此長時間地沉湎於哲學中，卻從未讓任何人難過？實際上，我們應該在大學哲學（la philosophie d'université）之基上把這段話當作墓誌銘：它沒有讓任何人感到難過。」《歡愉的智慧》，第328節：古代哲學家已經立下訓言反對愚蠢，「在此我們不去問，這個訓言較諸反對利己主義的訓言在立論上是否更站得住腳；我們可以確定的是，它已經讓愚蠢失去了它的心安理得（bonne conscience）：這些哲學家損害了愚蠢。」

貌、一些思想家的樣貌？確然，存在著一種哲學所特有的神祕化；思想的教條形象和批評的歪曲形象便足以為證。但是，哲學之神祕化始於它放棄其去神祕化的（démystificateur）角色那一刻，並且著眼於既定的權力：當它放棄損害愚蠢、放棄譴責低下時。尼采說，確實，哲學家在今日變成彗星[107]。但是，從盧克萊修[108]到十八世紀的哲學家，我們應當留意著這些彗星，在可能的情況下跟隨它們，重新找到其絕妙的路徑。哲學家—彗星懂得使多元論成為一種思考的技藝，一種批判的技藝。他們知道如何告訴人們，關於他們的愧疚和怨恨隱藏了什麼。他們知道唯有自由人的形象得以反對既定的價值及權力。在盧克萊修之後，如何可能再問：哲學有什麼用？

　　因為哲學家的形象經常被弄得隱晦不明，所以問這個問題是可能的。人們讓他成為一個智者，這位智者只是智慧的朋友，在一種曖昧的意義上的朋友，也就是說反智者（l'anti-sage），是那位必須以智慧為面具才能存留的人。人們讓他成為真理的一位朋友，這位真理的朋友讓直接受最嚴屬的考驗，而歷經考驗的真理跟戴奧尼索斯一樣被肢解：此乃意義和價值的考驗。哲學家的形象被所有他所必要的喬裝弄得隱晦不明，但也被讓他成為宗教的哲學家、**國家**的哲學家（le philosophe de l'État）、現行價值之收集者、歷史的公務員（le fonctionnaire de l'histoire）的所有背叛行徑弄得隱晦不明。哲

學家的真正形象，在延續上無法久過於那位知曉如何為了一個時代而扮演好哲學家形象的人，無法久過於他的年代。在接下來的時代中，這個真正的形象必須被重新開始、被重新推動，它必須找到一個新的主動場域（champ d'activité）。如果在每個時代，哲學的批判任務並沒有很有活力地重新開始，那麼哲學就死了，跟著它死的還有哲學家的形象和自由人的形象。愚蠢和低下不停地形成新的混合體。愚蠢和低下永遠是我們這個時代的愚蠢和低下、我們當代人的愚蠢和低下，我們的愚蠢和我們的低下[109]。有別於錯誤的無時間性概念，低下跟時間劃分不開，也就是說跟這個現在之載運（ce transport du présent）、這個它在其中體現出來及活動於其間的現實性（actualité）劃

107.　　原註：《哲學之誕生》；「不合時宜的思考」系列第三卷，《教育家叔本華》，第7節：「自然如同一支射出的箭般地將哲學家送到人類之中；它沒特別瞄準著什麼，但它希望這支箭能總是可以插在某處。」

108.　　譯註：盧克萊修（Lucrèce），西元前一世紀羅馬詩人、伊壁鳩魯派思想家，唯一傳世作品為《物性論》（De la nature des choses），係一首包含六卷、七千餘句的長詩，內容對於伊壁鳩魯思想多所闡揚，體現出原子論觀點、反宗教思維、推崇個人幸福快樂的追求。

109.　　原註：《反基督》，第38節：「跟任何有洞察力的人一樣，我對過去懷抱著一種很大的寬容，也就是說我在很大的程度上約束自己……然而一旦我進入現代、進入我們的時代，我的感覺便有了一百八十度的轉變並且爆發開來。」

分不開。這就是為什麼哲學跟時間會有著一種基本的關係：哲學家總是反對他的時代、總是對現實世界持批判態度，他構想出一些既不具永恆性也不具歷史性的概念，而是不合時宜的（intempestifs）和不現實的（inactuels）概念。哲學自我實現於其中的這種對立，是不現實與現實之間的對立、是不合時宜與我們的時代之間的對立[110]。而在不合時宜中，存在著一些比起歷史的和永恆的真理匯集在一起還要持久的真理：將要到來的時代之真理。以主動的方式思考，此乃「以一種不現實的方式行動著，因此是反抗時代的，並且甚至藉此是改造時代的，有利於（我希冀之）一個將要到來的時代。」[111]由哲學家形成的系鏈（la chaîne des philosophes）並非智者的永恆系鏈，更不是歷史前後相繼的串連（enchaînement），而是一條斷裂的系鏈，是彗星之前後相繼，它們的不連續及它們的重複既不歸結到它們所穿越天空之永恆性中，也不歸結到它們所飛過大地之歷史性中。沒有具永恆性的哲學，沒有具歷史性的哲學。哲學的永恆性和歷史性都可以歸結於此：哲學，永遠是不合時宜的，不合時宜於每個時代。

藉著將思想置於意義和價值的元素中，藉著讓主動思想（la pensée active）成為一種對於愚蠢及低下的批判，尼采從而提出了一種新的思想形象。那就是思考永遠不是一種能力之自然運作。思想永遠不會獨自並且透過它自己思考：它也永遠不

會僅僅是被外於它的力所干擾。思考取決於控制著思想的力。只要我們的思想被反動力所占據，只要它在反動力當中找到它的意義，我們就必須承認我們還沒思考。思考指思想之主動性（l'activité de la pensée）；但是思想自有其道來處於不主動的（inactif）狀態，它可以全然投身其中並使出它所有的力。反動力藉以取得勝利的種種虛構，形成了在思想中最低的東西，即思想藉以維持在不主動狀態並專務不思考（ne pas penser）的方式。當海德格宣告著：我們尚未思考過，這個主張的一個源頭在尼采身上。我們等待著那些能夠讓思想成為某種主動的東西的力、某種絕對主動的東西的力，我們等待那個能夠讓思想成為一種肯定的權力。作為主動性，思考始終是思想的一個二次方（une seconde puissance）[112]，不是一種能力之自然施展，而是在思想本身中（dans la pensée elle-même）、對思想本身而言（pour la pensée elle-même）的一個非凡事件。思考是一個n^e……思想次方〔權力〕。還必須要做到的是，讓思想

110.　原註：「不合時宜的思考」系列第二卷，《歷史研究的利與弊》（*De l'utilité et de l'inconvénient des études historiques*），前言。

111.　原註：「不合時宜的思考」系列第三卷，《教育家叔本華》，第3-4節。

112.　譯註：前此，puissance被譯為「權力」，在此取其數學上的涵義，譯為「次方」。

被提升到這種次方〔或權力〕之上，讓它成為「輕盈的」、「肯定的」、「跳舞的」。然而，如果一些力不在思想上施展一種暴力，它將永遠達不到這種次方〔或權力〕。必須要做到的是，讓一種暴力施展在作為思想的思想上，讓一種權力強迫著它思考，將它拋擲到一種生成─主動中。一種如此這般的強迫（contrainte）、一種如此這般的訓練（dressage），正是尼采稱為「**文化**」（Culture）的東西。根據尼采的看法，文化本質上是訓練和選擇（sélection）[113]。它傳達了那些為了讓思想成為某種主動的東西、肯定的東西而控制思想的力之暴力（la violence des forces）。——除非我們把握住文化之概念跟方法相對立的所有方式，否則我們無法理解此一概念。方法總是假設了思想家的一種善意志（bonne volonté），即「一項預先思慮過的決定」（une décision préméditée）。相反地，文化是思想所承受到的一種暴力，是在選擇性的力（forces sélectives）作用下的一種思想培育（formation de la pensée），是一種動用著思想家整個潛意識的訓練。古希臘人不談方法，而講派蒂亞（*paideia*）[114]；他們知道思想並非基於一種善意志而思考，而是仰賴著施展在它身上強迫它思考（contraindre à penser）的力。即便是柏拉圖也仍然區分了那個強迫人思考的東西和那個讓思想不主動的東西；而在洞穴的神話中，他讓派蒂亞從屬於囚犯為了離開洞穴或為了返回洞穴時所遭受到的暴力[115]。尼采

在一些知名文本中重新發現的，正是這個關乎一種文化的選擇性暴力（une violence sélective de la culture）的希臘觀念。「讓我們考慮一下我們古老的刑罰組織，我們將明白要在大地上培育出一個思想家的民族（un peuple de penseurs）所面臨的困難……」：在這兒，即便是酷刑也是有其必要的。「學習著思考：在我們的學校中，我們完全喪失了這方面的想法……」；「看來是如此奇怪，在自由、精緻、果敢、舞蹈和不凡的確信等方面，大地上存在著的及曾經存在過的一切，除非是處於專斷法律的暴政下，否則絕對無法昌盛。」[116]

---

113. 原註：「不合時宜的思考」系列第三卷，《教育家叔本華》，第6節；《權力意志》，第四卷。

114. 譯註：paideia是古希臘人教育兒童的方式，基本上是一種全面性的陶冶過程。

115. 原註：柏拉圖，《共和國》，第七卷：不僅是洞穴神話，而且還可參考關於「手指」的著名段落（在那個強迫去思考的東西跟那個不強迫思考的東西之間的區別）。──柏拉圖此時鋪陳著一種思想形象，非常有別於出現在其他文本中的思想形象。這些其他的文本向我們呈現出一種已經帶著教條色彩的想法：思想是對真、美、善之愛及渴望。在柏拉圖身上，我們沒必要去對比思想的這兩種形象（只有第二種特別是蘇格拉底式的）嗎？當尼采建議「讓我們嘗試把蘇格拉底擺在一旁來掌握柏拉圖」時，他想說的不正是跟此相近的東西嗎？（參見《哲學之誕生》）

116. 原註：《道德系譜學》，第二卷，第3節；《偶像的黃昏》，〈德國人正在失去什麼〉（Ce que les Allemands sont en train de perdre），第7節；《超越善惡》，第188節〔譯按：本段引文出處〕。

而且，無疑地，這些文本中帶著諷刺：尼采所說的「思想家的民族」不是古希臘民族，而正好是德意志民族。然而，諷刺之處在哪兒呢？不在那個認為除非是在施以暴力的力之行動下否則思想無法思考著的這個想法中。不在那個將文化視為一種暴力的訓練（violent dressage）的這個想法中。諷刺毋寧出現在對於文化之發展的一種懷疑當中。我們開始得如同古希臘人一樣，我們結束得如同德國人一樣。在好幾段奇特的文本中，尼采凸顯出這種戴奧尼索斯的或雅莉安的失望：當人們意欲著一位希臘人，出現在眼前的卻是一位德國人[117]。——文化之類主動性（activité générique）具有一個終極目標：培育藝術家、哲學家[118]。它所有的選擇性的暴力都以此為目標：「此刻我正費心於一類人身上，其目的論通往比國家利益還高一些的東西。」[119]主要的教會和國家的文化活動毋寧造就出文化本身冗長的受害者名單。而當一個國家提倡文化時，「它只是為了有利於其自身而提倡之，而從來沒有想到一個高過於其利益及其存在的目標。」但是，另一方面，文化的主動性跟國家利益之間的混淆也建立在某種實在的東西上。主動力之文化作用（le travail culturel des forces actives）隨時都有可能偏離其意義：有時，正好助長了反動力。有時，教會或國家利用這種文化暴力，以實現它們的目的。有時，反動力讓這種暴力偏離了文化，讓它成為一種反動力，成為一種讓人更加愚蠢、拉低

思想的方式。有時，它們將文化之暴力跟它們自己的暴力、它們自己的力混在一起[120]。尼采將這個過程稱為「文化退化」（dégénérescence de la culture）。在何種情況下這會是不可避免的，在何種情況下會是可避免的，又基於哪些原因並透過哪些方式，我們稍後便會明白。無論在這方面情況如何，尼采以這個方式強調了文化之兩面性（ambivalence）：從希臘的，它變成德國的……

這再次表明了在何種程度上，思想的新形象包含了極度複雜的力的關係。思想理論取決於一套力之類型學。而在此處也一樣，類型學始於一套拓撲學。思考取決於某些座標（coordonnées）。根據我們承載我們存在的地方，根據我們睜

117. 　原註：參見[1]：《權力意志》，第二卷，第226節：「此時，雅莉安沒了耐性……：『但是這位先生，她說，您說德語就像一隻豬一樣！——德語，我不慍不火地說，只有德語……』」；[2]《浪跡者及其影子》，〈前言草案〉，第10節：「出現在我面前的神，這位我認識良久的神，祂開始說：『好吧！捕鼠人（attrapeur de rats），因此你來這兒做什麼呢？半是耶穌會士、半是音樂家、並且幾乎是整個德國人的你？』」；[3]我們還將想起，在《查拉圖斯特拉如是說》中，那首令人讚賞的詩〈雅莉安之怨〉被歸入第四卷〈巫師〉（Enchanteur）這一節中；但巫師是一位故弄神祕者（mystificateur），是一位文化之「造偽幣者」（faux-monnayeur）。
118. 　原註：「不合時宜的思考」系列第三卷，《教育家叔本華》，第8節。
119. 　原註：前引書，第4節。
120. 　原註：前引書，第6節。

眼警醒的時刻，根據我們經常為伍的元素，我們有著我們所應得的真理。沒有比認為真理出於井中的想法更為虛假的了[121]。我們尋覓不得真理，除非在它們所在的地方、在它們的時間及在它們的元素當中。一切真理都是某個元素、某個時間及某個地方之真理：米諾陶洛斯（minotaure）[122]不會離開迷宮[123]。只要人們不強迫我們前往引人思考的那些真理所在的地方，只要人們不強迫我們前往讓思想成為主動的及肯定的東西的那些力施展的地方，我們就沒有思考。不是一種方法，而是一種派蒂亞、一種培育、一種文化。方法基本上是一種避免我們前往如此地方的方式，或者為我們留下從中離去可能性的方式（迷宮中的導引線）[124]。「我們懇求您用這條線上吊！」尼采說：三件小事情便足以界定一位思想家的生命[125]。無疑地，一件是地方，一件是時間，一件是元素。小事情之於生命，就像箴言之於思想：即某個需要詮釋的東西。恩培多克勒（Empedocles）[126]跟他的火山，這就是一件思想家的小事情。山峰之高處和山洞、迷宮；子夜—中午；輕盈的、吉兆的（alcyonien）[127]元素，以及地底下所具有的稀有元素。現在輪到我們前往極端的地方，在極端的時間，最高的、最深的真理在那兒存在著及矗立著。思想之地方是熱帶地區，出沒著熱帶的人（l'homme tropical）。不是溫帶地區，不是道德的、有方法的或節制的人。[128]

121. 譯註：出於諺語「真理深藏井底」（La vérité est au fond du puits.）或類似說法，指真理隱藏著，難以發現。

122. 譯註：米諾陶洛斯（minotaure）係希臘神話中一個牛頭人身、半人半牛的怪物，住在克里特國王米諾斯為牠所建造的一座巨大的地下迷宮。

123. 原註：《權力意志》，第三卷，第408節。

124. 譯註：根據希臘神話，雅典人與克里特國王米諾斯結怨，為平息怒氣，須定期送上童男童女獻給米諾陶洛斯，雅典王子忒修斯自願犧牲。米諾斯公主雅莉安愛上忒修斯，暗中協助，給了他一團線及一把劍，忒修斯便用劍殺死怪物、用線走出迷宮。

125. 原註：《哲學之誕生》。

126. 譯註：恩培多克勒（Empédocle），西元前五世紀希臘思想家，相傳他縱身跳入西西里島上的埃特納火山而亡。

127. 譯註：阿爾庫俄涅（Alcyone）在希臘神話中是風神埃俄羅斯之女，最終化身為一隻翠鳥，看見翠鳥被古希臘人視為好兆頭，代表風平浪靜。或可關聯上意志是喜悅之信使這樣的概念。

128. 原註：《超越善惡》，第197節。

à la mauva

IV

CHAPITRE IV.

ressentiment
se conscience

從怨恨到愧疚

1

反動與怨恨

在正常的（normal）或健康的狀態下，反動力始終扮演著限制行動〔作用〕的角色。根據我們承受其影響的另一項行動之情況（en fonction d'une autre action dont nous subissons l'effet），反動力對行動予以分隔、延遲或阻止[1]。不過，相反地，主動力會讓創造〔或反動〕爆發[2]：在一個選定的瞬間，在一個有利的時刻，在一個被決定的方向上，為了達成一項迅速而準確的適應任務，主動力加快著創造〔或反動〕。以如此的方式，一項反擊（une *riposte*）便形成了[3]。這就是為什麼尼采會說：「真正的反動是主動之反動」[4]。在這個意義上，主動的類型並不是一個全然只包含著主動力的類型；它表達著介於一個其延遲著行動的反動（une réaction qui retarde l'action）跟一

個其加快著反動的行動（une action qui précipite la réaction）之間的「正常的」關係[5]。主人被說成反一作用（ré-agir），正是因為他作用著他的反動。因此，主動的類型包含了反動力，不過是在一個如此的狀態中，乃至於反動力係由一個服從著或被作用著的權力所界定著。主動的類型表達了一種介於主動力跟反動力之間的關係，如此乃至於這些反動力本身是被作用的。

從這時起，我們知道，光憑著一個反動是無法造就一種怨恨的。怨恨指一種在其中反動力贏過主動力的類型。然而，它

1.　　譯註：此處所說的「另一項」應該是指外於我們的作用（行動）。例如一次病毒的襲擊。如此才能理解為何接下來德勒茲說主動力加快了反動，形成一次反擊，完成一次適應。

2.　　譯註：原文為les forces actives font exploser la création，其中création（創造）是否為réaction之誤？因為稍後德勒茲說主動加快著反動。就此，我們以〔〕號將反動標示於後。

3.　　譯註：這段話或可透過如下的方式來理解：在一個人身上，存在著主動力跟反動力，當他承受到另一個行動——外來的行動——的作用，他的反動力便啟動，發揮著阻礙此一行動的作用，而他自身的主動力會在合適的情況下，加速這種反動力的作用，構成一種反擊，並達成自身對於這個外來行動的適應。

4.　　原註：《道德系譜學》，第一卷，第10節。

5.　　譯註：基本上，反動力起的是阻礙的作用，主動力產生的是促進的作用，這一點很清楚。但「一個其延遲著行動的反動」跟「一個其加快著反動的行動」二者間是否有矛盾呢？看似矛盾，但如果「延遲著行動的反動」所延遲的是外來的行動，而「加快著反動的行動」所加快的是真正的反動（行動之反動）的話，那麼二者間便沒有矛盾了。

們只有一種方式贏：停止被作用。我們尤其不該將怨恨界定成一種反動之力（la force d'une réaction）。如果我們問怨恨的人是什麼，我們不該忘記此原理：他不反一作用[6]。而怨恨這個字給了一個精確的指示：反動停止被作用，得以成為某種被感受的東西（quelque chose de senti）[7]。反動力贏過主動力，因為它們避開了它們的行動〔作用〕。但是，在這一點上出現了兩個問題：

1. 反動力如何獲勝？它們如何避開？這種「疾病」的機制是什麼？

2. 然後，反過來，反動力要如何正常地（normalement）被作用呢？在此，正常的這個字的意思不是指發生次數頻繁的，而是相反地指符合規範的（normatif）和稀有的（rare）。這種正常（norme）、這種「健康」的定義是什麼？

6.　　譯註：對比於稍早所說的：主人反一作用（作用著他的反動），換言之，怨恨的人的反動並不受到主動力之作用，主動類型中原本的「正常的」力的關係便有所改變。

7.　　譯註：此乃就怨恨ressentiment這個字的構成而言的，re-有重複、再的意思，sentiment是sentir的名詞，從字形上看ressentir就是重複感受的意思，不是一種敞開的感受，而是感受已經被感受的東西。

2

怨恨之原理

佛洛伊德經常闡述一個他稱為「地域假說」（hypothèse topique）[8]的生命圖式。並不是相同的系統，其既接收著一個刺激（une excitation），其又保存著一種關於它的持久性痕跡（une trace durable）：同一個系統不能同時忠實地保存它所承受的轉變又提供一種始終如新的接受性。「我們將因此假設，機制的一個外部系統接收可知覺的刺激，但什麼都不留下，因

8.　　譯註：在古代，topique用來形容指掌管一地並保護該地的神明所具有的這種「地域的」色彩。佛洛伊德也以某種的地域概念建構出一種關於心理世界及其運作的組織理論，例如將心理活動區分為「潛意識、前意識及意識」、將人格結構區分為「本我、自我及超我」，具有分區所司的意涵。

此沒有記憶，而在該系統後面，還有另一個系統可以將前一個系統的短暫刺激轉變成持久性痕跡。」這兩套系統或記錄方式（enregistrements）對應上意識與無意識之間的區別：「我們的回憶（souvenirs）在天性上就是無意識的」；反過來說：「意識誕生在記憶性痕跡（la trace mnémique）[9]止步之處」。我們還必須將意識系統之形成理解成一種演化的結果：在外部和內部、在內在世界和外在世界的邊界處「形成了一個皮層（écorce），在不斷接收到刺激的作用下變得如此靈敏，乃至於它獲得若干特性，讓它僅適於接收新的刺激」，不保留任何客體，除了一種直接並可修改的形象（une image directe et modifiable），全然有別於無意識系統中的那種持久或甚至不可變的痕跡（la trace durable ou même immuable）[10]。

　　對於這套地域假說，佛洛伊德遠遠沒有將之歸在自己身上並無條件地接受。事實是我們在尼采那兒找到這套假說的所有要素。尼采區分了反動機制（appareil réactif）的兩套系統：意識與無意識[11]。反動的無意識（l'inconscient réactif）由記憶性痕跡、由持久性印記（empreintes durables）來界定。這是一套消化的、植物的[12]和反芻的系統，它表現出「在擺脫這個一旦被接收到的印象（impression）方面純然被動的不可能性。」而無疑地，即便在這種無止盡的消化作用中，反動力也執行著交付給它們的一項任務：專注（se fixer à）在不可磨滅的印記

上，傾注（investir）於痕跡。但是誰會沒看到這第一類的反動力的不足呢？如果反動機制並未握有另一套力的系統的話，那麼任何的適應皆是不可能的。需要另一套系統，當中，反動不再是一種對痕跡的反動（réaction aux traces），而成為對當下刺激或客體之直接形象的反動（réaction à l'excitation présente ou à l'image directe de l'objet）。這第二類的反動力跟意識密不可分：總是以一種始終如新的接受性獲得更新的皮層，一個在其中「再一次有位置以容納新事物」的環境。我們記得，尼采想使意識回到必要的謙虛上：它的起源、它的本性、它的功能

9.　譯註：mnémique出自名詞mnème，後者指廣義的記憶，包含無意識的記憶及有機的記憶。注意此處所說的生命圖式：接受刺激的系統有意識但不保留，保留痕跡的系統既無意識也無法意識而只保留。在這樣的區分下，更能彰顯出所謂的記憶性痕跡跟我們一般有意識的記憶是不同的。

10.　原註：佛洛伊德，《夢的科學》（*Science des rêves*），法譯本，第442-443頁〔本書另譯為《夢的解析》〕；1915年關於「無意識」的文章，參見《後設心理學》（*Métapsychologie*）；《超越快樂原則》（*Au-delà du principe de plaisir*）。

11.　原註：《道德系譜學》，第二卷，第1節，以及第一卷，第10節。——人們會注意到，在尼采思想中，存在著好幾種無意識：主動在天性上是無意識的，但這種無意識不該跟反動力之無意識搞混。

12.　譯註：自主神經系統又稱為植物神經系統（système nerveux végétatif）。

都僅僅是反動的[13]。但是這無損於一種意識的相對高貴性（une noblesse relative de la conscience）的存在。第二類的反動力向我們呈現出，在哪種形式下及在哪些條件下，反動可以被作用：當一些反動力把意識中的刺激當成對象，於是相對應的反動本身就變成某種被作用的東西[14]。

　　還必須的是，這兩套系統或者這兩類反動力被分隔開。還必須的是，痕跡（les traces）不會入侵意識（la conscience）。必須的是，一個分明的及受指派的主動力（une force active, distincte et déléguée）支撐著意識，並且在每一刻重新建立它的如新性（fraîcheur）、流動性（fluidité）、動態的和輕盈的化學元素。這個超意識的主動能力（faculté active supra-consciente）即遺忘能力（la faculté d'oubli）。心理學所犯的錯誤在於將遺忘當成一種否定的規定性（une détermination négative）來處理，在於沒有發現它主動的及正面的特質。尼采界定了遺忘能力：「並非如同膚淺的靈魂所相信的是一種惰性（une *vis inertiae*），而毋寧是的一種制止（enrayement）──符合其真正字義──的能力」、「一種緩衝機制」、「一種可塑的、再生的和治癒的力」[15]。因此，在反動因為把意識中的刺激當成其對象而變成某種被作用的東西的同時，對痕跡的反動依然停留在無意識中，如同某個不可感的東西。「在〔反動的無意識〕消化期間，我們正吸收著的東

西在我們的意識中呈現的情況，就跟當我們攝取食物的時候，那個發生在我們的身體中的多重程序在我們的意識中所呈現的情況一樣地少……我們從中馬上得出結論，如果沒有遺忘能力，那麼沒有任何當下的幸福、寧靜、希望、驕傲、享受可以存在。」但是我們會注意到這項能力非常特殊的情況：作為主動力，它是由主動性所指派，依附在反動力上（auprès des forces réactives）。它充當「守衛」或「監看者」，防止反動機制的兩個系統混淆。作為主動力，它沒有其他的主動性〔或活動〕，除了功能性的（fonctionnelle）之外[16]。它出自主動性，但是它被從中抽離出來。而為了更新意識，它必須不斷地從第二類反動力中借得能量，把這個能量做成自己的能量，以便把它提供給意識。

13. 　譯註：參見第二章第1節。

14. 　譯註：刺激原本是意識的反動系統對外界作用的反動，當反動力再將這樣的刺激當成對象，便形成對反動的反動，也就是說反動力作用著刺激所代表的這個反動，於是刺激成為被作用的。

15. 　原註：《道德系譜學》，第二卷，第1節；第一卷，第10節。這個主題更早在「不合時宜的思考」系列第二卷《歷史研究的利與弊》第1節中已經出現過。

16. 　譯註：亦可從函數關係的角度來理解，即隨著反動力的情況而起作用的。

這就是為什麼它比其他任何東西更容易受到一些變化、一些本身也是功能性的障礙、一些失敗所影響的原因。「一個在其身上這個緩衝裝置受損並且無法再發揮功能的人，就相似於一個消化不良的人（並且不僅是相似而已）：他不再能夠結束任何東西。」讓我們假設遺忘能力失靈的情況：意識之蠟（la cire de la conscience）有如變硬了，刺激開始跟它在無意識中的痕跡分不清，而相反地，對痕跡的反動則上升並入侵到意識之中。因此，對痕跡的反動成為某種可感的東西跟對刺激的反動不再被作用係同時的[17]。其後果極大：不再能夠作用在一個反動上，主動力被剝奪了它們施展的物質條件（conditions matérielles d'exercice），它們不再有機會施展它們的主動性，它們被跟其所能分隔開來。因此，我們最終看到以何種方式，反動力勝過了主動力：當痕跡在反動機制中取代了刺激時，反動本身也取代了主動，反動勝過主動。然而，人們將佩服不已，在這種獲勝方式中，實際上一切皆發生在反動力之間：反動力並不會形成一個比主動力更大的力而獲勝。甚至遺忘能力的功能失靈（la défaillance fonctionnelle）也來自於它不再能夠在其中一類的反動力中找到必要的能量，以便壓抑另一類並且更新意識。一切皆發生在反動力之間：其中一些反動力阻止其他的反動力被作用，其中一些反動力破壞了其他的反動力。一場完全發生在反動機制內部的奇怪地下戰鬥，但仍然對整個主

動性產生一項後果。我們再度遭逢怨恨的定義：怨恨是一種同時變成可感的（sensible）及不再被作用的反動。這是基本上定義疾病的方式；尼采不僅說怨恨是一種疾病，他說如此這般的疾病就是一種怨恨的形式[18]。

17.　譯註：即當遺忘能力失靈，原本無意識的反動系統（記憶性痕跡）跟意識的反動系統（常保如新的接收刺激能力）二者混在一起，記憶的東西上升到意識中，成為被感受的東西，而原本不存留任何東西的意識不再被作用而遺忘，它開始「記得」。

18.　原註：《瞧！這個人》，第一卷，第6節。

3

怨恨之類型學[19]

　　怨恨的第一個面向因此是拓撲的：存在著一種反動力的拓撲學：是反動力的位置改變，亦即它們的位移（déplacement），構成了怨恨。怨恨的人的特性就在於意識被記憶性痕跡所入侵，記憶（la mémoire）上升到意識本身中。而毫無疑問地，光憑這樣，關於記憶還有沒被講清楚的地方：我們該思索意識如何能夠替自己量身訂做一種記憶，一種<u>被作用的</u>並幾近主動的記憶（une mémoire agie et presque active），其不再落在痕跡上[20]。在尼采那兒，如同在佛洛伊德那兒一樣，關於記憶的理論係兩種記憶的理論[21]。但是，就我們停留在第一種記憶上的情況下，我們也就停留在怨恨之純粹原理（le principe pur du ressentiment）的範圍內。怨恨的人是一隻

狗，某種只對痕跡有<u>反動作用</u>的狗（獵犬）[22]。他只傾注於痕跡：刺激對他而言在地點上（localement）跟痕跡分不清，怨

19.　　原註：關於尼采和佛洛伊德：根據上述，我們是否可以結論說，尼采影響了佛洛伊德呢？根據瓊斯（Jones）的說法，佛洛伊德明確地否認了這一點。在佛洛伊德的地域假設跟尼采的圖式之間的巧合，可從兩位作者對於「能量」問題的共通關注上獲得充分的說明。人們應該會更加有感於將他們的作品區分開來的根本差異。我們可以想像尼采對佛洛伊德應該會有的想法：此處不例外，他會譴責一種關於心理生命太過「反動的」構想方式、一種關於真正的「主動性」的無知、一種在構想及引發真正「蛻變」方面的無能。我們倒是可以更像是真的地設想，佛洛伊德在其門徒中出了一位貨真價實的尼采分子。奧托‧蘭克（Otto Rank）應該批判了佛洛伊德「關於昇華的乏味又枯燥的概念」。他責怪佛洛伊德不知道要將意志從愧疚中或從罪惡感中解脫出來。他想要以佛洛伊德思想還不熟悉的無意識之主動力為基礎，並且以創造的和藝術的意志來取代昇華。這致使他說：我之於佛洛伊德正如尼采之於叔本華。參見蘭克，《幸福之意志》（*La volonté de bonheur*）。

20.　　譯註：說這種記憶是<u>被作用的</u>係因為早先說的記憶性痕跡是無意識的，而相應地，意識則僅接受刺激而不保留任何東西。當遺忘能力失靈，意識不再如新，意識開始凝固，意識中出現了記憶（德勒茲用la mémoire這個字來說，而不是早先的trace mnémique或empreintes durables），而原本不可感的記憶性痕跡也從無意識狀態中上升到意識中成為可感的。因此，記憶是在意識中的，因此是被知覺的，也可以<u>被作用的</u>。

21.　　原註：這意識的第二種記憶建立在<u>言語</u>（*la parole*）上，並且<u>展露</u>為一種承諾的能力（*faculté de promettre*）：參見《道德系譜學》，第二卷，第1節。——在佛洛伊德那兒也是，有一種有意識的記憶，其仰賴著「言語痕跡」（traces verbales），跟〔無意識的〕記憶痕跡有別，並且「可能對應著一種特別的記錄方式」，參見《無意識》（*L'inconscient*）及《自我和本我》（*Le moi et le soi*）。

22.　　譯註：因獵犬東聞西嗅著各種痕跡（traces），以此為喻。

恨的人不再能作用在他的反動上[23]。——不過，這種拓撲學的界定必然把我們導入一種怨恨的「類型學」上。因為當反動力透過這種方式凌駕於主動力之上時，它們本身就構成一種類型。我們看到此類型的主要徵兆是什麼：一種非比尋常的記憶。尼采相當強調這種在遺忘某個東西方面的無能，這種什麼都無法遺忘的能力，這種應該從各個角度來考量的能力所具有的深層反動本性[24]。實際上，一個類型係一個現實，同時是生物的、心理的、歷史的、社會的和政治的。

為什麼怨恨是報復精神？有人以為怨恨的人可以從偶然的角度來獲得解釋：在經歷過一種太過強烈的刺激（一種痛苦）後，他不夠強到足以形成一個反擊，他必須放棄反作用。因此，他會生起一股報復的渴望，並且透過普遍化的方式，他想對全世界進行這種報仇。這樣的一種詮釋是錯的；它僅考慮到量的層面，僅考慮受到刺激的量，並且「客觀地」跟受刺激主體所擁有的力量（la quantité de force）加以比較。然而，對尼采而言，重要的不是抽象地考慮力的量（力量），而是在主體身上構成它的不同本性的力之間的一種被決定的關係：即我們稱為類型的東西。無論受到刺激之力（la force de l'excitation reçue）為何，無論主體本身所具有的全部的力（la force totale du sujet lui-même）為何，怨恨的人皆僅把後者用來傾注在前者的痕跡上，乃至於他無能於作用，並且甚至是無能於反作用

在刺激上。還有，他並不需要經驗到一個過度的刺激。這種刺激不假外求，這種刺激沒有必要。他也沒有必要藉著普遍化，然後把整個世界當成他怨恨的對象。憑著他的類型，怨恨的人不「反作用」：他的反動永遠不會結束，它是被感受的而非被作用的[25]。因此，它攻擊它的對象，無論其為何，一如攻擊一個需要受到報復的、需要清楚地讓它為這無止盡的延遲（ce retard infini）付出代價的對象。刺激可以是美的及好的，而怨恨的人如此這般地經歷著：刺激完全可以不超過怨恨的人所具有的力，他完全可以擁有跟別的人一樣大的抽象的力量。但是，這不減他將相應的對象當成一種對個人的冒犯和一種侮辱，因為他讓該對象為他自己只能傾注於其痕跡而不是其他東西的無能——此係質的或類型的無能（impuissance

---

23. 　譯註：此處所說的怨恨就是上一節所分析的內容，德勒茲稱為怨恨的純粹原理，怨恨的構成仍圍繞在跟第一種記憶（即記憶性痕跡）的關係上，性質上是拓樸的，第二種記憶（有意識的記憶）還不重要。

24. 　原註：《道德系譜學》，第一卷，第10節；第二卷，第1節。

25. 　譯註：記得前一節中所談的遺忘能力，藉著這種主動力所發揮的「制止」作用，意識始終保持如新狀態，感應著刺激而無凝滯，而當此能力喪失，反動便無法「制止」而沒完沒了，成為被感受的東西，並沒有被作用。

qualitative ou typique）——負責。怨恨的人將任何存在及任何對象當成一種冒犯，比例精確地相應於他所承受的影響。對他而言，美和善必然跟遭受的痛苦或不幸是一樣嚴重的冒犯。「我們什麼都擺脫不了，我們什麼都丟不掉。一切皆有害。人跟事物不慎地靠得太近；任何事情都留下痕跡；回憶乃一處化膿的傷口。」[26]怨恨的人本身就是一個痛苦的存有：他的意識之僵化（la sclérose）或硬化（le durcissement）、所有的刺激在他身上凝固起來和凍結起來之快速、入侵他意識的痕跡之重壓，凡此皆是相當之嚴厲的苦難。而更深層地說，痕跡記憶（*la mémoire des traces*）<u>在其自身〔及〕據其自身</u>（*en elle-même par elle-même*）<u>就是仇恨的</u>。它是有毒的和貶低的，因為它攻擊對象，以補償它自己在避開〔跟對象〕相應刺激之痕跡（les traces de l'excitation correspondante）方面的無能。這就是為什麼怨恨之報復即便實現著，它在其原理中所展現的「精神性的」、想像性的和象徵性的程度也絲毫不減。報復和痕跡記憶之間的這種本質關聯，跟佛洛伊德的施虐—肛門情結（complexe sadique-anal）並非沒有相似之處。尼采本人將記憶表現為一種永遠不會結束的消化，而將怨恨之類型表現為一種肛門的類型（un type anal）[27]。腸道的和有毒的記憶，是尼采所說的蜘蛛、毒蜘蛛（la tarentule）、報復精神……——我們看到尼采所要努力的目標：發展一門真正是一種類型學的心理

學，將心理學建立「在主體的層次上」[28]。甚至一種治癒的可能性也將取決於類型的轉變（顛倒和蛻變）。

26.　　原註：《瞧！這個人》，第一卷，第6節。

27.　　原註：前引書，第二卷，第1節：「德國精神係一種消化不良（une indigestion），它永遠無法結束什麼……所有偏見都來自腸道。書呆子（le cul de plomb），我已經說過，這是違背神聖精神（le saint esprit）的真正罪過。」——《道德系譜學》，第一卷，第6節：關於怨恨的人的「腸衰弱」（la débilité intestinale）。〔譯按：le cul de plomb字面意思為「鉛屁股」，指體重重的人、久坐不動的人、書呆子〕

28.　　原註：這是當榮格（Jung）指責佛洛伊德的心理學帶著「客觀主義的」特質的時候常有的說法。甚且榮格明確地讚賞尼采是第一個將心理學建立在主體層面上的人，也就是說，將其構想成一門真正的類型學。

4

怨恨之特性

我們不應該被「報復精神」這樣的說法所誤導。精神並沒有把報復當成一個意圖、一項尚未實現的目的，而是相反地，它給報復一個手段。就我們從怨恨上僅看到一種報復的欲望、一種造反及獲勝欲望的情況下，我們並沒有理解怨恨。在其拓撲原理中，怨恨引起了一種實在的力的狀態：一種反動力的狀態，其不再讓自己<u>被作用</u>、其避開主動力之<u>作用</u>。它給予報復一個手段：顛倒主動力及反動力之間正常關係的手段[29]。這就是為什麼怨恨本身已經是一種造反，已經是這個造反的勝利。怨恨是弱者作為弱者的勝利，是奴隸作為奴隸的造反及他們的勝利。奴隸在他們的勝利中形構出一種類型。主人的類型（主動的類型）係由遺忘能力所界定，如同由那種<u>作用著</u>反動的權

力所界定。奴隸的類型（反動的類型）會由非比尋常的記憶、由怨恨權力（la puissance du ressentiment）來定義；從中衍生出幾個特性，決定著這第二種類型。

無能於讚賞、尊重、喜愛[30]——痕跡記憶據其自身便是仇恨的。即便是在最受觸動的和最充滿愛意的回憶中，仇恨或報復也躲藏著。我們看到，這些記憶的反芻者（les ruminants de la mémoire）透過一種巧妙的操作來掩飾這種仇恨，這項操作涉及：在他們假裝珍視著關於存有之回憶的同時，拿所有他們在實際上責備存有的東西來自責。基於相同的理由，我們必須警惕那些在善或美的東西前控訴自己的人，聲稱自己什麼都不懂、配不上：他們的謙遜令人害怕。在他們自我貶低的宣稱中，隱藏著對美何等的仇恨。仇恨一切人們覺得討人喜歡或令人讚賞的事物，通過滑稽（bouffonneries）或者低下的詮釋來縮小一切，將一切視為不能落入其中的陷阱：少跟我耍手段。在怨恨的人身上最讓人訝異的不是他的惡行惡狀，而是他令人噁心的惡毒意念、他貶低的能力。什麼也無法阻擋之。他不尊

29.　　　譯註：參見本章第1節關於主動力、反動力之間正常關係的討論。

30.　　　原註：《超越善惡》，第260節；《道德系譜學》，第一卷，第10節。

重朋友，甚至不尊重敵人。甚至也不尊重不幸或不幸的原因。想想特洛伊人吧，他們在海倫身上讚賞著並尊重著那個造成他們自己不幸的原因[31]。但是，怨恨的人必須把不幸本身變成一件平庸的事情，他責備之並劃分著錯誤：此乃他貶低原因、把不幸變成「某人之過錯」的傾向。相反地，對不幸之原因的貴族式尊重跟把自己不幸當一回事的不可能乃一體兩面。奴隸對自己的不幸認真以待則見證了一種不順暢的消化、一種低下的思想、無能於一種尊重的感受。

「被動性」（*passivité*）── 在怨恨中，「幸福主要是在對精神及身體而言的麻痺、昏沉、停頓、平靜、安息（sabbat）、放鬆的形式下出現，簡而言之，就是在被動的形式下出現。」[32]在尼采那兒，被動（passif）並不意味著不─主動（non-actif）；不─主動是反動（réactif）；被動所意味的是不─被作用（non-agi）。被動僅是不被作用的反動（la réaction en tant qu'elle n'est pas agie）。被動指反動之勝利、指當停止被作用的反動確切地變成一種怨恨的那個時刻。怨恨的人既不會也不想去愛，但他想被愛。他想要的東西是：被喜愛、被餵飽、被灌足、被撫慰、被哄睡。他是無能者、消化不良者、冷漠者、失眠者、奴隸。怨恨的人也表現出一種極度易感的特性（une grande susceptibilité）：面對著所有他無能為力的事兒，他認為該給他最起碼的補償正是獲得它們的一個好處。因此，

他將人們不愛他、人們不養他視為明明白白惡行惡狀的一種證明。怨恨的人乃好處和獲利之人（l'homme du bénéfice et du profit）。更有甚者，怨恨要能夠橫行於世，唯有讓好處獲得勝利，讓獲利不僅成為一種欲望及思想，更是一套經濟、社會、神學的體系，一套完整體系，一種神性機制。不承認獲利，這就是神學上的罪行及反神智的唯一罪行。正是在這個意義上說奴隸有一種道德，而這種道德就是效用（*utilité*）之道德[33]。我們早先問過：誰從他的效用或壞處（nocivité）的角度考慮行動？甚至，誰從善與惡、從值得稱讚和應受譴責的角度來考慮行動？讓我們審視一下那些被道德稱為自在的「值得稱讚的」性質（qualités « louables » en soi）、自在的「善的」性質，例如無利害（désintéressement）這個令人難以置信的觀念。我們將察覺到它們隱藏了一個被動第三方（un tiers passif）的要求和指責：正是他主張從自己所沒從事的種種行動中獲得一種利

31.　　原註：儒勒·瓦雷斯（Jules Vallès）是一名「主動性的」（actif）革命分子，對於尊重不幸原因的這種必要性態度堅持，參見瓦雷斯，《巴黎之畫》（*Tableau de Paris*）。

32.　　原註：《道德系譜學》，第一卷，第10節。

33.　　原註：《超越善惡》，第260節。

害；他恰到好處地讚揚了行動的無利害特性而自己同時獲取了這些行動的好處[34]。自在的道德（la morale en soi）隱藏了功利的觀點；但是功利主義隱藏了這個被動第三方的觀點，即一位在主人間找到立足之地的奴隸所持有的勝利觀點。

　　錯誤之歸屬，責任之劃分，無止盡的控訴——所有這一切都取代了攻擊性：「攻擊的傾向全然屬於力的一部分，其程度正如報復和積恨的感受屬於弱小一樣。」[35]視獲利如同一項權利、如同一項從他所不從事的行動中獲利的權利，一旦他的期望落空，怨恨的人就滿口尖酸責難。失落和報復就如同怨恨之先驗成分，期望又怎麼會不落空呢？如果沒有人愛我，那是你的錯；如果我的生命失敗，那是你的錯，如果你的生命失敗，那也是你的錯；你的不幸和我的不幸同樣也是你的錯。在這裡，我們再次看到怨恨那種令人生畏的女性權力（la redoutable puissance féminine du ressentimen）：它不滿足於譴責罪行和罪犯，它要犯錯者、負責者。我們猜猜怨恨的創造物想要什麼：它意欲著其他人（les autres）壞，它需要其他人壞，才能感覺自己好。你壞，因此我好（*Tu es méchant, donc je suis bon.*）：如此是奴隸的基本表述方式，它從類型學的角度傳達出怨恨之重點，它總結並匯聚了所有先前的特點。讓我們將這個表述方式跟主人「我好，因此你壞」（*je suis bon, donc tu es méchant.*）的表述方式進行比較。兩者之間的差別估量出奴隸的造反及其

勝利：「這種欣賞眼光的顛倒獨屬怨恨；為了誕生，奴隸的道德永遠需要及先於一切地需要一個對立的及外在的世界。」[36] 奴隸首先需要確定另一方壞。

34.　　原註：《歡愉的智慧》，第21節：「鄰人（le prochain）讚賞無私，因為他從中謀取其好處。如果鄰人自己真的以一種無利害的方式來考慮事情，他便不會想要他蒙其利的這種力的犧牲、這種損失，他會反對這些傾向的產生，尤其是他會展露出自己的無利害態度而說它們皆不好。這就是指出人們今日所倡議的這套道德之根本矛盾的那個道理：其動機與原理背道而馳。」

35.　　原註：《瞧！這個人》，第一卷，第7節。

36.　　原註：《道德系譜學》，第一卷，第10節。

5

他好嗎？他壞嗎？

　　如此，兩種表述方式：我好，因此你壞。——你壞，因此我好。我們握有戲劇化方法。是誰說了兩種表述方式中的一種呢？誰說了另一種呢？他們各自意欲著什麼呢？不可能是同一個人說出這兩種，因為一種的好恰恰是另一種的壞。「好的概念不是唯一的」[37]；好的、壞的及甚至是因此等字皆具有好幾個意義。這兒也一樣，我們將確認這種本質上是多元及內在的戲劇化方法確實將它的規則賦予了研究。研究在他處找不到任何的科學規則，能夠將它發展成一門符號學及一套價值論（axiologie），並且讓它得以確立一個字的意義及價值。我們要問：那位從說「我好」開始的人是哪一個？誠然，這不會是那位拿自己跟其他人比較的人，也不會是那位將自己的行動及

自己的作品跟高等或超越的價值相比較的人：他不開始……這位說「我好」的人不會等著被說好。就他行動著、肯定著並享受著的情況下，他如此叫自己、他如此命名自己並如此說自己。好這個字為那些在其施展中感受自身（qui s'éprouvent dans leur exercice）的主動性、肯定、享受描繪了特性：某種靈魂的性質，「一種靈魂關乎其自身所擁有的某種根本的確定性，是某種無法探求、發現及或許甚至是失去的東西。」[38]尼采經常稱作卓越（*la distinction*）的東西，是我們肯定著的東西（我們不必尋找它）、是我們付諸行動的東西（我們找不到它）、是我們享受著的東西（我們無法失去它）之內在特性。那位肯定著並行動著的人同時也是那個存有著的人（celui qui est）：「根據其字根，*esthlos*[39]這個字意味著某個存有著、具有現實性的、係實在的、係真實的的人。」[40]他說：「這個人知道自己將榮耀賦予事物，知道自己創造價值。所有他在自身上（en soi）找到的一切，他榮耀之；一種如此這般的道德涉

37.　　原註：前引書，第一卷，第11節。

38.　　原註：《超越善惡》，第287節。

39.　　譯註：esthlos（ἐσθλός）係「好的」，指人或物。

40.　　原註：《道德系譜學》，第一卷，第5節。

及對自己的頌揚（la glorification de soi-même）。它將飽滿（la plénitude）、意欲溢出的權力（la puissance qui veut déborder）之感受、一種高度內在緊繃狀態之美滿，一種渴望施予和奉獻的富饒之意識置於最重要的位置上。」[41]「此乃那些好本身（les bons eux-mêmes）——即那些卓越之人（les hommes de distinction）、那些權能者（les puissants）、那些由於他們的位置及他們靈魂的提升而是上位的的人——視自己為好，評斷他們的行動為好，也就是說屬於第一級（de premier ordre），建立起這套對比於一切是低下、偏狹、庸俗的東西的分類方式（taxation）。」[42]但是，沒有任何的比較加入在原理中[43]。如果說在其他的人不肯定著、不行動著、不享受著的情況下，他們便是壞的，這也僅僅是一種次級的後果（une conséquence secondaire）、一種否定的結論。好首先指主人。壞意味著後果並指奴隸。壞，它是否定的、被動的、惡劣的、不幸的。尼采概略說明了他對於泰奧格尼斯（Théognis）[44]令人讚賞的詩所做的評論，他的詩完全建立在根本的抒情肯定（l'affirmation lyrique）之上：我們是好人，他們是壞人、惡劣的人。人們在這種貴族式的欣賞中尋找著一絲道德性的色調將是徒勞的；它涉及一種倫理學和一種類型學，力的類型學，與此相對應的存有方式的倫理學。

「我好，因此你壞」：在主人的口中，因此這個字僅僅將

一個否定的結論導入。否定的東西是結論。而這種結論僅僅作為一個飽滿的肯定（une pleine affirmation）「我們乃貴族、優美的人、幸福的人」[45]之後果而被提出。在主人那兒，整個正面性（tout le positif）都在前提裡。他所需要的是行動和肯定的前提，以及對於這些前提的享受，以得出某種否定之結論，其並非必不可少並且沒什麼重要。這只是一個「附件、一種補充的細微差異（une nuance complémentaire）」[46]。它唯一的重要性是增加行動和肯定的含量（la teneur）、鞏固他們的結盟及加倍它們所對應的享受：好，「不尋求其對立點，除非是為了帶著更多的快樂得到肯定。」[47]這就是攻擊性之地位：它是否定的，不過是作為肯定前提（prémisses positives）之結論的否定，是作為主動性之產物（produit de l'activité）的否定，

---

41. 原註：《超越善惡》，第260節：參考權力意志作為「施予的美德」（vertu qui donne）。
42. 原註：《道德系譜學》，第一卷，第2節。
43. 譯註：因為好就是其本身，不是來自任何比較。
44. 譯註：泰奧格尼斯（Théognis de Mégare），西元前六世紀之古希臘輓歌體（élégiaque）詩人。
45. 原註：前引書，第一卷，第10節。
46. 原註：前引書，第一卷，第11節。
47. 原註：前引書，第一卷，第10節。

是作為一種肯定權力之後果的否定。主人經由一種三段論而被認出，當中需要兩個肯定命題來得到一個否定，最後的否定只是強化那些前提的一種手段。——〔當我們說〕「你壞，因此我好。」一切都變了：否定變成前提，肯定被設想為一項結論，否定前提（prémisses négatives）的結論。否定才是重點，而除了透過否定，肯定並不存在。否定已經成為「最初觀念、開端、最具代表性的舉措」[48]對於奴隸而言，所需要的是反動及否定、怨恨及虛無主義的前提，好獲得一個表面上肯定的結論。而且，它所擁有的仍然只是正面性（positivité）的外表。這就是為什麼尼采如此堅持要區分怨恨和攻擊：它們在天性上有別。怨恨的人需要構想一個非我，然後反對這個非我，以便最終確立為自己（soi）。奴隸奇怪的三段論：他需要兩個否定來完成一個肯定的外表。我們已經領略到是在何種形式下奴隸的三段論在哲學上會如此地成功：辯證法。辯證法，如同怨恨之意識形態。

「你壞，因此我好。」在這個表述方式中，說話的是奴隸。不可否認，這裡也一樣，一些價值被創造出來。然而是哪些奇怪的價值啊！人們從設定他人壞開始。就這樣，那位過去說自己好的人，現在人們則說他壞。這個壞蛋，就是那位行動著的人，就是那位不克制自己別去行動的人，因此就是那位不從行動將會對一些第三方帶來什麼後果的角度來考量行動

的人。而好人，現在就是那位克制自己不去行動的人：他之所以好正是基於此，他將任何行動皆關聯上那位不行動的人的觀點、關聯上那位感受著任何行動的後果的人的觀點、或更屬害地，關聯上一位細察著任何行動的意圖（intentions）的神性第三者（un tiers divin）的更巧妙的觀點。「無論誰不對任何人施加暴力，無論誰不冒犯或攻擊任何人、不利用任何復仇的行為並把報復一事交給**神**，無論誰跟我們一樣保持隱匿、避免跟邪惡有任何瓜葛，此外跟我們——病人、謙卑者和公正之士——一樣對生活的期望很小，那麼他便好。」[49]於是誕生了善與惡：倫理的規定性，即好與壞的規定性，讓位給道德的評判。倫理之好變成道德之壞，倫理之惡變成道德之好。善與惡並非好與壞，而是相反地，是它們的規定性之對調、反轉、顛倒。尼采堅持以下觀點：「超越善惡」並不意味著「超越好壞」。正好相反[50]……。善與惡是新的價值，但是在創造這些價值的方式中有著何等的詭異！人們藉由顛倒好與壞來創造它們。人們並非藉由行動著來創造它們，而是藉由克制自己行動來創造[51]。

48.　　原註：前引書，第一卷，第11節。

49.　　原註：前引書，第一卷，第13節。

50.　　原註：前引書，第一卷，第17節。

不是藉由肯定著，而是藉由開始去否定。這就是為什麼人們稱它們是非創造的、是神性的、是超越的、是高過於生命的。但是讓我們思索一下這些價值所隱藏的東西、它們的創造模式。它們隱藏著一種巨大的仇恨，一種反對生命的仇恨，一種反對生命中一切主動和肯定的東西的仇恨。沒有任何的道德價值能夠繼續維持片刻半晌，如果它們跟這些它們身為其結論的前提分隔開來的話。說得更深入一些，沒有任何宗教價值可以跟它們本身汲取其後果的這種仇恨和這種報復分隔開來。宗教之正面性係一種表面的正面性：人們得出結論說，悲慘的人、貧窮的人、弱者、奴隸皆是好人，既然強者皆是「壞的」和「該下地獄的」。人們發明了好的不幸者、好的弱者：沒有比這個更好的報復方式來對付強者及快樂的人了。如果沒有猶太教怨恨的權力（la puissance du ressentiment judaïque）帶動著它及引導著它，基督教的愛會變成什麼？基督教的愛並非猶太教的怨恨之對立面，而是它的後果、它的結論、它的加冕[52]。宗教或多或少隱藏著它直接源自其中的原理（並且通常是在危機時期它完全不再隱藏）：否定性前提的重壓、報復精神、怨恨權力。

51.　　　譯註：藉著行動著來創造價值係指價值來自行動中，來自主動性的施展中。

52.　　　原註：前引書，第一卷，第8節。

6

謬誤推論

你壞；我是你所是（ce que tu es）的對立面；因此我好。——什麼構成了謬誤推論呢？假設有一隻羔羊界的邏輯學家。咩咩叫的羔羊之三段論表述如下：猛禽壞（也就是說，猛禽皆是壞蛋，壞蛋是猛禽）；然而，我是一隻猛禽的對立面；因此，我好[53]。顯然，在幼鳥的狀態下，猛禽被當作猛禽看：一股跟它〔天性〕的結果（effets）或展露分不開的力。但是在成鳥的狀態下，人們認定猛禽可以不展露其力，牠可以抑制其

53.　　原註：前引書，第一卷，第13節：「這些猛禽壞；而那隻盡可能不是猛禽的東西，或甚至恰恰相反那隻是羔羊的東西——它不是好的嗎？」

結果，並且跟其所能分隔開來：它壞，既然它沒有克制自己。因此人們認定，實際上在有美德的羔羊身上自我克制的力、但在壞猛禽身上恣意而行的力是一種唯一且相同的力。既然強者可以阻止自己行動，弱者就是那個可以行動的人——假如他沒有阻止自己的話。

　　這就是怨恨的謬誤推論所賴以立足的東西：關於一種跟其所能分隔開來的力的虛構。正是由於這種虛構，反動力才得以獲勝。實際上，僅僅避開主動性對它們而言是不夠的；它們還必須顛倒力的關係，它們還必須對立於主動力並且將自己再現為上位的（supérieures）。在怨恨中的控訴程序完成了此項任務：反動力「投射」（projeter）出關於力的一種抽象及被中性化〔或使不起作用〕（neutralisée）形象；一個跟其結果分隔的如此的力，對它而言行動是有罪的，相反地，如果它不行動則是有功的（méritante）；更有甚者，人們想像，比起行動來說，克制自己還需要更多的（抽象的）力。我們將看到，藉由這種虛構，反動力取得了一種感染能力（un pouvoir contagieux），而主動力變成了實實在在地反動的，因此更為重要的是分析此一虛構的細節：

1. 因果關係（la causalité）時刻：人們將力一分為二。儘管力並沒有跟它的展露分隔開，但人們卻

把<u>展露</u>變成一個結果，其關聯上力就如同關聯上一個與之既區別又分隔的原因（une cause distincte et séparée）：「人們把相同的現象首先當成原因，然後再當成此一原因的結果。物理學家也沒高明多少，當他們說力作用著，又說力產生了這種或那種結果。」[54]人們把「一個簡單的助記符號、一個精簡過的表述方式〔公式〕」當成一個原因：例如當人們說閃電發亮時[55]。人們用一個因果的想像關係取代意涵的實在關係（le rapport réel de signification）[56]。人們開始先把力抑制在其自身，然後再把它的展露變成某種別的東西，其在力中找到一個與其區別的動因（cause efficiente distincte）；

54.　原註：同前。

55.　原註：《權力意志》，第一卷，第100節。

56.　原註：參考《偶像的黃昏》，「四個大錯」（Les quatre grandes erreurs）：對於因果關係的詳盡批判。

2. 實體（la substance）時刻：人們將如此被一分為二的力投射在一個基質（un substrat）當中、在一個可以自由展露力或不展露力的主體中。人們讓力中性化，人們將它變成同樣也可以不行動的主體之舉措。尼采不斷指責存在於「主體」中的一種虛構或一種語法功能。無論是伊比鳩魯派的原子、笛卡爾的實體、還是康德的物自身，所有這些主體都是「想像的小惡魔」（petits incubes imaginaire）之投射[57]；

3. 逆規定性（la détermination réciproque）時刻：人們將如此被中性化的力加以道德化。因為如果人們設想一個力完全可以不展露它所「具有」的力，那麼反過來設想力可以展露它所「沒有」的力也就不再荒謬了。一旦這些力被投射在一個虛構的主體（un sujet fictif）中，這個主體將自顯其有罪或有功，他有罪於主動力行使著它所具有的主動性，他有功於如果反動力不行使它……所沒有的主動性[58]：「宛如弱者的弱本身——也就是說其本質，整個他獨特、不可避免和不可磨滅的現實——都是一種自由的成就，某種自願選擇的東西，一項有功的舉措。」[59]人們以被實體化的

力（善與惡）之間的道德對立來取代力之間的具體區別、被質化的力（好與壞）之間的起源性差異。

57.　原註：《道德系譜學》，第一卷，第13節；針對 笛卡爾我思（*cogito*）的批判，參見《權力意志》，第一卷，第98節。

58.　譯註：對此，我們可以到德勒茲隨即引用的這段文本中獲得理解。尼采於此提到了弱者所發明的道德要強者（猛禽）不能強，因為強者強便是「有罪的」，而弱者（羔羊）原本就是弱的，弱者的道德卻說弱者自願選擇不強，也就是不行使他實際上根本沒有的主動性，並稱此為「有功的」。參見《道德系譜學》，第一卷，第13節。附帶一提，本段落標題為「逆規定性」，在理解上要將三點一起看：第一點談力被說成因果關係，第二點進一步將「因」實體化為一個主體，是力的行使者，第三點則說這種一分為二的東西形成了虛構的主體跟力，力的行使反過來（曰之為「逆」的緣故）決定了主體之有罪或有功。

59.　原註：《道德系譜學》，第一卷，第13節。

7

怨恨之發展：
猶太教士

    分析讓我們從怨恨的第一個面向邁向第二個面向。當尼
采在後頭談到愧疚時，他明確將之區分成兩個面向：第一個
面向，其中愧疚係「在未加工狀態（l'état brut）下」、純材料
或「動物心理學問題，僅此而已」；第二個面向則是利用這
種預先材料並且使其成形的時刻，若無之，則愧疚將不成為愧
疚[60]。這種區別對應著拓撲學及類型學。然而，一切都表明，
它對怨恨來說也成立。怨恨一樣，它也具有兩個面向或兩個時
刻。第一個 —— 拓撲學的、跟動物心理學問題有關的 —— 面
向，構成了作為未加工材料的怨恨：它表現出反動力避開主動
力之作用的方式（反動力之位移、痕跡記憶對意識之入侵）。
第二種——類型學的——面向表現出怨恨成形的方式：痕跡記

憶變成一種類型的特徵，因為它體現了報復精神並進行著一項無止盡控訴的事業；於是反動力對立於主動力並且讓它們跟其所能分隔開（力的關係之顛倒、一種反動形象之投射）。我們會注意到，如果沒有怨恨的這個第二個面向，反動力的造反還算不上勝利，或者說這只是局部的勝利，還不是完全的勝利。我們也會注意到，在兩種情況下，反動力都不會藉著形成一個比主動力的力還大的力而獲勝：在第一種情況中，一切都發生在反動力之間（位移）；在第二種情況中，反動力讓主動力跟其所能分隔開來，不過這是藉由一種虛構、藉由一種神祕化（藉由投射而進行顛倒）。由此，為了理解整個怨恨，我們還有兩個問題需要解決：

1. 反動力如何生產出這種虛構？
2. 在何種影響下，反動力生產了它？也就是說，誰讓反動力從第一階段進到第二階段？誰煉製（élaborer）了怨恨的材料？誰讓怨恨成形，怨恨之「藝術家」（l'artiste du ressentiment）是什麼？

60.　　　原註：《道德系譜學》，第三卷，第20節。

力跟它們的性質所從出的差異元素是不可分的。但是反動力給了一個關於此元素的顛倒形象：從反動的角度來看，力的差異變成了反動力跟主動力的對立。因此，只要反動力有機會發展出或投射出這種形象就夠了，以便力的關係及與之相對應的價值被顛倒。然而，這個機會，它們是在尋找能夠避開主動性的方式的時候碰上了。停止被作用的同時，反動力也投射出被顛倒的形象。正是這種反動的投射被尼采稱為一種虛構：一個跟〔我們所在的〕這個世界相對立的超越感覺世界（un monde supra-sensible）的虛構，一位跟生命矛盾的神之虛構。正是它被尼采拿來跟夢之主動權力（la puissance active du rêve）、乃至於跟那些肯定著及頌揚著生命的諸神之正面的形象加以區別：「當夢之世界反映了現實，虛構之世界卻只會曲解它、貶低它及否定它。」[61]正是它主導著怨恨的整個演進，也就是說，主導著那些操作，藉著它們同時讓主動力跟其所能分隔開來（歪曲）、被控訴及被對待為有罪的（貶低）、讓相應的價值被顛倒（否定）。正是在這種虛構中、透過這種虛構，反動力將自身表現為上位的。「為了在對代表著生命之上升運動的一切之回應時說不、為了在對確實已誕生的一切、權力、美、對大地上的肯定自身（affirmation de soi sur terre）之回應時說不，便需要由已經變成天才（génie）的怨恨之本能為自己發明出另一個世界，由此這種對生命的肯定顯現為惡、為

本身就該受譴責的東西。」[62]

　　還需要怨恨變成「天才」。還需要一個在虛構方面的藝術家，他能夠把握機會、並且指導投射、帶領控訴、執行顛倒。我們別以為從怨恨的一個時刻到另一個時刻的轉移——如此靈敏而精確——皆可化約為一種簡單的機械性串聯。需要一位天才藝術家的介入。尼采的問題「誰？」聽起來比以往任何時候都更加地迫切。「《道德系譜學》包含了第一個教士心理學。」[63]那位讓怨恨成形的人、那位帶領著控訴並總是將報復事業推到更遠境界的人、那位敢顛倒價值的人，他便是教士。並且尤其是猶太教士，是在其猶太教形式下的教士[64]。正是他，這位辯證法大師，給予奴隸反動三段論的觀念。正是他捏造出否定前提。正是他構想出愛，一種新的愛，基督徒將之歸到自己身上，作為一種令人難以置信之仇恨的結論、加冕、毒花。正是他開始於這樣說著：「只有悲慘的人是好人；只有窮

61.　　原註：《反基督》，第15節，還有第16及18節。

62.　　原註：前引書，第24節。

63.　　原註：《瞧！這個人》，第三卷「為何我寫了如此好的書」，〈道德系譜學〉。

64.　　原註：在《反基督》的第24、25、26節中，尼采總結了他對猶太人歷史的詮釋：猶太教士已經是扭曲以色列諸王和《舊約》之傳統的人。

人、無能者、低下的人是好人；那些受苦的人、窮人、病人、畸形者也是僅有的虔誠者，僅有蒙受神祝福的人；至福僅屬於他們。反過來說，你們這些其他人，高貴而強大的你們，你們永遠是壞人、殘忍的人、貪婪之徒、貪得無厭者、不敬虔者，並且，永恆地，你們也是被譴責的人、被詛咒的人、下地獄的人！」[65]沒有他，奴隸將永遠不會知道如何把自己提升到怨恨的未加工狀態之上。由此，為了正確衡量教士的介入情況，便需要看他是在何種方式下成為反動力之共謀，但只是同謀而已，並未跟它們混為一談。他確保了反動力的勝利，他需要這種勝利，但是他追求著一個不能跟其目標混為一談的目標。他的意志就是權力意志，他的權力意志就是虛無主義[66]。虛無主義、給予否定的權力，它需要反動力，我們再度碰到這項基本命題，但也還有它的逆命題（sa réciproque）：正是虛無主義、給予否定的權力，它帶領著反動力取得勝利。這種雙重作用給了猶太教士無可比擬的一個深度和一種兩面性：「出於一種在保存方面深層的智慧，他自由地贊同了墮落之本能，並非因為他受它們所主宰，而是他從它們上頭預見了一種權力，其可讓他達到對抗世界的目的。」[67]

我們需要回到尼采這些探討猶太教和猶太教士著名的頁面上。它們經常引發那些最可疑的詮釋。我們知道，納粹分子跟尼采的作品間有著曖昧的關係：日之曖昧，因為他們喜歡利

用它們，但無法不在引用上截頭去尾、歪曲版本、禁止主要的文本。反過來說，尼采本人跟俾斯麥政權沒有任何曖昧的關係可言。跟泛日耳曼主義（le pangermanisme）和反猶太主義的關係更少。他鄙視它們、厭惡它們。「別跟任何牽扯在這無恥種族鬧劇中的人往來。」[68]以及他內心的吶喊：「但說到底，當查拉圖斯特拉的名號從反猶太分子口中冒出時，您認為我感受到的會是什麼呢？」[69]為了理解尼采關於猶太教所進行思考

65.　　原註：《道德系譜學》，第三卷，第7節。

66.　　原註：《反基督》，第18節：「以**神**之名，向生命、向自然、向生存意志宣戰。**神**，是給對此岸的所有汙衊、給對彼岸的所有謊言之表述方式嗎？被神性化成神的虛無，被神聖化的虛無意志……」——《反基督》，第26節：「教士濫用了**神**之名：他把一種實際上是教士訂定其價值的事物狀態（état de choses）稱為**神**的統治，他把自己用來達到或維持某個事物狀態的手段稱為**神**的意志……」

67.　　原註：《反基督》，第24節；《道德系譜學》，第一卷，第6、7、8節：這個教士不跟奴隸相混，而是形成了一種特殊的集團（caste）。

68.　　原註：《尼采遺著》（*Œuvres posthumes*），亨利·讓·波勒（Henri Jean BOLLE）譯，Mercure de France出版。

69.　　原註：分別寫於1887年3月23日及29日致弗里奇（Fritsch）信件。——關於所有這些方面，關於納粹對尼采的歪曲，參見尼古拉（P. M. NICOLAS）的著作《從尼采到希特勒》（*De Nietzsche à Hitler*）（Fasquelle, 1936），其收錄了這兩封給弗里奇的信。——尼采文本被反猶太分子所用而其意義卻恰恰相反的一個很好例子，見於《超越善惡》，第251節。

之意義，我們必須記得「猶太問題」在黑格爾學派中成了一個最具代表性的辯證法主題。此處也一樣，尼采重拾問題，但遵循著他自己的方法。他問：教士是如何在猶太人的歷史中形成的？他在哪些條件下形成的，這些條件將顯露出對整個歐洲史具有決定性嗎？沒有別的事情比起尼采對以色列國王和舊約的讚揚更讓人驚訝的了[70]。猶太問題跟在這個以色列世界中教士形成的問題是同一回事：這才是真正的類型學性質的問題。這就是為什麼尼采這麼強調下述這一點：我是教士心理學之發明者[71]。在尼采那兒確實不乏跟種族有關的思考。但是種族永遠只是作為一個交叉作用中的元素、作為一個生理的、以及也是心理的、政治的、歷史的和社會的複合體中的因素而介入其中。一個這樣的複合體正是尼采所稱的一個類型。除了教士的類型，對尼采而言沒有其他問題了。而這個同樣的猶太民族——它在其歷史的某個時刻在教士身上找到它的存在條件——在今天也是最有能力藉著發明新的條件來拯救歐洲、來保護歐洲對抗它自己的人[72]。人們讀著尼采關於猶太教的這些頁面的同時，不能不提到他寫給反猶太主義和種族主義作家弗里奇（Fritsch）[73]的內容：「我請您別再寄給我您的出版物了：我怕會失去耐性。」

70. 原註：《超越善惡》，第52節：「對《舊約》的愛好係靈魂偉大或平庸的試金石……將《舊約》和《新約》裝訂在一起，置於同一個封面下──從各個方面來看，此乃洛可可口味的勝利──以便做成單獨、相同的一本書《聖經》，這部最具代表性的**聖**典，這可能是歐洲文學對精神所犯下的最大的冒犯和最糟的罪過。」

71. 原註：《瞧！這個人》，第三卷，〈道德系譜學〉。

72. 原註：參考《超越善惡》，第251節（討論猶太人、俄羅斯人及德國人的著名文本）。

73. 譯註：弗里奇（Theodor Fritsch, 1852-1933），德國作家、出版家及政治人物，鼓吹反猶太主義。

8

愧疚與內在性

此乃怨恨在其兩個面向下的目標：剝奪主動力在施展上的物質條件；明確地將它跟其所能分隔開來。但是，如果說主動力真的以虛構的方式跟其所能分隔開來，那麼，某個實在的東西發生在它身上、如同此一虛構的結果，這一點也是真的。從這個角度來看，我們的問題並沒有結束：主動力實在地（réellement）變成什麼？尼采的回答非常精確：一個主動力無論是為了何種原因受到扭曲、被剝奪其施展條件並且被跟其所能分隔開來，它都會轉向內在，它都轉而反對自己。自我內在化（s'intérioriser）、轉身反對自己，如此乃主動力實在地變成反動的的方式。「所有缺乏出口、受到某種壓制力阻撓而無法向外迸發的本能皆轉到內在：我所說的人的內在化

（l'intériorisation de l'homme）在此⋯⋯愧疚的起源在此。」[74]正是在這個意義上，愧疚取代了怨恨。正如我們所看到的那樣，怨恨擺脫不了一種可怕的邀請、一種誘惑，就如同一種擴大感染的意志。在一種包裹著糖衣的愛之庇護下，它將其仇恨隱藏著：我控訴你，是為了你的好；我愛你，好讓你加入我的行列、直到你加入我的行列，直到你本身成為一個痛苦的、生病的、反動的人，一個好人⋯⋯「這些怨恨的人何時才會在他們的報復上達到崇高、最終、燦爛的勝利呢？毫無疑問，當他們能夠將自己的悲慘及一切悲慘皆拋擲（jeter）在幸福者的意識中的時候：乃至於這些人開始為自己的幸福感到臉紅並且可能對彼此說：在這麼多的悲慘前面，過得幸福是一種恥辱。」[75]在怨恨中，反動力控訴著及自我投射著（se projeter）。但是，如果它沒有引領被告本人承認自己的過失、「轉向內在」，怨恨就什麼都不是：主動力之內射（introjection）並非投射（projection）的對立面，而是反動投射的後果與後續。我們不會在愧疚中看到一個新的類型：我們頂多是在反動類型中、在奴隸類型中發現了一些具體的變化（variétés concrètes），在其

74.　　原註：《道德系譜學》，第二卷，第16節。

75.　　原註：前引書，第三卷，第14節。

中怨恨幾乎處於純粹的狀態（l'état pur）；其他的變化，在其中達到其充分發展的愧疚涵蓋了怨恨。反動力繼續歷經不同階段向勝利邁進，並未停下腳步：愧疚讓怨恨繼續延伸，把我們帶向更遠而進入一個由感染所主導的領域中。主動力變成反動的，主人變成奴隸。

　　跟其所能被分隔開，主動力不會煙消雲散。轉身反對自己，它產生了痛苦。不再享受著自己，而是產生了痛苦：「這項令人不安的工作，充滿了令人害怕的喜悅，是一個自願四分五裂的靈魂之工作，其出於折磨的樂趣而讓自己受苦」；「苦難、疾病、醜陋、故意毀損、自我殘害、苦修、自我犧牲皆等同於一種享受而受到追求。」[76]痛苦不是由反動力所處理，而是由原本的主動力所產生。其結果是一個不可思議的奇怪現象：痛苦的一種數量倍增、一種自我繁殖、一種超量生產。愧疚是使其痛苦倍增的意識，它找到了讓痛苦生產出來的方法：讓主動力轉而反對自己，即不潔淨的工廠。藉著力之內化、藉著力之內射來促成痛苦之倍增，如此乃是愧疚的第一個定義。

76.　　　原註：前引書，第二卷，第18節；第三卷，第11節。

9

痛苦之問題

　　至少，如此乃是愧疚之第一個面向的定義：拓撲的面向，未加工狀態或物質狀態。內在性是一個複雜的概念。首先被內在化的東西是主動力；但是被內在化的力變成痛苦的製造者；並且，當痛苦被更多地生產出來的時候，內在性「在深度上、在廣度上、在高度上」也不斷擴大，成為一個越來越貪得無厭的無底洞。也就是說，接著，現在輪到痛苦本身也被內在化、感官化（sensualisée）、精神化（spiritualisée）。這些說法意味著什麼？人們為痛苦發明了一個新的意義，一種內在的意義，一種內心深處的意義：人們使痛苦成為一種罪過、一項過錯的後果。你產生痛苦，因為你犯了罪過，可以透過產生痛苦來拯救自己。被構想成一種內心深處過錯之後果和一種內在拯救機

制的痛苦，隨著人們製造它而受到內化的痛苦，「被轉化成過錯感、恐懼感、懲罰感的痛苦」[77]；這就是愧疚的第二個面向，它的類型學時刻，作為有罪感（culpabilité）的愧疚。

為了理解這項發明的性質，就必須估量一項更一般性問題之重要性：痛苦的意義是什麼？存在的意義完全取決於它；當痛苦在存在中有意義，存在就有意義[78]。然而，痛苦係一種反動。看起來，它唯一的意義就在於對此反動施以作用的可能性上，或至少讓它局部化，隔離其痕跡〔或蹤跡〕，最終避免任何擴散，直到我們可以再次反一作用。痛苦之主動意義因此表現為一種外在意義。為了從一個主動的角度來評斷痛苦，就必須將其保存在它外部性的元素中。並且當中需要一整套藝術，那就是主人的藝術（l'art des maîtres）。主人有個祕密。他們知道痛苦只有一個意義：取悅某人，取悅那個施刑於它或凝視著它的人。如果主動的人能夠不將他自己的痛苦當一回事，那是因為他總是想像到它所取悅的人。在對於充斥在希臘世界中那些活力十足神明的信仰中，一種如此這般的想像並非無關痛癢：「只要一位神明樂見於此，所有的惡皆被正當化……分析到最後，特洛伊戰爭和其他恐怖悲劇有什麼意義呢？毫無疑問，它們是討好眾神目光的遊戲。」[79]今天人們傾向將痛苦說成是反對存在的論據；這套論證方式證明了一種人們所鍾愛的思考方式，一種反動的方式。我們不僅把自己放在受苦者的角

度看事情，更把自己放在已不再對其反動施以作用的怨恨者的角度看事情。我們該了解，痛苦的主動性意義出現在其他的觀點中：痛苦不是一種反對生命的論據，而是相反地，一種生命的興奮劑，「對生命而言的一個誘餌」，一個有利於它的論據。看人受苦或甚至施加苦難係生命作為主動生命的一種結構（une structure de la vie comme vie active），係生命的一種主動的展露。痛苦具有一種有利於生命的直接意義：它的外在意義。「我們的嬌弱，或毋寧說我們的偽善，用盡一切氣力，厭惡想起殘忍在何種程度上曾經是原始人所偏好的快樂，並且如同成分般地幾乎出現在所有他的享樂中……沒有殘忍便沒有快樂，如此乃人類最古老、最漫長的歷史告訴我們的事。連懲罰也有節慶的氣氛。」[80]這是尼采對於這個特別具有精神主義色彩的（spiritualiste）問題之貢獻：痛苦和苦難之意義是什麼？

應當要更加佩服愧疚的驚人發明：一個關於苦難的新意義，一種內在意義。這不再是對其痛苦施以作用的問題，也

77.　　　原註：前引書，第三卷，第20節。

78.　　　原註：「不合時宜的思考」系列，第三卷《叔本華教育者》，第5節。

79.　　　原註：《道德系譜學》，第二卷，第7節。

80.　　　原註：前引書，第二卷，第6節。

不是從主動的角度來評斷它的問題。相反地，人們會透過激情來麻木自己以對抗痛苦。「最野蠻者的激情」：人們讓痛苦是一個過錯的後果和一種拯救的手段；人們藉著製造出更多的痛苦、藉著將之更加地內在化來治癒痛苦；人們麻木自己，也就是說人們透過感染傷口來治癒痛苦[81]。早在《希臘悲劇的起源》中，尼采已經點出了一項重要的看法：希臘悲劇在戲劇成為一個內心深處的衝突及在苦難被內在化的同時便死了。然而是誰發明了痛苦的內在意義並意欲著它呢？

81.　　原註：前引書，第三卷，第15節。

10

愧疚之發展：
基督教士

力的內在化，然後是痛苦本身的內在化：從愧疚的第一時刻到第二時刻的轉移並不會比怨恨的兩個面向的串聯更自動。此處亦然，需要有教士的介入。這教士的第二次現身是基督教的現身：「唯有在教士的手中，這位過錯感受（le sentiment de faute）方面的真正藝術家手中，這種感受才開始成形。」[82]那是基督徒—教士讓愧疚脫離其未加工狀態或動物狀態，那是他主導著痛苦之內在化。那是他，這位醫師—教士，藉由感染傷口來治癒痛苦。那是他，這位藝術家—教士，將愧疚帶入了更

82.　　原註：前引書，第三卷，第20節。

高的形式：痛苦，一種罪過之後果。——然而，他是怎麼進行的？「如果我們想用一個簡短的表述方式來概括教士存在的價值，我們應該這麼說：教士是改變怨恨之方向的人。」[83]我們記得，怨恨的人——其本質上是痛苦的——尋找著他苦難的原因。他控訴著，他控訴著生命中主動的一切。在此，教士已經在第一種形式下浮出檯面：他主導著控訴，他組織著它。看這些說自己好的人，我〔教士〕跟你說：他們是壞人。因此，怨恨權力完全以他者（l'autre）為導向、以反對其他人為導向。然而，怨恨是一種爆炸性物質（une matière explosive）；它導致主動力變成反動的。於是怨恨需要適應這些新條件；它需要改變方向。現在，是在他自己身上，反動的人必須找出其苦難的原因。對於此一原因，愧疚啟發他必須「在其自身，在過去所犯下的一個過錯中」尋找它，「他必須將它詮釋為一種懲罰」[84]。而為了主導這個方向上的改變，教士第二次出現：「確實，我的羔羊，某個人應該是你受苦的原因；但你自己就是這一切的原因，你自己是你自己的原因。」[85]教士發明了罪過的概念：「直到現在，罪過依然是罹病靈魂史上的首要大事；對我們來說，它代表著宗教詮釋上危害最深的花招。」[86]過錯一詞現在關聯上的是我所犯的過錯，我自己的過錯，我的有罪。這就是痛苦怎麼被內在化的方式；一項罪過的後果，除了內心深處的意義外，它別無其他意義。

基督教與猶太教之間的關係必須從兩個角度進行評價。一方面，基督教是猶太教之結果。它繼續了其道路，它完成了其事業。整個怨恨權力最終抵達窮人、病人和罪人所信仰的神跟前。在一些廣為人知的段落中，尼采強調聖保羅仇恨的特質，強調《新約》之低下[87]。甚至是基督之死也是一種拐彎抹角回到猶太教價值上的方式：藉著這個死亡，人們在愛與恨之間建立起一種假對立，人們讓這個愛更具誘惑力，宛如它自外於這個恨、對立於這個恨、受害於這個恨[88]。人們掩蓋了彼拉多[89]已經發現的真相：基督教是猶太教的結果，它在猶太教中找到了它所有的前提，它只是這些前提的結論。——然而，從另一個角度看，基督教確實帶來了新的色調。它不自滿於完成了怨恨，它還改變了其方向。它強加了這項新發明，即愧疚。然而，此處同樣也不會，我們不會相信這種怨恨轉入愧疚中的新方向跟

83.　　　原註：前引書，第三卷，第15節。

84.　　　原註：前引書，第三卷，第20節。

85.　　　原註：前引書，第三卷，第15節。

86.　　　原註：前引書，第三卷，第20節。

87.　　　原註：《反基督》，第42-43節、第46節。

88.　　　原註：《道德系譜學》，第一卷，第8節。

89.　　　譯註：彼拉多（Ponce Pilate），羅馬帝國猶太行省總督（任期約為西元26年至36年間），判處耶穌死刑。

最初的方向是對立的。此處也一樣，這只是一種補充的誘惑、一種補充的引誘。怨恨過去說「這是你的過錯」，愧疚現在說「這是我的過錯」。但確切地說，只有在其感染蔓延開來時，怨恨才會平息。它的目標是使整個生命成為反動的，使健康者成為罹病的。對它來說，光是控訴不夠，還需要被告者感到有罪。然而，是在愧疚中，怨恨才做出了示範，並且達到其感染性權力的頂峰：藉著改變方向而致之。這是我的錯，這是我的錯，直到整個世界重彈這虧欠的老調，直到生命中所有主動性的東西都發展出這種相同的有罪感。而對教士的權力而言，沒有其他的條件：出於天性，教士是使自己成為受苦者之主人的人[90]。

凡此，我們再次看到尼采的企圖：在辯證法家看到反論或對立之處，指出一些更細膩的差異猶待發現、一些更深層的協調及相應猶待評價：不是黑格爾的苦惱意識，其僅係徵兆罷了，而是愧疚！愧疚第一個面向的定義是：藉著力之內在化，致使痛苦倍增。第二個面向的定義是：藉著怨恨方向之改變，致使痛苦內在化。我們曾經強調過愧疚接替怨恨的方式。我們還需要強調愧疚和怨恨之間的平行演進。不單是這些變化中的每一個皆具有拓撲的和類型的兩個時刻，而且從一個時刻到另一個時刻的轉移皆由教士這種人物介入。而教士總是透過虛構行動。我們分析過在怨恨中價值顛倒所立足的虛構。但是仍然

有一個問題留待我們解決：痛苦的內在化、怨恨轉入愧疚中的導向改變是立足在怎樣的虛構上呢？尼采認為，這個問題更複雜，因為它涉及到被稱為文化的現象整體。

90.　　　原註：前引書，第三卷，第15節。

11

從前歷史觀點看文化

　　文化意味著訓練和選擇。尼采把文化運動稱為「習俗的教化」（moralité des moeurs）[91]；後者跟用來訓練人的枷鎖、酷刑、殘忍手段分不開。但是在這種暴力的訓練中，系譜學家之眼區分出兩種元素[92]：（1）在一個民族、一個種族或一個階級中，人們所服從的東西始終是歷史的、武斷的、怪誕的、愚蠢的和狹隘的；這最常代表著那些最糟糕的反動力；（2）然而，在人們〔總是〕服從於某個東西的這個事實裡（無論其服從的對象為何），都顯現著一種超越民族、種族和階級的原理。服從法律，因為這是法律：法律的形式意味著某種主動性、某種主動力施展在人身上，以訓練人為其任務。即便在歷史中劃分不開，這兩個面向也不該被混為一談：一

方面是一個國家、一個**教會**等的歷史的壓力，施加在要予以同化（assimiler）的個體身上；另一方面是作為類存有（être générique）的人的主動性、人類（l'espèce humaine）之主動性——就這種主動性施展在作為個體的個體（l'individu comme tel）身上的情況下。這是何以尼采用到「原始的」、「前歷史的」等詞的緣故：習俗的教化先行於（précéder）普遍歷史（l'histoire universelle）[93]；文化是類主動性，「在人類最漫長的階段中，人對其自身的真正勞動，他整個前歷史勞動⋯⋯，無論它從別的方面來說所特有的殘酷、暴虐、遲鈍和愚蠢的程度如何。」[94]一切歷史的法律（toute loi historique）都是武斷的，然而不武斷的部分、前歷史的及類的部分是服從法律的這個法則（柏格森〔Bergson〕後來會再次觸及這個題目，當他在《道德與宗教的兩個起源》〔*Les Deux Sources*）中指出所有的習慣都是武斷的，但養成習慣的這個習慣是自然的〕。

前歷史的意味著類的。文化是人的前歷史的主動性（l'activité préhistorique）。但是，這種主動性係由什麼所組

91.　　原註：《曙光》，第9節。

92.　　原註：《超越善惡》，第188節。

93.　　原註：《曙光》，第18節。

94.　　原註：《道德系譜學》，第二卷，第2節。

成？它總是涉及給予人一些習慣、使之服從法律、訓練之。訓練人意味著以讓他能夠對其反動力施以作用的方式培養他。原則上，文化主動性施展在反動力上，賦予它們一些習慣並且將一些模式強加給它們，好讓它們能夠被作用。如此這般，文化施展在幾個方向上。它甚至攻擊無意識的反動力、最為隱蔽的消化和腸的力（透過飲食攝生法〔régime alimentaire〕），以及某種類似佛洛伊德所說的括約肌訓練的東西）[95]。然而，它的主要目的是為了強化意識。這種以刺激之短暫特徵來界定的意識，這種本身仰賴著遺忘能力的意識，需要賦予它一種其本身所沒有的堅實性、給它一種其本身所沒有的牢固性。文化賦予意識一種新的能力，其表面上跟遺忘能力相反：記憶[96]。但是此處所談的記憶不是痕跡記憶。這種原創的記憶不再是過去之功能，而是未來之功能。它不是感性之記憶，而是意志之記憶。它不是痕跡記憶，而是言語之記憶（mémoire des paroles）[97]。它是承諾的能力、對未來的擔保、對未來本身的回憶（souvenir du futur lui-même）。回憶起我們所做的承諾，並不是回想起我們在過去的某個時刻做出了此承諾，而是回想起我們應該在未來的某個時刻兌現之。如此，這正是文化的選擇性目標：培養一個能夠承諾的人，因此是能夠掌握未來的人，一個自由及有力的人。只有這樣的人是主動的；他作用著他的反動，在他身上，一切都是主動的或被作用的。承諾的能力是文

化作為人施加在人身上的主動性的結果；能夠承諾的人是作為類主動性的文化的產物。

我們理解為什麼原則上文化不會在任何暴力前退縮〔或縮手〕：「也許在人類的前歷史階段，沒有什麼比他的記憶術（mnémotechnique）更可怕、更讓人不安了……當人認為有必要為自己創造出一種記憶，如果沒有酷刑、沒有受難者、沒有流血的犧牲，這便永遠不會發生。」[98]在達到目標（一個自由、主動和有力的人）之前，多少的酷刑是必要的，以便訓練反動力，以便迫使它們被作用。文化一直運用著下述的手段：它使痛苦成為一種交換媒介，一種貨幣，一種相等物（un

---

95.　　原註：《瞧！這個人》，第二卷「我為什麼這麼機靈」（Pourquoi je suis si malin）。

96.　　原註：《道德系譜學》，第二卷，第1節：「這種必然遺忘的動物——對它而言，遺忘是一種力，是強大健康的展現——卻創造出一種相反的能力：記憶，透過它，在某些情況下，他讓遺忘失效。」

97.　　原註：同前。—— 在這一點上，佛洛伊德和尼采之間的相似性得到確立。佛洛伊德將言語的痕跡（traces *verbales*）歸給「前意識」（le préconscient），有別於無意識系統所特有的記憶性痕跡（traces mnémiques）。這種區別讓他得以回答下列問題：「如何將一些被壓抑的元素還給（前）意識？」答案是：「藉著重建言語回憶所是的這些前意識的中介部分。」〔譯按：語出佛洛伊德，《自我與本我》，第二卷〕換作尼采，問題會這麼問：「作用著」反動力係如何可能？

98.　　原註：《道德系譜學》，第二卷，第3節。

équivalent）；確切地說，一種遺忘、一種所導致的損失、一種未履行的承諾的精確相等物[99]。跟這套方式關聯起來的文化稱為正義（justice）[100]；這套手段本身則稱為懲罰。所導致的損失＝所承受的痛苦，此乃確立了一個人跟人的關係的懲罰方程式（l'équation du châtiment）。根據方程式，這種人之間的關係被確立為一個債權人與一個債務人之間的關係：正義讓人對債務（une dette）負有責任。債權人—債務人關係（le rapport créancier-débiteur）表現出文化在其訓練或培養的程序上的主動性。對應著前歷史的主動性，這種關係本身就是人與人的關係，是「個體之間最原始的〔關係〕」，甚至早於「任何一種社會組織之起源」[101]。更有甚者，它可以為「最原始的、最粗略的社會體（complexions sociales）」充當模式。尼采是在信用（le crédit）中而不是在交換中看到了社會組織的原型。用痛苦償還其所導致的損失的人，被認定對債務負有責任的人，被待之為對他的反動力負有責任的人：這是文化為實現其目標所運用的手段。——因此，尼采向我們呈現出下列發生的系譜脈絡（lignée génétique）：

1. 文化作為前歷史的或類的主動性、訓練和選擇的事業；
2. 被這種主動性所運用的手段，懲罰方程式、債務

關係、負有責任的人;

3. 這種主動性的產物:一個主動、自由和有力的
   人,一個能夠承諾的人。

99.　　原註:前引書,第二卷,第4節。

100.　　譯註:此處將la justice譯為正義,跟第一章關於生命需要被正當化想法下的
　　　　la justice(被譯為「正當」)不同。

101.　　原註:《道德系譜學》,第二卷,第8節。——在債權人—債務人的關係
　　　　中,「人將第一次跟人對立,從人到人相互較量。」

12

從後歷史的觀點看文化

我們提過一個跟愧疚有關的問題[102]。文化的發生線索
（ligne génétique）似乎完全沒有讓我們朝一種解答邁進。情
況正好相反：最顯而易見的結論是，愧疚或怨恨並沒有介入在
文化和正義的過程中。「愧疚，這株在我們地球植物群中最奇
怪、最值得關注的植物，在這塊土地上並沒有它的根。」[103]一
方面，正義全然沒有以報復、怨恨作為它的根源。有時，一些
道德學家、甚至一些社會主義者說正義源自於一種反動感受：
無法釋懷的冒犯感受、報復的精神、行俠仗義的反應。但是，
這樣的一種來源並不能解釋任何事情：仍然需要指出他人的痛
苦如何成為一種報復的滿足、一種對報復的補償。然而，如果
我們不導入第三個項目，即人們施予痛苦或凝思著它時所感受

到的快樂，那麼我們將永遠無法理解「所導致的損失＝所承受的痛苦」這個殘酷方程式[104]。但是，這第三個項目，即痛苦之外在意義，其本身有著跟報復或反動完全不同的來源：它關聯上一個主動的觀點、關聯上若干以訓練反動力為任務並以此為樂的主動力。正義是類主動性，它訓練人的反動力，它讓反動力能夠被作用，並認為人係這種能耐（aptitude）本身的負責者。人們將那種怨恨成形、然後愧疚成形的方式跟正義對立起來：基於反動力的勝利，基於它們無能耐（inaptitude）於被作用，基於它們對主動的一切之仇恨，基於它們根深蒂固的不正義。同樣地，不但遠非正義之源頭，怨恨「是正義精神所征服的最後一個領域……在跟正義的距離上，主動的、具攻擊性的、甚至具有激烈攻擊性的人，比起反動的人更接近[105]了上百倍。」[106]

---

102. 譯註：參見本章第10節末尾。

103. 原註：《道德系譜學》，第二卷，第14節。

104. 原註：前引書，第二卷，第6節：「那位笨拙地在此處導入報復觀念的人只是使壟罩的黑暗更加濃厚，而不是驅散之。報復讓我們回到了同樣的問題：讓人受苦何以成為一種補償？」大多數的理論所缺乏的是：指出從哪個角度來看，「讓人受苦」帶來快樂。

105. 譯註：原文為cent fois plus prêt，經對照引文的原始出處，prêt為près之誤。

106. 原註：前引書，第二卷，第11節：「地球上的正義（le droit sur terre）恰恰象徵著對反動感受的反抗，象徵著主動的及具攻擊性的權力向這些感受所發動的戰爭。」

若正義也不以怨恨為源頭，懲罰也不以愧疚為產物。無論懲罰的意義具有怎樣的多重性，總會有懲罰所沒有的一種意義。懲罰並沒有在有罪者身上喚起過錯感受的特性。「真正的悔恨（remords）極為罕見，尤其是在歹徒和罪犯身上；牢獄和苦役監不是孵化這種啃噬人的蠕蟲的合適場所……總的來說，懲罰使人冷酷及堅強；它產生凝聚的效果；它加劇了反感；它增強了抵抗力。如果它偶爾打擊了活力並引致一種可憐的消沉、一種心甘情願的屈辱，但如此的結果所起的教化作用（édifiant）上還不如懲罰的一般效果來得重要：最常見的是一種無情而陰鬱的沉重性（une gravité sèche et morne）。如果我們現在回顧先行於人類歷史階段的這數千年，我們敢於宣稱，正是懲罰最強力地延遲了有罪感受之發展，至少在那些鎮壓當局的受害者身上是如此。」[107]人們將會把文化狀態——在其中人以其痛苦為代價的方式自覺對他的反動力有責任——跟愧疚狀態——在其中人相反地因他的主動力而覺得有罪，並感到這些主動力為有罪的——之間予以逐項地對比起來。無論我們以怎樣的方式來考量文化或正義，我們在其中每一處看到一種起培育作用的主動性（une activité formatrice）的施展，乃怨恨、愧疚之對立面。

　　這樣的印象會進一步強化，如果我們考量文化主動性的產物：主動和自由的人，能夠承諾的人。正如文化是人的前歷

史元素一樣，文化的產物也是人的後歷史元素（l'élément post-historique）。「讓我們置身在龐大程序的最後，置身在樹最終熟其果實的地方、社會及其習俗的教化最終呈現它們何以只是些手段的地方；而我們會發現，樹所結出的最成熟果實乃是至上權的個體（l'individu souverain），那種只像他自己的個體，那種擺脫了習俗的教化的個體，那種自主及超道德的（super-moral）個體（因為自主和道德乃互斥的），總而言之，那位有自己的獨立並持久意志的人，那位能夠承諾的人……」[108]尼采在這兒告訴我們，切勿將文化產物跟其手段兩相混淆。人的類主動性將人造就成對其反動力的負責者：責任—債務。但此責任僅是一種訓練和選擇的手段：它漸進地估量著反動力可被作用的能耐。類主動性的最終產物絕不是負責任的人本身或道德的人，而是自主的和超—道德的人，亦即有效地作用著其反動力及在他身上所有反動力皆被作用的人。唯有這個人才「能夠」承諾，正是因為他不再於任何法庭前負責。文化的產物不是服從於法律的人，而是至上權的和起立法作用的人，其由對自己、對命運、對法律的權力來定義：自由、輕盈、不負責

107.　　　原註：前引書，第二卷，第14節。

108.　　　原註：前引書，第二卷，第2節。

（*l'irresponsable*）。在尼采那兒，責任的概念，即使在其高級形式之下，也只具有單純手段的有限價值：自主的個體不再繼續在正義之前為其反動力負責，他是它們的主人、至上權者、立法者、作者（auteur）和行動者（acteur）。是他說話著，他不再有什麼需要回答。責任—債務除了在人藉以解放自己的運動中消失之外沒有其他的主動意義：債權人解放自己，因為他加入了主人的權利（le droit des maîtres），債務人解放自己，即便以他的肉體及他的痛苦為代價；兩者都解放了自己，皆從訓練他們的過程中抽身[109]。這就是文化的總運動（le mouvement général de la culture）：手段在產品中消失了。作為法律面前的責任的〔這種〕責任，作為正義之法律的〔這種〕法律，作為文化之手段的〔這種〕正義，所有這些皆消失在文化自身的產物中。習俗的教化產生出擺脫習俗的教化的人，法律之精神產生出擺脫法律的人。這就是為什麼尼采談到一種正義之自我破壞（une autodestruction de la justice）[110]。文化是人之類主動性；但是整個這種主動性皆係選擇性的，它產生出個體作為其最終目標，在此，類（le générique）本身也被去除。

109. 　原註：前引書，第二卷，第5、13及21節。
110. 　原註：前引書，第二卷，第10節：正義「結束了，如同在這個世界上所有精湛的東西，藉由自我破壞它本身。」

13

從歷史的觀點看文化

　　我們到目前為止的處理方式，表垷出文化好像是從前歷史階段一路前行到後歷史階段。我們將之視為一個類主動性，其經由一個漫長的前歷史階段的勞動，到達個體，如同到達它的後歷史產物（produit post-historique）。而實際上，文化的本質確實是在這兒沒錯，與主動力對反動力的上位性相符。但是，我們忽略了重要的一點：事實上是下位的和反動的力的勝利。我們忽略了歷史。關於文化，我們必須既說它消失久矣，同時說它尚未開始。類主動性消失在過去之夜裡，如同它的產物消失在未來之夜裡。文化在歷史中獲得了一種跟其本質大異其趣的意義，它被帶著一種完全不同本性的外來力所攫取。類主動性在歷史中跟一種使它變質（dénaturer）並且也

讓其產物變質的運動分不開。更有甚者,歷史就是此一變質（dénaturation）本身,它與「文化退化」分不開。──有別於類主動性,歷史引介給我們的是種族、民族、階級、**教會**和**國家**。在類主動性上移植著反動特質的社會組織、協會、社群,如同一些前來占滿它並吸取它的寄生蟲。利用著它們扭曲其運動的類主動性,反動力形成了一些集體（collectivités）,就是尼采所說的「牧群」（troupeaux）[111]。──有別於正義及其自我破壞程序,歷史引介給我們的是一些不意欲滅亡的社會（sociétés qui ne veulent pas périr）,一些不去想像任何優於其法律的事物的社會。聽得進查拉圖斯特拉這句建議「是以,讓你們被推翻」[112]的國家是哪一個呢?法律在歷史中跟那個確立它的內容（le contenu qui la détermine）混淆不分,此反動內容填充著它並防止它消失,除非是為了讓位給其他更愚蠢和更壓迫內容的緣故。──有別於作為文化產物的至上權個體,歷史引介給我們的是它自己的產物,即被馴化的人（l'homme domestiqué）,在這個產物中它找到了歷史知名的意義:「高尚的侏儒」（l'avorton sublime）、「合群的動物,順從、病態、平庸的生命,今日的歐洲人」[113]。──對於整個文化暴力,歷史將之當成民族、**教會**和國家的合法囊中物（la propriété légitime）、如同它們的力的展露而引介給我們。而實際上,〔過去前歷史階段由文化所用的〕所有的訓練手法皆派

上用場，只是都被倒轉、偏離、顛倒。道德、**教會**、**國家**仍然是選擇的事業（entreprises de sélection）、層級的理論。在最愚蠢的法律中，在最狹隘的社群中，其所涉及的仍然是訓練人及利用反動力。但是要利用它們在什麼上呢？進行哪種訓練、哪種選擇呢？人們利用著訓練手法，然而卻是要讓人成為合群的動物、順從及被馴養的動物。我們利用著選擇手法，然而卻是為了消滅強者、為了拉拔弱者、受苦者或奴隸。選擇和層級皆被顛倒過來。選擇變成主動觀點下的選擇的對立面；它如今只是保存、組織和擴散反動生命的一種手段[114]。

因此，歷史作為反動力藉以占有文化或依己意偏離文化的舉措而出現。反動力的勝利不是在歷史中的一椿偶然事件，而是「普遍歷史」的原理和意義。關於文化的一種歷史性退化的這個想法，在尼采作品中占有一個主導性地位：在尼采對歷史哲學和辯證法的對抗中，它將充作論據。它引發了尼采的失望：從「希臘的」文化變成「德國的」⋯⋯從「不合時宜的思考」系列作品以來，尼采試圖解釋文化為何及如何變成替那些

111.　　原註：前引書，第三卷，第18節。

112.　　原註：《查拉圖斯特拉如是說》，第二卷，〈關於大事〉。

113.　　原註：《超越善惡》，第62節；《道德系譜學》，第一卷，第11節。

114.　　原註：《道德系譜學》，第三卷，第13-20節；《超越善惡》，第62節。

讓它變質的反動力效勞[115]。更深入一步，查拉圖斯特拉發展出一個晦澀的象徵：火犬（le chien de feu）[116]。火犬是類主動性的形象，它表達出人跟大地的關係。但是大地正是罹患著兩種疾病，人與火犬本身。因為人成了被馴化的人；類主動性則成了被扭曲、變質的主動性，為反動力效勞，跟**教會**、跟國家分不開。——「**教會**？這是**國家**的一種，最會騙人的那種。但是，你閉嘴，偽善的狗，你比任何人都更了解你的種類！**國家**是偽善的狗，就像你自己一樣；像你一樣，它喜歡在重重煙霧中並以吠叫方式說話，好像你一樣，讓人們相信其言出自事物之肺腑。因為**國家**意欲著無論如何都要成為地球上那隻最重要的野獸；並且人們相信它。」——查拉圖斯特拉呼喚著另一隻火犬：「牠真的是發自大地的心坎處說話。」這仍然是類主動性嗎——然而，這一次，類主動性是在前歷史元素中把握的，而與之相應的人是在後歷史元素中被產生出來的人嗎？即便不充分，這種詮釋也應當可被預見了。在「不合時宜的思考」系列作品中，尼采已經將他的信心寄託在「文化之非歷史的（non historique）和超歷史的（suprahistorique）元素中」（他稱之為文化之希臘意義）[117]。

　　事實上，尚存一些我們還無法回答的問題。文化的這種雙重元素具有怎樣的地位？它具有某種現實嗎？它不單只是查拉圖斯特拉的一個「幻象」嗎？在歷史中，文化跟那種

令它變質並讓它替反動力效勞的運動分不開；但是文化跟歷史本身一樣也分不開。文化的主動性，即人的類主動性：這不是一個簡單的觀念嗎？如果人本質上（也就是說，在<u>類上</u>〔génériquement〕）是一種反動的存有，那麼在前歷史階段他如何可以擁有、或甚至如何曾經擁有一種類主動性呢？一個主動的人如何能夠出現呢，即便是在後歷史階段？如果人本質上係反動的，看來主動性應該只關乎一個不同於人的存有。假如相反地，人擁有類主動性，看來這種主動性只能以偶發的方式受到扭曲。暫時上，我們只能先清點一下尼采的論點，至於探索其內涵的工作則留待後頭：人本質上是反動的；但仍然存在著一種人的類主動性，只是必然遭到扭曲，必然無法實現其目標，而是通向被馴化的人；這種主動性必然在另一個層面上被重新採用，它在這個層面上生產著，但所生產的是其他的東西，而不是人……[118]。

115.　原註：「不合時宜的思考」系列，第三卷《叔本華教育者》，第6節。——尼采提到「三種利己主義」，來解釋了文化的偏離：獲取者（acquéreur）之利己主義、國家之利己主義、科學之利己主義。

116.　原註：《查拉圖斯特拉如是說》，第二卷，〈關於大事〉。

117.　原註：「不合時宜的思考」系列，第二卷《論歷史研究之用處及缺陷》，第10節與第8節。

118.　譯註：這種人應該是主動、自由、能許諾的人。

無論如何，我們至少有可能解釋為什麼類主動性必然會在歷史中沉淪著並且轉向助長反動力。如果說「不合時宜的思考」系列作品〔在這方面〕的框架還不充分，不過整部尼采作品還鋪陳出了其他的方向，可以從中找出解答。文化的主動性把訓練人當成其目標，也就是說讓反動力能夠效勞、被作用。但是，在訓練的過程中，這種效勞的能耐（aptitude à servir）仍然處於嚴重模稜兩可的狀態。因為它同時允許反動力替其他反動力效勞，賦予它們一種主動性的外表、一種正義的外表，並且跟它們形成一種戰勝主動力的虛構。我們記得，在怨恨中，某些反動力阻止其他反動力被作用。為了相同的目的，愧疚運用了幾乎相反的手段：在愧疚中，反動力利用著其被作用的能耐（aptitude à être agies），以便給予其他反動力一種〔它們〕作用著的模樣（un air d'agir）。在這個手法中的虛構程度並不亞於在怨恨手法中的。正是這樣，借助於類主動性，一些反動力的結合（associations de forces réactives）便成形了。它們移植在類主動性上，並且必然讓它偏離其意義。借助於訓練，反動力找到一種絕佳的機會：相互結合、形成一種竊據著類主動性的集體性反動（une réaction collective）的機會。

14

愧疚、責任、有罪

　　當反動力以這樣的方式移植到類主動性上時，它們會中斷其「系譜脈絡」。此處也一樣，有一種投射介入其中：是債務、是債權人─債務人關係被投射，並且在此投射中改變了本性。從類主動性的角度來看，人被認為是其反動力的負責者；在一個主動性法庭（un tribunal actif）面前，其反動力本身被視為負有責任的。現在，反動力利用它們的訓練來跟其他的反動力形成一種複雜的<u>聯結</u>（association）：在這些其他力面前，它們感到自己負有責任，而這些其他力則感到自己成為前者的法官和主人。如此，<u>反動力的聯結</u>伴隨著一種債務的轉化；它變成對「神性」、對「社會」、對「**國家**」、對反動權威（instances réactives）的債務。於是，一切都只發生在

反動力之間。債務失去了它過去藉以參與人的解放的主動特質：在它的新形式下，它沒完沒了（inépuisable）、償還不了（impayable）。「一種最後解放的前景將必然永遠消失在悲觀的陰霾中，絕望的目光將必然在鐵定不可能之前氣餒，這些債務及責任之概念將必然轉身過來。因此，轉身反對誰呢？毫無疑問：首先反對債務人……最後反對債權人。」[119] 讓我們檢視一下被基督教稱為「救贖」（rachat）的東西。這所涉及的不再是債務的清償，而是債務的加重。這涉及的不再是人們藉以償還債務的一種痛苦，而是人們藉以將自己跟債務鍊起來的痛苦、人們藉以感覺自己永遠是債務人的痛苦。〔現在〕痛苦所能償還的僅是債務的利息；痛苦被內在化了，責任—債務變成責任—有罪（responsabilité-culpabilité）。如此這般，乃至於債權人將不得不把債務算到自己身上，乃至於債權人將不得不把債務重心（le corps de la dette）承擔在自己身上。這真是基督教的天才之作（coup de génie），尼采說：「**神**犧牲自己，來償還人的債，**神**把自己償還給祂自己，唯有**神**才能讓人從對他自己而言已變得無可原諒的事情中脫身。」

在兩種責任形式——責任—債務和責任—有罪——之間，我們將看到一種本性的差異。其中一種源自文化的主動性；它僅是此種主動性的手段，它發展出痛苦之外在意義，它必須消失在產物中，好讓位給美的不負責任。在另一種中則一切皆係

反動的：它源自怨恨之控訴，它移植在文化上並且使之偏離其意義，它自己引致一種怨恨方向上的改變，不再從外找尋有罪者，它使痛苦內在化的同時，也讓自己永恆化。——我們曾說過：教士是藉著改變怨恨的方向而令痛苦內在化的人；藉此，他將一種形式賦予愧疚。我們也問過：怨恨如何能夠改變方向同時保存其仇恨和報復的特性？前面的長篇分析給了我們得出一種回答的要素：

1. 借助著主動性並竊據著此主動性，反動力構成了一些聯結（牧群）。一些反作用力具有作用著的模樣，另一些則充作〔被作用的〕材料：「凡有牧群之處，皆係虛弱的本能（l'instinct de faiblesse）意欲著它們，皆係教士的靈活手腕組織著它們」[120]；

2. 正是在這中間，愧疚成形。從類主動性中抽離出來，債務被投射在反動的聯結中。債務變成了一

119.　　原註：《道德系譜學》，第二卷，第21節。
120.　　原註：前引書，第三卷，第18節。

種介於一個永遠償還不完的債務人跟一個永遠抽取債務利息不盡的債權人之間的關係：「對神的債」。債務人之痛苦被內在化，債務的責任變成一種有罪感受。正是以如此的方式，教士得以改變怨恨之方向：我們——反動的存有——無須向外尋找有罪者，對他、對**教會**、對**神**，我們皆是有罪的[121]；

3. 但是教士不僅毒害了<u>牧群</u>，他還組織著它，他還捍衛著它。他發明了方法，使我們忍受著倍增的及內在化的痛苦。他讓他所內射（injecter）的有罪性成為可接受的。他使我們參與一種表面的主動性、一種表面的正義，**神之助**（le service de Dieu）；它使我們對<u>聯結</u>感興趣，他在我們身上喚醒了「看見社群繁榮的欲望」[122]。我們作為僕人〔或被馴化者〕（domestiques）的高傲充作我們愧疚的解毒劑。但最重要的是，藉著改變方向，怨恨並沒有失去其滿足的源頭、它的毒性或它對其他人的仇恨。這是我的過錯，此乃愛的呼喊，藉之——新的蠱惑之言（sirènes）——我們吸引了其他人，並讓他們偏離了他們的道路。藉著改變怨恨的方向，愧疚的人找到了更好

滿足報復、更好擴大感染的方法：「他們無時無
刻不讓人抵償，他們迫不急待扮演著劊子手的角
色……」[123]；

4. 在所有這一切中，我們會發現，愧疚的形式包含
   著一種虛構，其情況不亞於怨恨的形式。愧疚立
   足在對類主動性的偏離上、在對這種主動性的移
   植上、在對於債務的投射上。

121.　　原註：前引書，第二卷，第20-22節。
122.　　原註：前引書，第三卷，第18-19節。
123.　　原註：前引書，第三卷，第14節：「他們來到我們的中間就如同活生生的責
　　　　難，就如同他們想充作警告——就如同健康、強壯、驕傲、權力感受就只是
　　　　需要抵償、需要痛苦地抵償的罪惡罷了；因為，歸根究底，他們無時不刻不
　　　　讓人抵償，他們迫不急待扮演劊子手的角色！在他們中間，有許多偽裝成法
　　　　官的報復者，嘴裡——這是一張雙唇噘起的嘴——總是有著掺了毒的唾液，
　　　　他們稱其為正義，並且他們總是無時不刻要噴向所有沒有不滿模樣的一切、
　　　　噴向帶著一顆輕盈的心自行其路的一切。」

15

禁欲理想及宗教本質

　　有時尼采讓我們感覺似乎有必要區分兩種甚至好幾種宗教類型。在這個意義上，宗教基本上既不跟怨恨有關或也不跟愧疚有關。戴奧尼索斯是一位**神**。「我幾乎不會懷疑有各式各樣的神。當中不乏有一些跟某種風平浪靜（alcyonisme）或某種無憂無慮（insouciance）密不可分。輕快的腳可能是神性的<u>屬性</u>（attributs）[124]之一。」[125]尼采始終說著有主動和肯定的神，有主動和肯定的宗教。所有的選擇都包含著一種宗教。循著他寶貴的方法，尼采確認宗教根據能夠控制它的不同力而具有一<u>種意義之多元性</u>：也存在著一種強者的宗教，其意義是深刻地選擇性、教育性的（profondément sélectif, éducatif）。更有甚者，如果說我們將基督視為個人類型（type personnel），而將

之與作為集體類型（type collectif）的基督教加以區別，我們必須承認在何等程度上基督不帶怨恨和愧疚；祂係由一種喜悅的信息所界定，祂向我們呈現出一種有別於基督教生命的生命，正如基督教是一種不同於基督之宗教的宗教[126]。

　　但是，這些類型上的見解可能讓我們忽略了重點。這並非說類型學不是重點，而是說除非考慮到下述原理，否則不會有好的類型學：力之最高等級或親和性（「在一切事物上，唯有最高等級才重要」）[127]。宗教所具有的意義跟能夠控制它的力一樣多。但是，宗教本身是一種力，此力跟控制它的力或跟

124.　　譯註：attribut指出自神之本質中的各種完美。

125.　　原註：《權力意志》，第四卷，第580節。

126.　　原註：強者的宗教及其選擇性的意涵：參見《超越善惡》，第61節。——跟虛無主義的和反動的宗教對立的肯定的和主動的宗教：參見《權力意志》，第一卷，第332節；《反基督》，第16節。——古代多神教（le paganisme）作為宗教所具有的肯定意義：《權力意志》，第四卷，第464節。——希臘諸神的主動意義：《道德系譜學》，第二卷，第23節。——佛教這種虛無主義宗教，但不具報復精神或過錯感受：參見《反基督》，第20-23節；《權力意志》，第一卷，第342-343節。——基督之個人類型，不具怨恨、愧疚和罪惡觀念：參見《反基督》，第31-35節、第40-41節。——尼采總結其宗教哲學的著名表述方式：「歸根究底，只有道德性的神被駁斥」，《權力意志》，第三卷，第482節；第三卷，第8節。——那些想主張尼采的無神論是一種溫和的無神論，或甚至想讓尼采跟神調和起來的評論者，正是將立論建立在所有這些文本上。

127.　　譯註：參見第一章第2節。

受它自己控制的力之間具有或高或低親和性。在宗教被具有另一種本性的力所掌握的情況下，它就不會達到它的最高等級，此乃唯一重要的等級，在此它停止作為一種手段。相反地，當它被一些具有相同本性的力所征服，或者隨著壯大而控制住這些力，並且打碎在它童年期間這些宰制它的力的枷鎖，於是它因為它的最高等級而發現了自己的本質。然而，每次尼采跟我們談到一種主動的宗教、一種強者的宗教、一種不帶怨恨或愧咎的宗教的時候，這總是涉及到一種狀態，其中宗教正是受到本性跟它迥然有別的力所征服，並且無法卸下其面具：作為「哲學家手中選擇的和教育的手法（procédé de sélection et d'éducation）」的宗教[128]。既便在基督那兒，宗教——作為一種信仰或一種信念——仍然完全被一種只給予「成神感受」（le sentiment d'être divin）的實踐之力所征服[129]。反過來說，當宗教達到「由它自己至上地（souverainement）作用著」的時候，當輪到其他力戴上面具以求存留的時候，在宗教找到它自己本質的同時，人們總是要「以一種沉重而可怕的代價」為此付出。這就是為什麼尼采會認為宗教跟愧疚、怨恨是本質上相連的。在它們的未加工狀態下來看，怨恨和愧疚代表了反動力，它們控制了宗教的元素，使它們擺脫主動力將它們框在其中的桎梏。在它們〔已經成形後〕的形式狀態（état formel）下，怨恨和愧疚代表了宗教自己所征服並通過施展其新的至上

權（souveraineté）而加以發展的反動力。怨恨和愧疚，這些都是宗教作為宗教的最高等級。基督教的發明者不是基督，而是聖保羅，這位愧疚的人、怨恨的人（「誰？」這個問題應用在基督教之上[130]）。

類型	類型之變異	機制	原理	產物	權力意志之性質
主動類型：主人（主動力贏反動力；反動力被作用）	夢（le rêve）與沉醉（l'ivresse）	生命的興奮劑、權力意志的刺激物	阿波羅與戴奧尼索斯	藝術家	肯定（AFFIRMATION）
	意識：反動機制之系統，其中反動力反一作用著刺激	痕跡與刺激之間的區別（痕跡記憶的壓抑）	遺忘能力（作為調節原理）	貴族	
	文化：類主動性，藉此反動力被訓練及被制服	暴力機制；痛苦之外在意義；債務人一債權人關係之建立；責任一債務	記憶能力：言語記憶（作為目的論原理）	至上權的個體、立法者	

128.　原註：《超越善惡》，第62節。

129.　原註：《反基督》，第33節。

130.　原註：前引書，第42節：「喜悅的信息緊接著最糟糕的信息：聖保羅的信息。在聖保羅身上中體現了跟喜悅的信使相反的類型，即在仇恨中、在仇恨的視野中、在仇恨不可取代的邏輯中的天才。還有多少的東西沒有被這位不良的純潔傳道者（dysangéliste）獻給仇恨！救世主就是第一個：將祂釘上他的十字架。」──正是聖保羅「發明」了過錯的意義：他「詮釋」了基督的死，宛如基督為了我們的罪過而死（《權力意志》，第一卷，第366節及第390節）。

反動力之勝利					
反動類型：奴隸（反動力贏主動力；它們獲勝，並未同時形成一個更大的力）	怨恨	拓撲學面向：位移（反動力之位移）	痕跡記憶：痕跡記憶之上升；刺激與痕跡的混淆	什麼都結束不了的人（L'homme qui n'en finit avec rien.）	否定（NÉGATION）
		類型學面向：顛倒（價值或力的關係之顛倒）	第一項虛構：顛倒形象之反動投射	無止盡的控訴者（高貴）	
	愧疚（內化）	拓撲學面向：反轉（力之內在化）	主動力被跟其所能分隔開來	倍增其痛苦的人	
		類型學面向：方向改變（藉由怨恨方向的改變而使痛苦內在化）	第二項虛構：債務的反動投射；文化的竊據及牧群的形成	有罪的人：痛苦之內在意義，責任＝有罪；被馴化的人（≠立法者）	
	禁欲理想	使愧疚和怨恨可以忍受的手段	第三項虛構：一個彼岸世界（un outre-monde）的位置	禁欲的人	
		虛無意志之表現		（藝術家）	

　　宗教不僅是一種力。如果在宗教這兒，它並未被一個帶領著反動力邁向勝利的意志所激勵，那麼反動力將永遠無法勝利，支撐宗教直至它的<u>最高等級</u>。在怨恨和愧疚之後，尼采處理禁欲理想，這是第三階段。但是一樣地，禁欲理想從開始就在場了。循著第一個意義，禁欲理想指怨恨和愧疚的複合體：它讓其中一方跟另外一方交織起來，它讓二者彼此增強。其次，它表達出讓怨恨之疾病、愧疚之苦難變得可以接受的、甚且受到組織、普及的所有手段；禁欲的教士同時是園丁、飼

養者、牧羊人、醫生。最後，並且這是其最深的意義，禁欲理想表示讓反動力獲勝的意志。「禁欲理想表達一種意志。」[131]我們再次遭逢一種在反動力及某種權力意志形式之間的基本共謀關係（並非同一性，而是共謀）的觀念[132]。如果沒有一種意志，其發展投射，其組織必要的虛構，反動力就永遠不會獲勝。一個出現在禁欲理想中的彼世虛構：這就是伴隨著怨恨和愧疚的腳步而來的東西，這就是可以貶低生命和生命中主動的一切的東西，這就是賦予世界一種表面或虛無價值的東西。另一個世界的虛構已經存在於其他的虛構中，作為使它們成為可能的條件。反過來，虛無意志也需要反動力：不單是唯有在反動形式下否則它無法忍受生命，況且它也需要反動生命，作為讓生命藉以必須自我矛盾、自我否定、自我毀滅的手段。被跟虛無意志分隔開的反動力會是什麼呢？而沒有了反動力，虛無意志又會是什麼？也許它會變成跟我們所見的全然不同的另一回事。因此，禁欲理想的意義是：表達出反動力跟虛無主義的親和性，表達出作為反動力之「動力」（moteur）的虛無主義。

131.　　原註：《道德系譜學》，第三卷，第23節。

132.　　原註：我們記得，教士不跟反動力相混淆：他帶領它們，他使它們勝利，他利用它們，他向它們注入一種權力意志（前引書，第三卷，第15節、第18節）。

16

反動力之勝利

　　尼采的類型學運用了一整套「深度」（profondeurs）或
「洞穴」（cavernes）的心理學。特別是跟反動力獲勝的每個
時刻相對應的機制共同形成了一種無意識理論，其將被拿來跟
佛洛伊德的整套學說相對照。然而，我們應該避免給予尼采
的概念全然心理學的意涵。不單單因為一個類型也是一個生物
學的、社會學的、歷史的和政治的現實；不單單因為形上學和
知識理論它們本身仰賴著類型學。而是透過這種類型學，尼采
發展出一種哲學，他認為這個哲學必須取代舊有的形上學及超
驗批判，並為人類科學提供一個新的基礎：系譜學的哲學（la
philosophie généalogique），也就是說，權力意志的哲學。權力
意志不應該以心理學的方式受到詮釋，宛如係出於一種動機，

意志意欲著權力；系譜學也不應該當成一種簡單的心理發生而受到詮釋（參照第357頁摘要表）。

contr

CHAPITRE V.

Le surhomme
la dialectique

超人：反對辯證法

1

虛無主義

在虛無主義（nihilisme）一詞中，〔拉丁文〕<u>無</u>（*nihil*）不是指<u>非—存有</u>（le non-être），而是首先指一種虛無價值（une valeur de néant）。在人們否定生命、貶低生命的情況下，生命便取得一種虛無價值。貶低總是假設著一種虛構：係透過虛構，人們扭曲和貶低，係透過虛構，人們讓某個東西跟生命對立[1]。因此，整個生命變得不實在，它被呈現為一種外觀，它在整體上獲得了一種虛無價值。一個彼世、一個超感覺世界——關連著它的各種形式（**神**、本質、**善**、<u>真</u>）——之觀念，高於生命的價值之觀念，並非諸多例子中的一個，而是一切虛構的構成元素。高於生命的價值跟它們的<u>結果</u><u>劃</u>分不開：對生命之貶低，對此世之否定。如果說它們跟這個<u>結果</u><u>劃</u>分不

開，那是因為它們以一種否定、貶低的意志為原理。我們別認為高等價值形成了一個讓意志止步的門檻，彷彿面對著神性，我們便從意欲的束縛中獲得解脫一樣。並不是意志在高等價值中被否定，而是高等價值關聯上一種否定、毀滅生命的意志。「意志之虛無」（néant de volonté）：叔本華的這個概念只是一個徵兆；它首先意味著一種毀滅意志、一種虛無意志⋯⋯「但這至少是、並且始終還是一種意志。」[2]無，在虛無主義中意味著否定作為權力意志之性質。因此，在它的首要意義上及在它的基礎上，虛無主義意味著：被生命所取得的<u>虛無價值</u>，那種賦予它這種虛無價值的<u>高等價值虛構</u>，表達在這些高等價值中的<u>虛無意志</u>。

虛無主義還具有第二個意義，更具一般色彩。它不再意味著一種意志，而是一種反動。人們反對超感覺世界和高等價值，人們否定它們的存在，人們否認它們任何有效性。不再以高等價值為名進行對生命的貶值（dévalorisation），而是高等價值本身的貶值。貶值不再意味著被生命所取得的虛無價值，而是諸價值、諸高等價值之虛無。天大的消息傳開了：在

1.　　原註：《反基督》，第15節（夢與虛構的對立）。
2.　　原註：《道德系譜學》，第三卷，第28節。

簾幕後一無所有，「人們關於事物真正本質所給予的鮮明符號（signes distinctifs）係帶著非—存有、虛無特性的符號。」[3]如此，虛無主義者否定神、善及甚至真，即一切的超感覺形式。沒有什麼是真的，沒有什麼是善的，神死了。意志之虛無不再只是對虛無意志而言的一項徵兆，而是對一切意志的否定，一種厭世（taedium vitae）。人或大地的意志皆不復存焉。「四處皆雪，在此生命默然無聲；最後的幾隻烏鴉，人們聽聞其呱鳴聲：何益？枉然！什麼都沒有（Nada）[4]！在此既無所生亦不再有所長。」[5]——這第二個意義會繼續為人所熟知，然而如果我們不了解它來自第一個意義並且以之為前提的話，它將難以理解。稍早，我們提到人們從高等價值的角度來貶低生命，人們以這些價值為名來否定它。此處，相反地，人們跟生命單獨在一起，但此生命依然是被貶低的生命，其現今在一個沒有價值、意義及目的被剝除的世界中繼續著，總是朝向著它自己的虛無（son propre néant）越陷越深。稍早，人們將本質跟外觀對立起來，人們使生命成為一種外觀。現今，人們否定了本質，但是人們維持住外觀：一切皆係外觀，這個在我們身邊還留著的生命對它自身而言依然只是外觀。虛無主義的第一個意義在作為權力意志的否定意志中找到其根源〔或原理〕。第二個意義——「弱者的悲觀主義」——則是在全然孤獨及一無所有的反動生命中、在退縮到其自身的反動力中找到其根

源〔或原理〕。第一個意義是一種否定的虛無主義（*nihilisme négatif*）；第二個意義是一種反動的虛無主義（*nihilisme réactif*）。

3.　　　原註：《偶像的黃昏》，〈在哲學中的理性〉，第6節。

4.　　　譯註：源自西班牙語，意思同法語的rien, rien du tout。

5.　　　原註：《道德系譜學》，第三卷，第26節。

2

憐憫之分析

　　虛無意志與反動力之間的基本共謀內容如下：虛無意志使反動力獲勝。當普遍生命（vie universelle）在虛無意志下變成不實在的，作為個別生命（vie particulière）的生命則變成反動的。生命在其整體上（dans son ensemble）變成不實在的與生命在個別上（en particulier）變成反動的，此乃同時的。在其否定著生命的事業中，虛無意志一方面容忍反動生命，另一方面它也需要反動生命。虛無意志把反動生命當成一種跟零所差無幾的生命狀態（état de la vie voisin de zéro）而容忍著，它將之當成生命藉以被帶向自我否定、自我矛盾的手段而需要著。正是如此，在反動力的勝利中，它們不但有一位目擊者，更糟的是還有一位領導者。然而，在勝利下意氣風發的反動力有時越來越不支持這位領導者和這位目擊者。它們想獨自獲勝，它們不再想將勝利歸功於任何人。也許反動力擔心權力意

志會為了其自身的目的而藉著反動力的勝利來實現未表明的目標，也許它們擔心此一權力意志會轉身對抗它們並且破壞它們。反動生命撕毀它跟否定意志的結盟，它意欲自己獨霸。就這樣，反動力投射了它們的形象，但是這次是為了取代帶領它們的意志。在這條路上，它們將止於何處呢？寧可沒有絲毫「意志」，也不要那個過於強大、繼續過於活躍的意志。寧可我們的牧群停滯不前，也不要牧羊人繼續把我們帶領得太遠。寧可是我們獨自的力，也不要一個我們不復需要的意志。反動力將止於何處呢？寧可被動地寂滅！（*Plutôt s'éteindre passivement!*）「反動的虛無主義」在某種程度上延長了「否定的虛無主義」：在勝利下意氣風發，反動力取代了那個帶領它們走向勝利的給予否定的權力。但是「被動的虛無主義」是反動的虛無主義終極的抵達（l'extrême aboutissement）：寧可被動地寂滅，也不要從外部被帶領。

這個故事也可以換另一種方式講。神死了，但是祂死於什麼呢？尼采說，祂死於憐憫（*pitié*）。有時，這椿死亡被說成是偶發的：年老而疲憊不堪，厭倦了意欲，神「最終在某日由於祂過於巨大的憐憫而窒息」[6]。有時，這個死亡成了一椿犯罪

---

6. 原註：《查拉圖斯特拉如是說》，第四卷，〈結束服侍〉（Hors de service）：關於「最後的教宗」的說法。

行為的結果：「祂的憐憫不知節制。祂深入我最汙穢的深處。在所有好奇者當中的這位好奇者、這位明目張膽的人、這位仁慈的人非死不可。祂不停地看著我；我想要報復一個這樣的目擊者，或者我自己別活了。看著一切、甚至看著人的**神**；這個**神**非死不可！人無法忍受一位這樣的目擊者活著。」[7]——憐憫是什麼？它是這種對於跟零所差無幾的生命狀態的容忍。憐憫是對生命之愛，然而是對於弱的、生病的、反動的生命之愛。它——係奮戰不懈的——宣告了窮人、受苦的人、無能的人、低下的人的最後勝利。它——係神性的——賜予他們此一勝利。誰感到憐憫呢？正是那位除非生命是反動的否則受不了的人，那位需要這種生命及這個勝利的人，那位在如此一種生命的沼澤地上搭建其神殿的人。那位討厭生命中一切主動的人，那位利用生命來否定和貶低生命的人、來讓生命對立於它自身的人。在尼采的象徵系統中，憐憫總是指虛無意志與諸反動力所形成的這種複合體，總是指這種一方跟其他方（l'une avec les autres）的親和性，總是指這種一方對其他方（l'une pour les autres）的寬容。「憐憫是虛無主義之實踐……憐憫使人信服於虛無！人們不談虛無，人們代之以彼岸、或神、或真正的生命；或涅槃、救贖、至福。對於這種已經落在宗教及道德特殊傾向（idiosyncrasie religieuse et morale）領域中的純真措辭，一旦我們了解此處在崇高言語表層下所覆蓋的是哪種傾向，其純

真色彩將大幅減少：生命之敵意（l'inimitié de la vie）。」[8]以高等價值為名而對反動的生命感到憐憫，神對反動的人的憐憫：我們揣度著藏身在這種喜愛生命的方式中、在這位仁慈的神身上、在這些高等價值中的意志。

神由於憐憫而窒息：彷彿反動生命進入祂的喉嚨。反動的人將神處死，因為他再也無法忍受祂的憐憫。反動的人再也無法忍受目擊者，他想要獨自跟他的勝利在一起、跟他自己的力在一起。他取代神：他不再認識高於生命的價值，而只認識一種自滿於自己、聲稱自己會醞釀出他自己的價值的反動生命。神賜給他的武器（怨恨、甚至愧疚），所有跟他的勝利有關的形象，他都將之轉而對抗神，他都將之對立於神。怨恨變成無神論的，但是這種無神論仍然是怨恨，始終是怨恨，始終是愧疚[9]。弒神的凶手是反動的人，「人之最醜陋者」，「滿腔的恨意及脹滿著的隱藏恥辱」[10]。他抵制〔反作用〕神的憐憫：

---

7. 原註：前引書，第四卷，〈人之最醜陋者〉（Le plus hideux des hommes）：關於「神的凶手」的說法。
8. 原註：《反基督》，第7節。
9. 原註：關於無神論：《權力意志》，第三卷，第458節；參照《瞧！這個人》，第二卷，第1節：尼采如何以自己反對宗教的攻擊性來反對怨恨的無神論。
10. 原註：《查拉圖斯特拉如是說》，第四卷，〈人之最醜陋者〉。

「在憐憫的領域中也有品味（bon goût）；這個品味最終說：請把這個神從我們身邊拿走。寧可完全沒有**神**，寧可他自己決定命運，寧可發瘋，寧可自己當**神**。」[11] —— 在這條路上他將止於何處呢？止於極大的厭惡。寧可沒有任何價值，也不要高等價值，寧可是意志之虛無，也不要虛無意志。寧可被動地寂滅。那是預言者（le devin），「帶著極度厭倦的預言者」，宣布了**神**之死的後果：反動生命獨自跟他自己，甚至連消失之意志（la volonté de disparaître）也不復存焉，夢想著一種被動的滅絕（extinction passive）。「一切皆空，一切都沒兩樣，一切皆已過去！……所有源頭對我們皆枯竭而大海退去。整個土地坍陷，然而深淵卻不願吞噬我們。唉！何處還有人們可以溺死在其中的海呢？……實際上，就連去死，我們都感到太累（trop fatigués pour mourir）。」[12] <u>人之最後者</u>（le dernier des hommes），其乃弒**神**凶手的後裔：寧可沒有任何意志，寧可獨自一個<u>牧群</u>。「人們既不再變得貧窮、也不再變得富裕：這太折騰了（trop pénible）。誰還想統治呢？誰還想服從呢？這太折騰了？一位牧羊人也沒有而獨自一個<u>牧群</u>！每個人皆要著相同的東西，一切都沒兩樣……」[13]

如是地講述，故事又帶著我們得出同樣的結論：否定的虛無主義被反動的虛無主義所取代，反動的虛無主義抵達了被動的虛無主義。從**神**到弒**神**的凶手，從弒**神**的凶手到<u>人之</u>

最後者。但是這個抵達是預言者的看法。在抵達這裡之前，歷經了多少次的變貌、多少次在虛無主題上的變化。長期以來，反動生命努力醞釀出自己的價值，反動的人取代了神：適應、演化、進步、人人的幸福、群體之福祉；神─人（l'Homme-Dieu）、道德的人、真確的人、社會的人。這些是人們向我們提出以取代高等價值的新價值，這些是人們向我們提出以取代神的新人物。人之最後者還說：「我們發明了幸福。」[14]如果不是為了占有餘溫還熱著的位置，人為什麼要殺了神？海德格在評論尼采時指出：「如果說神離開了祂在超感覺世界中的位置，那麼這個位置儘管空著卻依然存在。超感覺世界及理想世界的空缺區域可以被維持著。空的位置甚至在某種程度上要求再次被占領，以及要求以其他東西取代消失的神。」[15]更有甚

---

11. 原註：前引書，第四卷，〈結束服侍〉。
12. 原註：前引書，第二卷，〈預言者〉（Le devin）。──《歡愉的智慧》，第125節：「我們不是在一個無盡的虛無中徘徊嗎？我們難道沒有感覺到空虛的氣息吹拂在我們臉上嗎？不冷嗎？降臨的難道不總是夜晚，不總是更多的夜晚嗎？」
13. 原註：《查拉圖斯特拉如是說》，〈序言〉，第5節。
14. 原註：同上。
15. 原註：海德格，《林中路》（〈尼采的話：「神死了」〉，法譯，發表於《論據》，第15號）。

者：這始終同樣的生命，這個首先從生命整體的貶低上受益的生命，這個利用虛無意志來獲得其勝利的生命，這個在**神**的殿堂中、在高等價值的陰影下獲勝的生命；然後，在第二階段，這個以自己來取代**神**的生命，這個轉身反對那個引領著他獲勝的原理並且除了自己的價值不再承認任何其他價值的生命；最終，這個筋疲力竭的並且寧願無所意欲、寧願被動地寂滅、也不願被凌駕它的意志所驅使的生命。這繼續是並始終是同樣的生命：被貶低、被縮減至其反動形式的生命。價值可以改變、更新、甚至消失。當中，沒有改變也沒有消失的部分，是從頭到尾主導著這個故事的虛無主義觀點，是所有這些價值源自其中的虛無主義觀點（la perspective nihiliste），即便它們消失不見。這就是為什麼尼采可以認為虛無主義並非一樁發生在歷史中的事件，而是作為普遍歷史的人類歷史之動力。否定的、反動的和被動的虛無主義：對於尼采來說，這是一個單一且相同的歷史上座落著猶太教、基督教、宗教改革、自由思想、民主和社會主義意識形態等。直至人之最後者為止[16]。

---

16. 原註：尼采並不將自己侷限在歐洲歷史上。在他看來，佛教是一種被動虛無主義的宗教；佛教甚至將一種高貴性賦予被動的虛無主義。尼采也認為東方（l'Orient）領先歐洲：基督教仍然處於否定及反動虛無主義階段（參見《權力意志》，第一卷，第343節；《反基督》，第20-23節）。

神死了

思辨命題（propositions spéculatives）從形式角度提到
了**神**的觀念。就它的觀念包含著或不包含著矛盾，**神不存
在**，或者**存在**。然而「**神死了**」這個表述方式具有全然不同
的本性：它使**神**之存在仰賴於一種綜合，它以時間、以生
成、以歷史、以人來進行神觀念之綜合。它同時說著：**神曾
經存在及祂死了及祂將復活、神變成人及人變成神**。「**神死
了**」的表述方式並非一道思辨命題，而是一道戲劇命題（une
proposition dramatique），一項最具代表性的戲劇命題。若不
將死亡放在**神**身上，我們就不能使之成為一項綜合性知識的
對象。存在或不存在不再是從**神**這個觀念中所得出的絕對規
定性（déterminations absolues），而是生與死成為相對規定性

（déterminations relatives），其相應於那些隨著神的觀念或在神的觀念中而進入綜合的力。戲劇命題是綜合性的，因此本質上是多元論的、類型學的和差異的。誰死了，誰殺了神？「當諸神死時，祂們總是死於好幾種死亡。」[17]

1. 從否定虛無主義的角度：猶太教和基督教意識的時刻。神的觀念表達了虛無意志、對生命的貶低；「當我們不將生命的重心置於生命上，而是置於彼岸上、置於虛無上，我們便從生命上面剝奪了它的重心。」[18]但是在整體上對生命的貶低、仇恨卻引發對反動生命在個別上的一種頌揚：他們是壞人、罪人……我們是好人。原理與後果。猶太教意識或怨恨意識（在以色列諸王的盛世之後）呈現出這兩個面向：普遍（l'universel）在此顯現為這種生命之仇恨，個別（le particulier）則顯現為這種對生命的愛，但其前提是生命必須是生病的及反動的。但最要緊的則是將下述情況掩飾起來：這兩個面向係處於一種前提和結論、原理和後果的關係中，此愛係此恨的後果。人們必須藉著讓一個面向對立於另一個面向、讓愛成為恨之反論，來讓虛無意志更加誘人。猶太人的神

將其子處死，為了令之獨立於祂本身和猶太人民之外：如此這般乃**神**之死的第一個意義[19]。甚至農神（Saturne）也沒有這種精巧的動機。猶太教意識讓**神**死在聖子（le Fils）這個人物中：它發明出一個受著仇恨之苦的愛之**神**，而不是在其身上找到它的前提和它的原理。猶太教意識使〔化身〕在其**聖子**中的神（Dieu dans son Fils）獨立於猶太前提本身。藉由將**神**處死，它找到了一種方法，使它的**神**成為一個「對所有人」並且真正地以四海為家的（cosmopolite）普遍**神**[20]。

17.　原註：《查拉圖斯特拉如是說》，第四卷，〈結束服侍〉。

18.　原註：《反基督》，第43節。

19.　原註：《道德系譜學》，第一卷，第8節：「這難道不是透過一種真正不凡的報復政治學、一種深謀遠慮、潛藏、需要漫長時間才能意會及估量其作用的隱密的黑暗魔術，以色列才必得在世人面前甚至對於其報復的真正工具加以背棄並釘上十字架，宛如此一工具係其致命敵人一樣，好讓整個世界，也就是說所有以色列的敵人，可以不帶絲毫遲疑地將此誘餌吞下？」

20.　原註：《反基督》，第17節：「往昔，**神**所擁有的只是祂的人民、祂的選民。此後，祂就像祂的人民去異地一樣開始旅行，不再止於一處：直至祂以四處為家，成為偉大的四海為家者（le grand cosmopolite）。」

基督教的**神**因此是已經變成以四海為家的、結論跟其前提被分隔開的猶太人的**神**。在十字架上，**神**不再以猶太人的樣子顯現。同樣地，在十字架上，是舊的**神**死了而新的**神**誕生。祂生下來就是孤兒，並按照自己的形象再造了一個父親：愛之**神**，但這種愛仍然是反動生命之愛。這就是**神**之死的第二個意義：**聖父**（le Père）死了，**聖子**為我們再造了一個**神**。**聖子**只要求我們相信祂、如同祂愛我們般地愛祂、變成<u>反動</u>的好避免〔落入〕仇恨。在一位過往讓我們害怕的父親的位置上，現在是一位求討著一點信任、一點信仰的兒子[21]。表面上脫離了其仇恨的前提，反動生命之愛必須靠自己立足並且對於基督教意識而言成為普遍的東西。

神之死的第三個意義：聖保羅把持了這個死亡，他提出一種詮釋，建構出基督教。福音書（les Évangiles）已經展開一種大規模的歪曲（une falsification grandiose），聖保羅則將之推向完備。首先，基督為了我們的罪而死！債權人交出了自己的兒子，祂拿自己的兒子償還給自己，因為債務人背負著一筆龐大的債務。父親不再為

了使兒子獨立而殺死他，而是為了我們、因為我們[22]。神出於愛將其子放上十字架；就我們感到自己有罪、對這個死亡感到自己有罪，並且只要我們藉著控訴自己、藉著償付債務的利息而彌補之，我們便回應了這份愛。在神之愛下、在其子的犧牲下，整個生命變成反動的。——生命死了，但它重生為反動的。反動生命是死後續存（survivance）作為死後續存之內容，是復

---

21. 原註：**神**之死這一主題——被詮釋為聖父之死——對浪漫主義頗為重要：例如讓－保羅（Jean-Paul），《夢之抉擇》（*Choix de rêves*），貝金（Béguin）法譯。尼采在《浪跡者及其影子》第84節中也提供了一個很好的詮釋：獄卒不在，一名囚犯從隊伍中走出並大聲說：「我是獄卒之子，他對我言聽計從，我有本事救你們，我也想救你們。不過，當然啦，我只救你們當中相信我是獄卒之子的人。」然後，獄卒「剛才突然死了」的消息傳出。兒子再次講話：「我已經跟你們說過，我將讓每一位相信我的人自由，這點我向你們保證，就像我保證我父親還活著一樣。」——對於基督教的這項要求：擁有信徒，尼采經常予以譴責。《查拉圖斯特拉如是說》，第二卷，〈詩人〉（Des poètes）：「信仰不能拯救什麼，比任何其他人，信仰我本人所能拯救的還要更少。」《瞧！這個人》，第四卷，第1節：「我不要信徒，我想對此而言我太凶惡了，我甚至並不信任我自己。我從不對群眾講話……我非常害怕，有一天人們想把我供奉成聖人（canoniser）。」

22. 原註：聖保羅詮釋的第一種元素，《反基督》，第42節、第49節；《權力意志》，第一卷，第390節。

活（résurrection）之內容。唯有它才是神所挑選的，唯有它才在神的面前——在虛無意志的面前——得恩寵。被釘上十字架的**神**復活了：如此這般乃聖保羅的另一項歪曲，基督為了我們復活和死後續存，愛與反動生命的合一。不再是父親殺死兒子，也不再是兒子殺死父親：父親死在兒子中，兒子復活在父親中，為了我們、因為我們。「基本上，救世主的生命對聖保羅完全無法派上什麼用場，他需要十字架上的死亡，還需要其他東西……」：復活[23]。——在基督教的意識中，人們不僅掩飾了怨恨，人們還改變了其導向：猶太教的意識是怨恨的意識，基督教的意識是愧疚。基督教的意識是受到顛倒、受到反轉的猶太教意識：生命之愛——然生命係作為反動生命——已成為普遍的；愛已成為原理，始終旺盛的仇恨僅是作為這種愛的一個後果，是對付抵抗此愛的人的手段。戰士的耶穌，仇恨的耶穌，但是出於愛。

2. 從反動虛無主義之角度：歐洲意識的時刻。到目前為止，**神**之死意味著虛無意志跟反動生命在**神**的觀念中的綜合。這種綜合有著不同的比例。但

是在反動生命變成關鍵部分的情況下，基督教帶領我們走向一個奇怪的結局。它告訴我們，處死**神**的是我們。它藉此醞釀出自己的無神論，即愧疚和怨恨之無神論。反動生命取代了神性意志（la volonté divine），反動的人取代了**神**，是人—**神**（l'Homme-Dieu）而不再是**神**—**人**（le Dieu-Homme），是歐羅巴人（*l'Homme européen*）。人殺了**神**，但誰殺了**神**？反動的人，「人之最醜陋者」。除了反動生命之外，神性意志、虛無意志無法容忍其他生命；後者甚至不再容忍**神**，它無法承受**神**的憐憫，它把祂所說的犧牲當真，它使祂窒息在祂仁慈的陷阱中。它阻止祂復活，它坐在棺材蓋上。不再有神性意志和反動生命的對應性，而是位移，**神**被反動的人所取代。這就是**神**之死的第四個意義：**神**由於對反動生命之愛而窒息，**神**被祂過度喜愛的忘恩負義之徒所窒息。

23.　　原註：《反基督》，第42節。聖保羅詮釋的第二個元素，《反基督》，第42、43節；《權力意志》，第一卷，第390節。

3. 從被動虛無主義之角度：佛教意識的時刻。如果我們意識到開始於福音書、並在聖保羅手上達到其最終形式的歪曲，那麼關於基督還剩下什麼，他的個人類型為何，他的死是什麼意思？尼采所說的福音書的「張大的矛盾」（la contradiction béante）應該可以指引我們。這些文本讓我們揣度出部分的真正基督：他帶來的喜悅信息，罪惡觀念之去除，任何怨恨及任何報復精神之闕如，對任何戰爭之拒絕（甚至是透過後果的方式），關於在人世間的**神**之國度（un royaume de Dieu ici-bas）──作為一種心靈狀態──之揭示，以及尤其是對死亡之接受作為其教義之證明[24]。我們看到尼采由此想導向之處：基督係聖保羅對他的形塑之對立面，真正的基督是某種佛陀，是「一位踏在不那麼印度的土地上的佛陀」[25]。對他的時代、在他的環境中，他太過領先：當反動生命還在跟權力意志搏鬥時，他已經教導它說要安祥地死去、被動地寂滅，向它指出真正的出路。當人們還在思忖自己是否取代神時，他將一種享樂主義（un hédonisme）賦予了反動生命，將一種高貴性賦予了<u>人之最後者</u>。當人們還處於否定的

虛無主義時，當反動的虛無主義才剛開始時，他將一種高貴性賦予了被動的虛無主義。在愧疚及怨恨之外，耶穌為反動的人上了一堂課：他教他死去。他是墮落者（décadents）當中最溫和的一位、最有意思的一位[26]。基督既不是猶太人也不是基督徒，而是佛教徒；比起教宗，他更接近達賴喇嘛。在他的國度中、在他的環境中是如此領先，乃至於他的死必須被扭曲，他的整個歷史必須被歪曲、倒退、為較早的階段效勞，轉而有利

24. 　　原註：前引書，第33節、第34節、第35節、第40節。——尼采認為，真正的基督不號召著一種信仰，他帶來了一種實踐：「**救世主**之生命無非是此一實踐，他的死也不例外……他不抵抗，他不捍衛自己的權利，遭逢極端之事他一步也不移，甚至他招惹之。他跟那些讓他痛苦的人一起祈禱、受苦及愛。毫不為自己辯護，毫不氣惱，毫不責怪。但同時也毫不抵抗邪惡，喜愛邪惡……透過他的死，耶穌去世時，除了提供其教義最鮮明的證明之外，別無他求。」

25. 　　原註：前引書，第31節。——前引書，第42節：「朝向某種佛教平和運動（mouvement d'apaisement bouddhique）邁進的一項嶄新的、全然迸發的（tout à fait primesautier）努力」；《權力意志》，第一卷，第390節：「基督教是佛教和平主義（pacifisme bouddhique）的樸拙開始，從受怨恨驅使的牧群本身中冒出。」

26. 　　原註：《反基督》，第31節。

於否定的或反動的虛無主義。「被聖保羅扭曲及改造成一套充斥著異教神祕（mystères païens）的教理，最終跟整個政治組織和解……並且學會戰爭、判罪、折磨、發誓、仇恨」：仇恨成為這位非常溫和的基督的手段[27]。因為這就是佛教跟聖保羅的官方基督教之間的區別：佛教是被動虛無主義的宗教，「佛教是為了文明之終結和厭倦而來的宗教；基督教尚未找到這種文明，如果這是必要的話，它會創造之。」[28]基督教的和歐洲的歷史所特有的是，通過兵戎及戰火而實現一個在別處已知並且自然達成的目標：虛無主義之終點。佛教作為已實現的目標、已達成的完美而經歷著的東西，基督教僅僅作為一種動力而經歷著。不排除它將抵達此一目標；不排除基督教抵達一種去除掉一切聖保羅神話的「實踐」，不排除它重新找到了基督真正的實踐。「佛教正在歐洲各處默默地推進。」[29]但會歷經多少的仇恨及戰爭才能抵達這個終點。基督以個人之姿（personnellement）坐鎮在這個最後的終點上，他振翅一拍便抵達，在一個非佛教的環境中一隻佛陀之鳥（oiseau de Bouddha）。相反地，基督

教必須歷經虛無主義的所有階段，才能在一段漫長而可怕的報復政治（politique de vengeance）之後，讓這個終點也成為它的終點。

---

27. 原註：《權力意志》，第一卷，第390節。
28. 原註：《反基督》，第22節。
29. 原註：《權力意志》，第三卷，第87節。

4

反黑格爾主義

　　在這套歷史和宗教的哲學中，我們不會看到黑格爾想法的一種復興或甚至是一種歪曲。關係乃更深，差異乃更深。**神死了，神變成人，人變成神**：有別於他的前輩，尼采不相信這個死亡。他沒有把賭注押在這座十字架上。也就是說：他不將這個死亡當成一件在其自身具有其意義的事件。有多少力能夠控制住基督並且能夠讓他死，**神之死**就有多少種意義；但確切地說，我們還在等待一些力或一種權力，其能支撐這個死亡到它的最高等級，並且使之成為有別於一種表面的和抽象的死亡的東西。跟任何的浪漫主義相左，跟任何的辯證法相左，尼采對**神之死**不以為然。隨著他，那個素樸信任的時代──其中，人們一下迎接人跟**神**的和解，一下迎接人對**神**的取代──結束

了。尼采不信任鬧哄哄的大事[30]。對一個事件而言，需要許多沉默和時間，它最終才能找到賦予它一種本質的諸力。——無疑地，對黑格爾來說也是如此，一個事件需要時間才能重新連結上其真實本質。但這個時間是必要的，僅僅是要讓那個「自在」的意義也變成「自為」的。黑格爾詮釋下的基督之死意味著被克服的對立，有限與無限的和解，**神**與個體、不變（l'immuable）與特殊的統一；然而，還需要基督教的意識歷經其他的對立形象（d'autres figures de l'opposition），好讓這種本已經是自在的統一也能夠成為自為的。相反地，尼采所說的時間是必要的，所針對的是一些力之形構（la formation de forces）而言，這些力賦予了**神**之死一個它自在所不包含的意義，帶給它一個被規定的本質，如同外在的精采禮物（le splendide[31] cadeau de l'extériorité）。在黑格爾那兒，意義之多

30.　原註：《查拉圖斯特拉如是說》，第二卷，〈關於大事〉：「大事的周圍一旦充斥著喧囂及煙霧，我便失去對它們的信任……因此，承認吧！當你的喧嘩和你的煙霧消散時，很少有什麼事情被成就。」另參《歡愉的智慧》，第125節。

31.　譯註：原文spendide，應是 splendide之誤。

樣性、本質之選擇、時間之必然性皆是外觀，只是外觀[32]。

　　普遍與獨特、不變與個別、無限與有限，這一切是什麼？無非就是徵兆罷了。這個個別、這個獨特、這個有限是誰？而這個普遍、這個不變、這個無限是什麼？一方是主詞，但是這個主詞是誰，哪些力呢？另一方是謂詞或受詞，但它是屬於哪一個意志的「受詞」呢？辯證法甚至沒有絲毫觸及詮釋，它從未超出徵兆的範圍。它將詮釋及未詮釋徵兆的發展這兩者混淆。這就是為什麼在發展和改變方面，它所構想的，並不比一種在其中主詞變成謂詞、謂詞變成主詞的抽象排列（permutation abstraite）更深刻。但是那位是主詞的東西（celui qui est sujet）及那個謂詞所是的東西（ce qu'est le prédicat）並沒有改變，它們在最終獲得決定的程度就跟開始時一樣少、一樣盡可能地少受到詮釋：一切都發生在中間地帶（régions moyennes）。對於辯證法藉著對立、對立之發展或矛盾、矛盾之化解而推進，我們並不會感到特別訝異。它無視於力、它們的質、它們的關係所源自的實在元素（l'élément réel）；關於該元素，它僅知悉其反映在受到抽象考量的徵兆中的顛倒形象。對立可以是關於抽象產物（produits abstraits）之間關係的法則，但是差異才是那個將對立當成單純表象而生產出來的發生的或生產的唯一原理（le seul principe de genèse ou de production）。辯證法沉浸在對立中，因為它無視於更加

難以捉摸及隱蔽的差異機制（mécanismes différentiels）：拓撲學的位移，類型學的變化。我們可以從對尼采而言很重要的一個例子上清楚地看到這一點：整個他關於愧疚的理論應該被理解為一種對於黑格爾苦惱意識的重新詮釋；這種在表面上被撕裂的意識，在那些隱藏在虛假對立之下的力的差異關係（rapports différentiels de forces）中找到其意義。同樣地，除非是作為掩飾及作為藉口，否則基督教跟猶太教的關係並沒有地方讓對立可以存在。卸下其所有的企圖，對立不再是起形構作用的、產生動力的及發揮協調作用的：一個徵兆，只是一個需要詮釋的徵兆罷了。卸下其讓差異可以被理解的意圖，矛盾如實其所是地顯現著：它是對差異本身的持續曲解，對系譜學的含混顛倒。實際上，對系譜學家之眼而言，否定工作只是對權力意志作用的一種粗糙趨近。抽象地考量徵兆，將外觀運動（le mouvement de l'apparence）當成事物的發生法則（la loi

32.　　　原註：關於神之死及其在黑格爾哲學中的意義，參見讓‧瓦爾（Jean Wahl），《黑格爾哲學中的苦惱意識》（*Le malheur de la conscience dans la philosophie de Hegel*）及讓‧依波利特（Jean Hyppolite）《精神現象學的起源與結構》（*Genèse et structure de la phénoménologie de l'esprit*）的重要評論。——以及亨利‧畢洛（Henri Birault）撰寫的精湛文章〈黑格爾本體論—神學與辯證法〉（L'Onto-théo-logique hégélienne et la dialectique），發表於《哲學雜誌》（*Tijdschrift vooz Filosofie*），1958年。

génétique des choses），只把握原理的一種顛倒形象，整個辯證法在虛構之元素中運作並運動。當它的問題本身就是虛構的，它的化解怎麼可能不是虛構的呢？沒有一個虛構不被它做成一個精神的時刻（un moment de l'esprit），它自己的時刻之一。雙腳在空氣中行走並非辯證法家可以藉以指責其他人的事情，因為這正是辯證法本身的基本特徵。在這個位置上，它如何保有一種批判的眼光呢？整個尼采的作品以三種方式反對辯證法：辯證法無知於意義，因為它無視於那些具體占有現象的諸力的本性；辯證法無知於本質，因為它無視於力、其性質及其關係所源自的實在元素；辯證法無知於改變及轉化，因為它僅止於在抽象及非實在的詞語間操作排列。

所有這些不足之處皆有著一個相同的根源：對「誰？」這個問題的漠視。自始至終皆是蘇格拉底對智辯家技藝所表現出的那種蔑視。人們以黑格爾的方式向我們宣告，人與神和解了，以及宗教與哲學也和解了。人們以費爾巴哈的方式向我們宣告，人取代神，他取回神性，如同他自己的財產或他的本質，神學也變成了人類學。然而，誰是人及什麼是神呢？誰是個別的，什麼是普遍？費爾巴哈說人改變了，他變成神；神改變了，神的本質變成人的本質。但是，那位是人的東西（celui qui est Homme）並沒有改變：反動的人、奴隸，他自現為神的同時仍不改其是奴隸，永遠是奴隸，一部製造神性的機器。那

個**神**所是的東西（Ce qu'est Dieu）也沒有改變：永遠是神性，永遠是至高無上的存有，一部製造奴隸的機器。那個改變了的東西，或者毋寧說那個交換其規定性的東西，是中介概念（le concept intermédiaire），是那些可以是互為主詞或謂詞的中間詞語（termes moyens）：**神**或**人**[33]。

神變成**人**，**人**變成**神**。但<u>誰</u>是人？始終是反動的存有，一種弱的及被貶低的生命之典型、主詞。<u>什麼</u>是**神**？始終是作為貶低生命手段的至高無上**存有**，虛無意志之「受詞」，虛無主義之「謂詞」。在**神**死之前和死之後，人依然是「那位他是的誰」（qui il est），如同**神**不改其乃「那個祂所是的東西」（cc qu'il est）一樣：反動力和虛無意志。辯證法向我們宣告了**人**與**神**的和解。但是，如果不是虛無意志和反動生命由來已久的<u>共謀</u>、由來已久的<u>親和性</u>的話，那麼這種和解又是什麼呢？辯證法向我們宣告了**人**對**神**的取代。但是，如果不是反動生命

33.　原註：在施蒂納（Stirner）的批判之下，費爾巴哈贊同：我讓**神**之謂詞繼續存在，「但（我）必須讓它們繼續存在，否則（我）甚至不能讓自然和人繼續存在；因為**神**是一種由現實（réalités）所組成的存有，也就是說自然和人類的謂詞。」關於費爾巴哈論及他的《基督教本質》（*L'essence du christianisme*）跟施蒂納《唯一者及其所有物》的關係，參見費爾巴哈，《哲學宣言》（*Manifestes philosophiques*），阿圖塞（ALTHUSSER）法譯，PUF出版）。

取代虛無意志、反動生命現在產生它自己的價值的話，那麼這個取代又會是什麼呢？在這一點上，整個辯證法看來都是在反動力的範圍內運動的、它完全是在虛無主義的觀點中演進的。確切地說，確實有一種觀點，對立在其中顯現為力之發生元素（l'élément génétique de la force）；這就是反動力之觀點。從反動力的角度看，差異元素被顛倒、倒映、變成對立。確實有一種觀點，其以虛構來反對實在，其將虛構發展成反動力取得勝利的手段；這是虛無主義，虛無主義的觀點。否定工作係為一種意志效勞。只消去問「此意志是哪個？」便能約略感覺到辯證法之本質。辯證法最重要的發現是苦惱意識、苦惱意識之深化、苦惱意識之化解、苦惱意識及其資源之頌揚。此乃反動力在對立中的展現，此乃虛無意志在否定工作中的展現。辯證法係怨恨、愧疚之天然的意識形態。它係在虛無主義的觀點下的思想、係反動力觀點的思想。從一端到另一端，它是根深蒂固地基督教的思想：無能於創造新的思考方式、新的感覺方式。神之死，這是辯證法的大事、鬧哄哄的大事；不過〔實際上只〕是發生在反動力的喧嘩中、在虛無主義的煙霧中的事件。

辯證法之變貌

在辯證法的歷史中，施蒂納占有一個獨一無二的位置，那個最後的、極端的位置。施蒂納是那位試圖讓辯證法跟智辯家之技藝和解的大膽辯證法家。他重新找到問「誰？」這個問題的道路：他知道以之做為同時反對黑格爾、鮑威爾（Bauer）[34]、費爾巴哈的關鍵問題。「『人是什麼？』的問題變成『人是誰？』的問題，並且由你（Toi）來回答。『是什麼？』問題指向有待實現的概念（le concept à réaliser）；〔句子〕從『誰

34.　　譯註：布魯諾·鮑威爾（Bruno Bauer, 1809-1882），德國哲學家、神學家。

是』（*qui est*）起頭，問題就不再是一個問題，因為答案以個人的方式（personnellement）出現在提問者身上（dans celui qui interroge）。」[35] 換句話說，只需要問「誰？」這個問題，便能引領辯證法走向它真正的結局：翻轉（*saltus mortalis*）[36]。費爾巴哈宣告人取代了神。但是，〔現在〕我（*je*）不是人或類存有，我不是人的本質，如同〔過去〕我也不是神和神之本質。人們排列著人與神；然而否定工作一旦啟動，它便跳出來告訴我們：這還不是你。「我既不是神，也不是人，我既不是至高無上的本質，也不是我的本質，而事實上無論我構想本質係在我身上或在我身外，那都是同一回事。」「由於人只代表著另一種至高無上的存有，至高無上的存有說到底也僅僅受到一種簡單的變形，而對人之敬畏也只是對神之敬畏的一個不同面向。」[37] ——尼采會說：因為忍受不了其憐憫而殺死神的人之最醜陋者仍然是人之憐憫的目標[38]。

　　辯證法的思辨動力是矛盾及其化解。但是其實踐動力則是異化（aliénation）及異化之去除、是異化及重新占有（réappropriation）。辯證法在此顯現它真正的本性：在一切間的訴訟技藝、爭論所有物和改變所有者之藝術、怨恨之藝術。甚至在其巨著《唯一者及其所有物》的書名中，施蒂納依然直指辯證法的真相。他認為黑格爾的自由仍然是一個抽象的概念；「我一點都不反對自由，但我期望你的多過於自由。

你不應該只擺脫自己不想要的東西，你還應該擁有自己想要的東西，你不應該只當一個自由的人，你還應該當一個所有者。」——但是，誰占有著或重新占有著呢？重新占有的所司（l'instance réappropriatrice）是哪一個？黑格爾的客觀精神、絕對知識難道不繼續是一種異化、一種精神性的和細緻化的異化形式嗎？鮑威爾的自意識、純粹的或絕對的人的批判不也是如此嗎？還有費爾巴哈的類存有，作為物種（espèce）、本質和感知存有（être sensible）的人呢？我一點也不是這些。施蒂納沒什麼罣礙地便指出，在異化的程度上，觀念、意識或物種並不亞於傳統的神學。相對的重新占有，依然是絕對的異化。跟神學相抗衡，人類學將自我（moi）做為人之所有物。辯證

35.　原註：施蒂納，《唯一者及其所有物》（*L'unique et sa propriété*），第449頁。——關於施蒂納、費爾巴哈及他們的關係，參考亨利·阿赫馮（Henri Arvon）：《論存在主義之根源：施蒂納、費爾巴哈或聖潔之轉化》（*Aux sources de l'existentialisme : Max Stirner, Ludwig Feuerbach ou la transformation du sacré*），PUF出版。

36.　譯註：saltus mortalis為拉丁文，指翻筋斗，此處譯為「翻轉」，呼應文中談的顛倒（renverser）。

37.　原註：施蒂納，前引書，第36、220頁。

38.　原註：《查拉圖斯特拉如是說》，第四卷，〈人之最醜陋者〉。

法並不會停下腳步，除非自我最終變成了所有者……甚至如果有必要，通向虛無。——正當重新占有的所司在長度、寬度和深度上有所縮減的同時，重新占有的舉措也改變了意義，施展在一個越來越窄的基礎上。過去，在黑格爾那兒，這涉及一種和解：辯證法很快便跟宗教、**教會**、**國家**及滋養其力的所有力和解。我們知道黑格爾著名的轉化意味著什麼：它們不忘虔誠地保存。在內在之中，超越也不改其為超越的。在費爾巴哈那兒，「重新占有」的意義有所改變：和解的成分少了，取回（récupération）的份量加重，人對超越的所有物（propriétés transcendantes）的取回。除了作為「絕對而神性的存有」的人之外，什麼都沒有被保存。但是這種保存，這個最後的異化在施蒂納那兒消失了；**國家和宗教、但還有人類的本質都在自我**（le MOI）中被否定了，它沒有跟任何東西和解，因為，為了它自己的「權力」，為了它自己的「交易」（commerce），為了它自己的「享受」，它毀滅一切。於是，超越異化意味著一種純然而冷酷的毀滅，一種重新掌握（reprise），但卻不讓任何被它所重新掌握的東西（ce qu'elle reprend）繼續存在：「自我非一切，但它破壞了一切。」[39]

毀滅一切的自我也是其什麼都不是的自我（le moi qui n'est rien）：「唯有其自己分解自己的自我（le moi qui se décompose lui-même）、其永遠不存在的自我（le moi qui n'est jamais）

才實實在在地是我。」「我是我的權力的所有者，而當我知道自己是唯一的的時候，我才是我的權力的所有者。在唯一（l'unique）中，擁有者回到他所從出的起創造作用的無（le rien créateur）。任何高過於我的存有，無論是神還是人，都會在我的唯一性（unicité）感覺前面削弱，並在此一意識之陽光下變得蒼白。如果我將我的起因（cause）建立在我──即唯一──之上，那麼它將立足於它那吞噬自己的短暫並脆弱的創造者之上，而我可以說：我並未將我的起因建立在任何東西（Rien）之上。」[40]施蒂納這本書的重要性係三重的：針對其前輩在重新占有這方面的不足提出一項深入分析；對辯證法與一種關於自我的理論之間的密切關係的揭露，〔在這種自我理論中〕唯有自我係重新占有的所司；對於辯證法藉著自我、在自我當中所抵達的終點提供一個深刻見解。整個歷史及特別是黑格爾主義在獲勝的虛無主義中找到了它們的結局，但也是它們最徹底的瓦解。辯證法愛歷史也控制歷史，但其本身也有

39.　　　原註：施蒂納，前引書，第216頁。
40.　　　原註：前引書，第216頁、第449頁。

一個歷史，它受其苦並且控制不住。被結合起來的歷史和辯證法之意義並不是理性、自由或作為物種的人之實現，而是虛無主義之實現，不是別的，只是虛無主義之實現。施蒂納是將虛無主義揭示為辯證法真相的辯證法家。他只消提出「誰？」這個問題便足矣。帶著唯一性的自我（le moi unique）將不是他的一切還給虛無，而這個虛無正是他自己的虛無，即自我之虛無本身。施蒂納辯證法家的色彩太過強烈，乃至於除了從所有物、異化和重新占用的角度下，他別無其他方式思考。但他也太過硬梆梆，乃至於看不到這種思想將帶往何處：朝向其什麼都不是的自我，朝向虛無主義。── 於是，在《德意志意識形態》中，馬克思的問題找到它最重要的意義之一：即停止這種命定的趨向。他接受了施蒂納的發現，將辯證法視為自我理論。在某一點上，他贊同施蒂納的觀點：費爾巴哈的人的物種仍舊是一種異化。但是，施蒂納所談的自我在馬克斯看來也是一種抽象，係資產階級利己主義的一種投射。馬克思細緻地發展著他關於受制約的自我（le moi conditionné）的著名學說：依循著歷史及社會關係，物種和個體、類存有和特殊者、社會性和利己主義在受制約的自我中調和。這足夠了嗎？物種是什麼呢，個體是誰呢？辯證法是否找到了它的平衡及終止點，或者只是一個最後的變貌罷了，亦即虛無主義的抵達前的社會主義變貌？實際上，在辯證法和歷史相互牽引的共同斜坡上要停

止它們很難：馬克思除了指出終點前的一個最後階段——無產階級的階段——以外，還做了別的事情嗎[41]？

41.　原註：梅洛—龐蒂（Maurice Merleau-Ponty）寫了一本關於《辯證法的歷險》（*Les aventures de la dialectique*）的佳構。除了其他方面，他批評了客觀主義的歷險（l'aventure objectiviste），其建立在「一種被實現在歷史及其物質中的否定的幻想上」（第123頁），或者其「將整個否定性集中在一個既存的歷史形構中，即無產階級上」（第278頁）。這種幻想必然牽連上一個夠格的團體（un corps qualifié）形構：即「否定公務員」（les fonctionnaires du négatif）（第184頁）。——但是，想要將辯證法維在運動著的一種主體性及一種主體間性（une subjectivité et d'une intersubjectivité mouvantes）的基礎上，人們能否避開這種註定的虛無主義是值得懷疑的。有一些意識的形象（figures de la conscience），它們已經是否定公務員了。辯證法具有的較不是歷險而是變貌；尼采説，無論是自然主義的或本體論的，是客觀的或主觀的，它在原理上都是虛無主義的；而關於正面性，它所給出的形象始終是一種否定或顛倒的形象。

6

尼采與辯證法

　　我們有充分的理由設想尼采對於從黑格爾到施蒂納本人的黑格爾運動具有一種深入的了解。一位作者各方面的哲學認識不是以他所做的引述來評估，也不是根據總是天馬行空或因緣際會的藏書目錄來評估，而是應該根據其作品本身所要辯護的或所進行論戰的方向來評估。如果我們看不到尼采整個作品的主要概念係導向「反對誰」，那麼我們將很難理解它。黑格爾的主題就像這整部作品所要戰鬥的敵人一樣出現在其中。尼采不停地譴責：德國哲學所具有的神學和基督教特徵（「圖賓根神學院」〔séminaire de Tubingue〕）——這種哲學在脫離虛無主義觀點上的無能（黑格爾的否定虛無主義、費爾巴哈的反動虛無主義、施蒂納的極端虛無主義）——這種哲學在以自我、人或人的幻象（les phantasmes de l'humain）以外的其他事物為終點上的缺乏能耐（尼采的超人對立於辯證法）——辯證法所

謂的轉化之神祕化特徵（價值重估之相對於重新占有、相對於抽象排列）。可以肯定的是，在所有這些方面，施蒂納都扮演著揭示者的角色。是他將辯證法帶到它最終的後果，指出它將抵達的終點是什麼及它的動力是何者。然而，因為施蒂納仍以辯證法家的方式思考，因為他擺脫不了所有物、異化及其去除等範疇，他自己便正好跳進了他藉由辯證法所挖掘的虛無中。人是誰？是自我，只是自我。他利用了「誰？」這個問題，但是卻只將辯證法消解在這個自我之虛無中。除了人的觀點，他沒有能力從其他觀點提出這個問題，除了虛無主義的前提，他沒有能力在其他前提下提出這個問題；他不能讓這個問題為它本身而開展，他也不能在另一個能夠給它一個肯定回應的元素中提出這個問題。他缺乏一個可以跟此種問題相對應的類型學方法。

尼采的正面性任務是雙重的：超人和價值重估。不是「誰是人？」這個問題，而是「誰超越人？」這個問題。「最為憂愁的人在今日問：如何保存人？但是查拉圖斯特拉問──他是唯一且第一個這麼問的人──『人將如何被超越？』我念茲在茲的是超人，是他對我來說才是唯一，而不是人：不是鄰人，不是最悲慘的人，不是最受苦的人，不是最好的人。」[42]

42.　　註：《查拉圖斯特拉如是說》，第四卷，〈關於高等人〉。──對施蒂納的影射相當明顯。

超越對立著保存，但也對立著占有、重新占有。價值重估對立著現行價值，但也對立著偽辯證轉化（pseudo-transformations dialectiques）。超人跟辯證法家的類存有、跟作為物種的人或跟自我沒有任何共通之處。那唯一的，既不是我，也不是人。辯證法的人（l'homme de la dialectique）是最悲慘的人，因為他將一切不是他的東西皆予以毀滅，於是他再也什麼都不是，除了是人。最好的人也是如此，因為他去除了異化，取代了**神**，取回了他的所有物。我們別以為尼采的超人會是一種追加叫價（surenchère）：其在本性上有別於人、有別於自我。超人由一種新的感覺方式來界定：有別於人的另一個主詞，有別於人的類型的另一種類型。一種新的思考方式，有別於神性的另一些謂詞；因為神性仍然是保存人、以及保存**神**的本質──神作為屬性──的一種方式。一種新的評價方式：不是一種價值的改變，不是一種抽象的排列或一種辯證的顛倒，而是發生在諸價值之價值所源自的元素中的改變和顛倒，即一種「價值重估」。

從這項正面性任務的角度來看，尼采所有的批判意圖都找到了它們的統一性。混為一談（amalgame）──對黑格爾主義者很重要的手法──現在轉而反對黑格爾主義者他們自己。在同一個論戰中，尼采涵蓋了基督教、人文主義、利己主義、社會主義、虛無主義、歷史及文化理論、辯證法本尊。遭到抨

擊的這一切形成了高等人的理論：尼采批判之目標。在高等人中，落差的情況便展露出來，就像辯證法時刻本身的混亂和無紀律一樣，就像人的並太過於人的意識形態的混為一談一樣。高等人的吶喊是多重的：「這是一聲長長的吶喊，奇怪且多重，而查拉圖斯特拉清楚地分辨出它係由許多聲音所組成的；儘管隔著一段距離，它彷彿從同一張口中發出的吶喊。」[43]但是，高等人所提供的統一性也是批判的統一性：全部由辯證法為其目的而收集起來的零件及碎片所做成，在統一性方面，他有的是一條將整體串在一起的線，一條由虛無主義及反動所捻成的線[44]。

43.　原註：前引書，第四卷，〈致敬〉（La salutation）。 ——「然而，在我看來，發出了痛苦吶喊的你們，當你們被聚集在此的時候，彼此間極不相投。」

44.　原註：參見前引書，第二卷，〈關於文化之地〉（Du pays de la culture）：這個時代的人既是高等人的體現，又是辯證法家的寫照。「你們看似由顏料及拼貼的紙片所揉捏而成……抹著五顏六色的，一如你們，你們又怎麼有能力相信！你們是被相信的一切之塗抹。」

7

高等人的理論

　　高等人的理論占著查拉圖斯特拉的第四篇；而這第四篇是已出版的查拉圖斯特拉之重點。組成高等人的人物是：預言者、兩個國王、水蛭專家、巫師、最後的教宗、人之最醜陋者、自願的乞丐和影子。然而，透過這種人物方面的多樣性，我們很快便發現構成高等人雙重性的東西：人之反動存有，但還有人之類主動性。高等人是這樣的形象，在其中反動的人將自己表現為「高等的」〔上位的〕及，更勝一籌，將自己神化。同時，高等人也是這樣的形象，在其中顯現出文化或類主動性之產物。——預言者是極度厭倦之預言者，被動虛無主義之代表，人之最後者的先知。他尋找一片可飲之海，一片在此自溺之海；但是，任何死亡對他來說仍然顯得過於主動，我們

太累了，連死也死不了。他想死，但要如同一種被動的滅絕[45]。巫師是愧疚、「造偽幣者」、「精神抵償者」（l'expiateur de l'esprit）、「憂鬱惡魔」（le démon de la mélancolie），其製造自己的苦難來激起憐憫，來擴大感染。「如果你在醫生面前褪去衣衫，你將掩飾著甚至自己的病」：巫師歪曲了痛苦，他為它發明了新的意義，他背叛了戴奧尼索斯，他控制著雅莉安之歌，虛假的悲劇[46]。人之最醜陋者代表反動的虛無主義：<u>反動的人</u>將其怨恨轉而反對**神**，他取代了被他殺死的**神**，但並沒有停止反動，滿滿的愧疚及怨恨[47]。

兩位國王（*les deux rois*）乃習俗、習俗的教化，以及這種教化之兩頭、文化之兩端。他們代表著被把握在習俗規定性的<u>前歷史原理</u>中的類主動性，但也代表著被把握在習俗被除去了的<u>後歷史產物</u>中的類主動性。他們感到絕望，因為他們目睹了「下等人」（populace）的勝利：他們看到一些力移植在習俗本身之上，它們讓類主動性偏離方向，讓類主動性同時在其原

45.　　原註：《查拉圖斯特拉如是說》，第二卷，〈預言者〉；第四卷，〈痛苦的吶喊〉（Le cri de détresse）。

46.　　原註：前引書，第四卷，〈巫師〉。

47.　　原註：前引書，第四卷，〈人之最醜陋者〉。

理及產物中受到扭曲[48]。水蛭專家（*l'homme aux sangsues*）代表作為科學的這個文化之產物。他是「精神之一絲不苟者」。他想要確定性，並且占有科學、文化：「寧可一無所知，也不要擁有許許多多的一知半解。」而朝確定性努力的過程中，他了解到科學甚至不是一種關於水蛭及其最根本原因的客觀知識，而只是一種關於水蛭「腦部」的知識，一種不再是一種知識的知識，因為它必須跟水蛭變成一樣，像它一樣地思考並臣服於它。知識係生命對抗生命，是那種剖開生命的生命，但是只有水蛭剖開生命，只有它是知識[49]。最後的教宗使其存在成為長期的服侍。他代表作為宗教的這種文化之產物。他侍奉神直到最後，在過程中失去了一隻眼睛。失去的眼睛無疑是那隻感受著主動的、肯定的神的眼睛。剩下的眼睛盯著猶太人的和基督教的神，在其整個歷史中：它看到了虛無、整個否定的虛無主義及人對神的取代。絕望於失去主人的老僕役：「我沒了主人，而且雖然如此，我並非自由的；還有，除了在我的回憶裡，我永遠不會再感到愉快。」[50]自願的乞丐（*le mendiant volontaire*）已經遍歷了整個人類物種，從富人到窮人。他尋覓「天之國度」、「世間幸福」作為回報，但還有人類的主動性——類的與文化的——的產物。他想知道這個國度歸於誰，而誰代表著此主動性。科學、道德、宗教？還有別的，貧窮、勞動？但是，天之國度無論在窮人那兒還是富人那兒都不再

有：到處皆是下等人，「位處高位的下等人，位處低位的下等人」！自願的乞丐找到了天之國度，作為唯一的回報，以及一種類主動性的真正產物：然而僅僅在母牛那兒找到，僅僅在母牛的類主動性中。因為母牛知道反芻，而反芻是作為文化的文化之產物[51]。影子就是<u>浪跡者</u>本人，類主動性本身，文化及其運動。浪跡者及其影子的意義，就是只有影子浪跡著。浪跡的影子是類主動性，但係就其失去其<u>產物</u>而言，係就其失去其<u>原理</u>並瘋狂地尋找這二者而言[52]。——兩位國王是類主動性的看守者，水蛭專家是作為科學的類主動性之產物，最後的教宗是作為宗教的類主動性之產物；在科學和宗教之外，自願的乞丐想知道何者是此一主動性的適當產物；影子正是這種主動性本身，就其失去了它的目標並尋找著它的原理而言。

我們好像把高等人分成了兩種。不過，實際上，<u>高等人</u>的每個人物依據不同的比例關係皆具有這兩個面向；既代表反動

48.　　原註：前引書，第四卷，〈跟國王交談〉（Entretien avec les rois）。

49.　　原註：前引書，第四卷，〈水蛭〉（La sangsue）。——我們也記得頭腦在叔本華所提出的那些理論當中的重要性。

50.　　原註：前引書，第四卷，〈結束服侍〉。

51.　　原註：前引書，第四卷，〈自願的乞丐〉（Le mendiant volontaire）。

52.　　原註：前引書，第四卷，〈影子〉（L'ombre）。

力及它們的勝利，也代表著類主動性及它的產物。我們必須考慮到這兩個面向，才能理解查拉圖斯特拉為什麼以兩種方式對待高等人：有時當成在任何陷阱前、在任何恥辱前絕不退縮的敵人，其目的是讓查拉圖斯特拉偏離其道路；有時當成一個訪客，幾乎是一個同伴，其投身於一項跟查拉圖斯特拉的事業相近的事業中[53]。

53.　　原註：前引書，第四卷，〈致敬〉：「我在這些山岳上所等的並不是你們……你們不是我的左右手……有了你們，我甚至會糟蹋了我的勝利……你們並非我的名號及我的遺產所歸屬的那些人。」第四卷，〈憂鬱之歌〉（Le chant de la mélancolie）：「所有這些高等人，或許，他們的氣味都不好聞。」關於他們為查拉圖斯特拉所布下的陷阱，請參閱第四卷，〈痛苦的吶喊〉、〈巫師〉、〈結束服侍〉、〈人之最醜陋者〉。——第四卷，〈致敬〉：「這是我的國度和我的領地：但今晚及今夜它們將屬於你們。願我的動物服侍你們，願我的洞穴成為你們歇息之處。」高等人被稱為「橋梁」、「台階」（des degrés）、「先驅者」：「也許有一天，從你們的後代中，對我而言，誕生出一個兒子和一個完美的繼承人。」

8

人本質上是
「反動的」嗎？

　　只有當我們問一個更一般的問題時，這種雙重性才能獲得準確的解釋：在多大程度上，人本質上是反動的？一方面，尼采將反動力之勝利呈現為在人身上及在歷史中重要的東西。怨恨、愧疚是人之人性的組成部分，虛無主義是普遍歷史的先驗概念；這就是為什麼戰勝虛無主義、將思想從愧疚和怨恨中解放出來便意味著超越人、破壞人、甚至是最好的人亦不例外[54]。尼采的批判所攻擊的不是一個偶發的狀況，而是人的

54.　　原註：前引書，第四卷，〈關於高等人〉：「始終要滅亡得更多，並且始終要滅亡你們的物種中最好的那些。」

本質本身；係在他的本質中，人被說成是大地的皮膚病[55]。但是，另一方面，尼采論及主人如同論及一種僅係被奴隸所敗的人的類型，他論及文化，如同論及一種僅係被反動力偏離其意義的人的類主動性，他論及自由的及至高權的個體，如同論及這種僅係被反動力所扭曲的主動性之人的產物（produit humain de cette activité）。甚至人的歷史似乎也包含著主動的時期[56]。查拉圖斯特拉有時則會提到他的真正的人（ses hommes véritables），並且宣告他的統治也是人的統治[57]。

比力或力質更深層的是力的生成或權力意志的性質。關於「人本質上是反動的嗎？」這個問題，我們應該回答：那個構成了人的東西還更深層。那個構成了人及其世界的東西，不僅是一種力的特殊類型，而且是一種一般的力的生成。並非特別是那些反動力而已，而是所有力的反動—生成。然而，一個如此這般的生成，總是要求對立性質（la qualité contraire）——其在生成中跑到其對立面中——之在場，作為它的起點（terminus a quo）。有一種健康，其系譜學家很清楚，它只會作為一種生病—生成（un devenir-malade）的先決條件而存在。主動的人是這個美、年輕又強壯的人，然而從他的臉上，我們可以解讀出他尚未罹患的某種疾病之隱約跡象、一種明天才會傳到他身上的感染之隱約跡象。必須捍衛強者來反對弱者，但我們知道這樁事業令人絕望的色彩。強者可以反對弱

者，但無法反對那種屬於他的弱—生成（le devenir-faible qui est le sien），那種在一種更加巧妙的鼓動（sollicitation）下而歸屬他的弱—生成。每當尼采談到主動的人，眼見那種對他們預示而作為他們根本生成的命運時，他不無帶著悲傷：希臘世界被理論的人所推翻，羅馬被猶地亞（la Judée）[58]所推翻，文藝復興被宗教改革所推翻。因此，確實存在著一種人的主動性，確實存在著一些人的主動力；但是這些特別的力只是一種力的普遍生成的養分，一種所有力的反動—生成的養分，其界定了人和人的世界。就是以這樣的方式，在尼采身上，高等人的兩個面向調和起來：他的反動特質、他的主動特質。乍看下，人的主動性顯現為類的；一些反動力移植在它上頭，使它變質並使它偏離其意義。但更深層的是，真正的類（le vrai générique）是所有力的反動生成，主動性只是被此一生成所預設的特殊時期。

55.　　原註：前引書，第二卷，〈關於大事〉。

56.　　原註：《道德系譜學》，第一卷，第16節。

57.　　原註：《查拉圖斯特拉如是說》，第四卷，〈預兆〉（Le signe）。

58.　　譯註：猶地亞（la Judée）是舊約聖經所提到的以色列十二支派中猶大支派的所在地，位於今日約旦河西岸及以色列南部。

查拉圖斯特拉不停地跟他的「訪客」說：你們失敗了（manqués），你們是失敗的本性[59]。我們必須從最強烈的意義上理解這個說法：不是人不能成為高等人，不是人在達成其目標方面失敗了或搞砸了，不是人的主動性在完成其產物方面失敗了或搞砸了。查拉圖斯特拉的訪客不會把自己當作是虛假的高等人，他們感覺自己所是的高等人（l'homme supérieur qu'ils sont）為虛假的東西。目標本身就是失敗了的、搞砸了的，並不是由於方法不足所致，而是由於它的本性之緣故，由於它作為目標本身之緣故。如果我們在達成目標方面失敗了，那並非出於我們沒有達到它；而是因為達成的目標（but atteint）一樣也是錯失的目標（but manqué）。產物本身搞砸了，不是由於突如其來的事故，而是由於主動性，由於它作為其產物的主動性的本性之緣故。尼采的意思是，人的或文化的類主動性僅作為一個反動—生成所預設的時期才能存在，而這個反動—生成讓此一主動性原理成為一個搞砸著事情的原理（un principe qui rate），讓此一主動性產物成為一個被搞砸的產物（un produit raté）。辯證法是一種如此這般的主動性之運動；它一樣，也是在本質上被搞砸的，並且在本質上搞砸著事情；重新占有之運動、辯證的主動性，跟人的及在人當中的反動—生成（le devenir-réactif de l'homme et dans l'homme）只是同一回事。想一下高等人所表現出的樣子：他們的絕望、他們的厭惡、他們

的痛苦吶喊、他們的「苦惱意識」。所有的人都知道並感受到他們所達到的目標所具有的錯失的特質、他們本身所是的這個產物（le produit qu'ils sont）所具有的搞砸特質[60]。影子已然失落了目標，這並非因為它沒有達到目標，而是它所達到的目標本身就是一個遺失的目標（un but perdu）[61]。類的及文化的主動性是一隻虛假的火犬，這不是因為它只是主動性的一種外觀，而是因為它僅具有替反動的生成充當初階段（premier terme）的現實性[62]。正是在這個意義上，高等人的兩個面向被調和起來：反動的人──作為反動力之被昇華的或被神性化的表現，主動的人──作為一種本質上錯失其目標的主動性所產生的本質上失敗的產物。因此，我們必須拒絕任何詮釋方式，認為超人係在高等人失敗之處成功。超人並非一個自我超越著（se surpasser）並成功自我超越了的人。在超人和高等人之間，其差別係關乎本性的，係在分別產生出他們的所司上頭，一如係在於他們所分別所達到的目標上頭一樣。查拉圖斯特拉

59.　　原註：前引書，第四卷，〈關於高等人〉。

60.　　原註：例如，兩位國王因「美好習俗」（bonnes moeurs）轉變成「下等人」而感到痛苦。

61.　　原註：《查拉圖斯特拉如是說》，第四卷，〈影子〉。

62.　　原註：前引書，第二卷，〈關於大事〉。

說：「你們，高等人，你們以為我在此是為了補救你們做得不好的事情嗎？」[63]我們也無法接受像海德格那樣的一種詮釋方式，將超人當成人的本質之實現及甚至是其規定性[64]。因為人的本質無待乎超人來獲得規定。它被規定為人的、太過於人的（humaine, trop humaine）。人以力的反動生成為其本質。更有甚者，他賦予了世界一種本質，這個生成有如普遍的生成（devenir universel）。人的本質、以及被人所據有的世界的本質，係所有力的反動生成、虛無主義、只有虛無主義。人及其類主動性，此乃大地的兩種皮膚病[65]。

剩下的問題是：為什麼類主動性、其目標及其產物係本質上失敗的？為什麼它們只能作為被搞砸的而存在？答案很簡單，如果我們沒忘此一主動性想訓練反動力，使之能夠被作用，使它們本身成為主動的。然而，如果沒有給予肯定的權力，其構成了主動—生成，那麼這項計畫如何可行呢？反動力為了它們自己的目的則知道尋得帶領它們取得勝利的盟友：虛無主義、否定、給予否定的權力、虛無意志——其得以形成一種普遍的反動—生成。另一邊，在跟給予肯定的權力分隔開來的情況下，主動力一無所能，除了自己也變成反動的或轉身對抗它們自己之外。它們的主動性、目標和產物永遠是失敗的。它們缺乏一種超越反動力的意志，缺乏一種能夠展露、支撐自己上位性的性質。唯有藉由一種肯定意志及在它之中（par et dans une volonté qui affirme），主動—生成才能存在，正如反動—生成唯有藉由虛無意志及在它之中才能存在一樣。一個沒有將自己提升到給予肯定的權力這個高度的主動性、一個僅將自己付託給否定工作的主動性註定失敗；在它的原理本身中，它轉向它的對立面。——當查拉圖斯特拉將高等人當訪客、同伴、先驅者時，他便向我們透露出他們的計畫跟自己的並非沒有相似之處：成為主動的（devenir actif）。但是我們很快便明白，查拉圖斯特拉的這些說法不能全部當真。它們可以從憐憫這一點上獲得解釋。從第四篇的篇頭到篇尾，高等人並未向查拉圖斯特拉隱瞞他們為他設下陷阱，帶給他一個最後的誘惑。神為人感到憐憫，這種憐憫是祂死亡的原因；對高等人的憐憫，此乃查拉圖斯特拉所面臨的誘惑，這次輪到他，要讓他死[66]。就是說，無論高等人的計畫與查拉圖斯特拉本人的計畫

63.　原註：前引書，第四卷，〈關於高等人〉。

64.　原註：海德格，《什麼是思考？》（*Qu'appelle-t-on penser ?*），Aloys Becker及Gérard Granel法譯，第53-55頁，PUF出版。

65.　原註：《查拉圖斯特拉如是說》，第二卷，〈關於大事〉。

66.　原註：前引書，第四卷，〈痛苦的吶喊〉：「等著我的最後一項罪過，你知道其名嗎？——憐憫，預言者全心全意地回答說，並且他舉起雙手：哦，查拉圖斯特拉，我來把你引向你最後的罪過！」——第四卷，〈人之最醜陋者〉：「你自己，當心你自己的憐憫！……我知道可以砍倒你的斧頭。」以及第四卷，〈預兆〉：查拉圖斯特拉最後的話之一是：「憐憫，是對高等人的憐憫！……那麼，這件事已經結束了。」

間有何相似之處，還存在著一個更深層的所司，其在本性上區分了這兩種事業。

　　高等人停留在主動性的抽象元素（l'élément abstrait）上；即便在思想上，他也從未將自己提升到肯定元素上。高等人聲稱要顛倒價值，將反動轉換（convertir）為主動。查拉圖斯特拉說的則是另一回事：讓價值蛻變，將否定轉換為肯定。然而，如果沒有這種更深層的轉換（conversion），反動永遠不會變成主動：首先需要的是否定必須變成給予肯定的權力。在跟令其可行的條件分隔開來的情況下，高等人的事業是失敗的，這並非偶發的，而是基於原則及在本質中的。不是形構出一種主動—生成，它滋長了相反的生成：反動—生成。不是顛倒價值，人們改變了價值，人們使價值被排列，但同時保留著它們所源自的虛無主義觀點；不是訓練力並使之成為主動的，人們組織著反動力之結合[67]。相反地，那些使高等人的事業可行的條件，是一些會改變其本性的條件：是戴奧尼索斯的肯定，而不是人的類主動性。肯定之元素，那就是超人類元素（l'élément du surhumain）。肯定之元素，那就是人所缺乏的東西，甚至且尤其是高等人所缺乏的東西。尼采以四種方式象徵性地將這種缺乏表現為人內心的不足：

　　1.　高等人不懂得做的事情：笑、遊戲和跳舞[68]。笑是

肯定生命及甚至是在生命中肯定苦難。遊戲係肯定偶然及從偶然中肯定必然。跳舞乃肯定生成及從生成中肯定存有；

2. 高等人自己承認驢子為他們的「高等」。他們崇拜牠，宛如牠是一個神一樣；經由他們古老的神學思考方式，他們約略感覺到他們所缺少的東西及超越他們的東西、驢子的奧祕是什麼、牠的叫聲與牠的長長耳朵隱藏著什麼：驢子是說「伊—呀」（I-A）的動物、一種肯定的並起肯定作用的動物、戴奧尼索斯的動物[69]；

3. 影子的象徵方式具有類似的意義。影子是人的主動性，但它需要光，如同需要一個更高的所司：

67.　原註：參見前引書，第四卷，〈致敬〉：查拉圖斯特拉對高等人說：「在你們身上亦然，藏著下等人。」

68.　原註：前引書，第四卷，〈關於高等人〉。——遊戲：「你們將一把骰子擲失敗了。但對你們這些骰子玩家來說，這有什麼關係呢！你們還沒學會該怎麼玩及該怎麼蔑視！」——跳舞：「即使是最糟的東西也有一雙好腿來跳舞：所以，高等人啊，請學會用雙腿站直！」——笑：「我把笑封為聖了（canoniser）：那麼，高等人學著笑吧！」

69.　原註：前引書，第四卷，〈覺醒〉（Le réveil）、〈驢子節〉（La fête de l'âne）。

若無之，它就會消散；若有之，它就會轉化並且有時以另一種方式消失，在正午時改變著其本性[70]；

4. 在兩隻火犬中，一隻是另一隻的歪曲形象。一隻在表面上、在喧囂及煙霧中主動活躍著（s'activer）。牠從表面吸取養分，牠使爛泥（fange）沸騰冒煙：也就是說，牠的主動性僅起到在宇宙中餵養、加熱、維持一種反動—生成、一種玩世不恭的生成（un devenir cynique）的作用。但是另一隻火犬是肯定的動物：「牠實實在在地從地心裡說出話來……笑聲有如一陣多彩的雲煙環繞著牠飛舞。」[71]

---

70. 原註：《浪跡者及其影子》，參考影子跟浪跡者的對話。

71. 原註：《查拉圖斯特拉如是說》，第二卷，〈關於大事〉。

9

虛無主義與蛻變：
焦點

　　虛無主義的統治很強大。它表現在高於生命的價值中，但一樣也表現在取而代之的反動價值中，以及還表現在人之最後者那個無價值世界（le monde sans valeurs）中。遂行統治的，始終是貶低元素（l'élément de la dépréciation），作為權力意志的否定，作為虛無意志的意志。即便反動力起身對抗它們獲勝的原理，即便當它們抵達一種意志之虛無而非一種虛無意志，那個原本在原理中展露著的東西，而如今在後果中或在結果中細微差別著（se nuancer）及自我喬裝著的東西，始終是相同的元素。不要任何意志，這仍然是虛無意志的最後一種變貌。在否定的主宰下，始終是生命的整體被貶低，而單單是反動生命獲勝。主動性一無所能，儘管它相對反動力具有上位性；在

否定的主宰下，除了轉身反對自己，它別無選擇；在跟其能力分隔開來的情況下，它本身變成反動的，它僅充當力之反動—生成的養分。而且，實際上，力之反動—生成同時也是作為權力意志之性質的否定。——我們知道尼采所稱的蛻變、價值重估是什麼：不是一種價值上的改變，而是一種發生在諸價值之價值所來自的元素上的改變。欣賞取代貶低，作為權力意志的肯定，作為肯定意志的意志。只要人們停留在否定元素中，人們徒勞於改變價值或甚至廢除它們，人們徒勞於殺死神：人們留下了祂的位置和屬性，人們保存了聖潔（le sacré）和神性，即便人們讓位置空著而謂詞無授予（non attribué）。但是，當人們改變元素時，此時，並且唯有此時，人們可以說人們已經顛倒了到此日為止的所有已認識的（connues）或可認識的（connaissables）價值。人們戰勝了虛無主義：主動性重新獲得了它的權利，但唯有在跟這些權利所來自的更深層所司相關聯及有親和性的情況下。主動—生成出現在宇宙中，但等同於作為權力意志的肯定。問題是：如何戰勝虛無主義？如何改變價值之元素本身，如何以肯定取代否定？

也許我們比自己所能夠相信的更接近於一種解答。人們會注意到，對於尼采而言，先前分析的所有虛無主義形式，甚至是極端的或被動的形式，所構成的是一種未完成的、不完整的虛無主義。這不是反過來說戰勝虛無主義的蛻變是虛無主義

本身唯一的完整的及完成的形式嗎？實際上，虛無主義被戰勝了，不過它是被它自己戰勝的[72]。在我們理解為何蛻變構成了完成的虛無主義（le nihilisme achevé）的情況下，我們將會更接近於一種解答。── 第一個可以被提到的道理是：唯有改變價值元素，我們才能破壞所有取決於舊元素的價值。除非我們以一種蛻變為名、以一種蛻變作為起點進行批判，否則對到此日為止已認識價值之批判，便不會是一種排除任何妥協的，根本的及絕對的批判。蛻變因此可以是一個完成的虛無主義，因為它可以為價值批判提供一個完成的、「總括的」（totalisante）形式。然而，這樣的詮釋尚未告訴我們為什麼蛻變是虛無主義的，不單就它的後果而論，也要就在它本身及由它本身而論。

那些取決於這個舊否定元素的價值、那些在徹底批判（la critique radicale）下傾覆的價值，皆是到此日為止所有已認識的或可認識的價值。「到此日為止」是指蛻變之日。但是，所有可認識的價值指的是什麼？虛無主義是作為一種權力意志

72.　原註：《權力意志》，第三卷。── 第一卷，第22節：「在將虛無主義在其自身上推向它的盡頭後，它將虛無主義置於它的身後，在它之下，在它之外。」

之性質的否定。儘管如此，如果我們沒有注意到虛無主義的角色和功能，那麼這個定義仍然不夠充分：權力意志顯現在人當中（dans l'homme）並且在他身上使自己被認識為一種虛無意志。而事實上，我們對權力意志所知甚少，如果我們沒有在怨恨中、在愧疚中、在禁欲理想中、在那個迫使我們認識它的虛無主義中掌握到它的展露的話。權力意志是精神，但是如果沒有那個向我們揭露出奇怪能力的報復精神的話，我們對精神會知道什麼呢？權力意志是身體，但是如果沒有讓我們認識它的疾病，我們對身體會知道什麼呢？是以，虛無主義、虛無意志不僅是一種權力意志、一種權力意志的性質，它也是普遍的權力意志的認識理由（la ratio cognoscendi）[73]。所有已認識的和可認識的價值在天性上都是源自此一理由（raison）的價值。—— 如果虛無主義讓我們認識權力意志，那麼反過來，權力意志告訴我們，它只在唯一一種形式下被我們認識，即在否定形式下，其僅構成權力意志的一副面貌（une face）、一種性質。我們在一種形式下「思考」權力意志，這種形式有別於那種我們在其中認識權力意志的形式（是以，永恆回歸之思想超出了我們認識的所有法則）。康德和叔本華論題之遙遠殘餘：關於權力意志，我們所認識的東西依然〔只〕是痛苦與折磨〔而已〕，然而權力意志同時也是未認識的喜悅、未認識的幸福、未認識的神。雅莉安在其怨言中唱道：「我蜷曲且扭

動，被所有永恆的殉難者折磨，受祢打擊，這最殘酷的獵人，祢，未認識的一神（le dieu-inconnu）……好歹說話吧，躲在閃電背後的祢？未認識的！說啊！祢想要什麼呢……？哦，回來吧，我未認識的神！我的痛苦啊！我最後的幸福。」[74]權力意志的另一副面貌，未認識的面貌，權力意志的另一種性質，未認識的性質：肯定。而反過來，肯定也不僅是一種權力意志、一種權力意志的性質，它還是普遍的權力意志的存有理由（ratio essendi）。它是整個權力意志的存有理由，因此是那個將否定從這個意志中驅離的理由，如同否定是所有權力意志的認識理由一樣（因此是不會錯過將肯定從對此意志的認識中去除的理由）。從肯定中，得出新的價值：到此日為止未認識的價值，也就是說直到立法者取代「學者」的那一刻；創造，認識本身的創造；肯定，對所有已認識的否定之肯定。——因此，我們發現，在虛無主義和蛻變之間，存在著比我們最初所指涉的關係還要更深的關係。虛無主義表現出作為權力意志

73. 　譯註：la ratio cognoscendi指據之知識得以可能的東西，一般譯為「認識根據」，而成對出現的la ratio essendi指事物存在之根據或原因，譯為「存有根據」。在此，考量德勒茲以raison這個字來關聯ratio，二者分別譯為「認識理由」、「存有理由」。

74. 　原註：《戴奧尼索斯頌》，〈雅莉安之怨〉。

之認識理由的否定性質；但如果沒有在相反的性質中蛻變、在作為此相同意志之存有理由的肯定中蛻變，它無法完成。在對雅莉安的回答上，戴奧尼索斯帶著該有的神祕宣告了從痛苦到喜悅的戴奧尼索斯蛻變（transmutation dionysiaque）：「如果人們應該要相愛，人們不應該先相恨嗎？」[75] 換言之：如果你應該將我感受為肯定的（affirmatif）、把我當成肯定（l'affirmatif）而娶我、思考我如同肯定作用（l'affirmation），你不應該把我當成否定的來認識嗎？[76]

　　但是為什麼蛻變是完成的虛無主義，如果說它確實只涉及以一種元素取代另一種元素？第三個道理必須在此考慮進來，隨著尼采的區別方式變得微妙或細微，這個道理可能會被忽略。讓我們回顧一下虛無主義的歷史及其先後階段：否定的、反動的及被動的。反動力將其勝利歸功於虛無意志；一旦取得勝利，它們就打破跟此意志的結盟，它們想要獨自讓它們自己的價值受到重視。這就是喧囂的大事（le grand événement bruyant）：反動的人取代了神。我們知道其結局是什麼：人之最後者，即一位毋寧偏好著一種意志之虛無、被動地寂滅而不是一種虛無意志的人。但是，這個結局是一個對反動的人的結局，而不是對虛無意志它本身的結局。在反動的人之後，虛無意志繼續推動它的事業，此回默默地從事。當反動力打破了它們跟虛無意志的結盟，虛無意志反過來也打破了它跟反動力的

結盟。它在人身上啟發出一種新的胃口：自我破壞，但主動地自我破壞。我們尤其不該將尼采所說的自我破壞或主動破壞，跟人之最後者的被動滅絕相混淆。我們不該混淆尼采的用語中的「人之最後者」和「意欲滅亡的人」[77]。其一是反動生成之最後產物，是反動的人保留下來的最後方式，當其厭倦了意欲。另一則是一項選擇之產物，這項選擇無疑會歷經那些最後的人（les derniers hommes），但它並未止步於此。查拉圖斯特拉讚揚主動破壞的人：他意欲被超越，他越過了人，已經踏上超人之路，「過橋中」（franchissant le pont），超人類之父及祖先。「我愛那位為了認識而活著，並且意欲認識以便有一日超人可以存在。還有，他意欲他自己的頹圮。」[78]查拉圖斯特拉要說的是：我愛那個人，他將虛無主義當成權力意志之認識

---

75. 原註：同上。

76. 譯註：德勒茲在句中用了不同詞性及詞意來表達「肯定」概念：affirmatif為形容詞，l'affirmatif為形容詞做名詞用，affirmation則為動詞affirmer的名詞型態。

77. 原註：關於主動毀滅，參見《權力意志》，第三卷，第8節及第102節。——查拉圖斯特拉如何將「意欲滅亡的人」（l'homme qui veut périr）跟人之最後者或「死亡說教者」（prédicateurs de la mort）相對立，參見《查拉圖斯特拉如是說》，序言，第4節及第5節；第一卷，〈死亡說教者〉。

78. 原註：前引書，序言，第4節。

理由，但他在權力意志中找到一種存有理由，在當中，人被超越，虛無主義因此被戰勝。

　　主動破壞意味著：在虛無意志中，蛻變的時刻點。就在反動力與虛無意志之間的結盟被打破，虛無意志自我轉換（se convertir）並移至肯定陣營，將自己跟一種破壞著反動力本身的給予肯定的權力關聯起來的時刻，破壞變成主動的。就在否定受到蛻變、被轉換為肯定權力的情況下，破壞變成主動的：立即迸發的「生成之永恆喜悅」、「毀滅之喜悅」、「毀滅及破壞之肯定」[79]。這是戴奧尼索斯哲學的「關鍵之處」：在此，否定表現出一種生命的肯定，破壞著反動力，並且在其權利中（dans ses droits）恢復了主動性。否定變成了一種給予肯定的權力的雷聲及閃電。至高的、聚焦的或超越的點（point suprême, focal ou transcendant）——子夜（Minuit）——在尼采這兒並非由對立面之間的一種平衡或一種和解來定義，而是由一種轉換（une conversion）來定義。否定之轉換到其對立面上，認識理由之轉換到權力意志之存有理由中。我們曾問：為什麼蛻變是完成的虛無主義？這是因為在蛻變中所涉及的不是一種簡單的取代，而是一種轉換。藉著歷經人之最後者但不止步於此的方式，虛無主義尋得了它的完成：在意欲滅亡的人中。在意欲滅亡、意欲被超越的人中，虛無主義斬斷一切繼續羈絆著它的東西，它自己戰勝自己，它變成給予肯定的權力，

已經是超人類之權力，即那個宣告著及準備著超人的權力[80]。
「你們或許可以將自己轉變為**超人**之父及祖先：願這是你們最好的成就！」[81]犧牲掉所有的反動力、變成「對於任何呈現出退化和寄生特質事物的無情破壞」、轉而為一種<u>生命之盈餘</u>（un *excédent* de la vie）而效勞[82]的否定：它只有在這兒才得到了其完成。

79.　　　原註：《瞧！這個人》，第三卷，〈希臘悲劇之起源〉，第3節。

80.　　　譯註：德勒茲分別用了surhomme及surhumain這兩個字來指稱人被超越之後的存在狀態，前者譯為「超人」，後者「超人類」。從此處的意思來看，超人類似乎是先於超人的狀態。

81.　　　原註：《查拉圖斯特拉如是說》，第二卷，〈在幸福島上〉。

82.　　　原註：《瞧！這個人》，第三卷，〈希臘悲劇之起源〉，第3-4節。

10

肯定與否定

蛻變、價值重估意味著：

1. 在權力意志中性質之改變。所有的價值及它們的
   價值不再來自否定，而是來自如此的肯定。在貶
   低生命的地方（au lieu de la déprécier），人們肯
   定生命；並且「在……地方」（au lieu）的說法
   還是錯的。是地方本身改變了，不再有一個給彼
   世的位置。是價值之元素改變了位置及本性，是
   諸價值之價值改變了原理，是整個評價改變了特
   性；

2. 在權力意志中從認識理由轉移到存有理由。權

力意志被認識所根據的理由，不同於它存有所根據的理由（la raison sous laquelle elle est）。在我們將認識理由（la raison de connaître）當成一種轉移到其對立面的性質（une qualité qui passe dans son contraire）加以利用，並且我們在此對立面中找到了未認識的存有理由（la raison d'être inconnue）的情況下，我們將以如其所是（telle qu'elle est）的方式思考權力意志，我們將以作為存有（comme être）的方式思考它；

3. 在權力意志中元素之轉換。否定變成給予肯定的權力：它服從於肯定，它投效於一種生命之盈餘。否定不再是生命在其下保存身上所有反動事物的形式，而是相反地，它是生命藉以犧牲它所有反動形式的舉措。意欲滅亡的人，意欲被超越的人：在他身上，否定改變了意義，它成為給予肯定的權力，肯定之發展的預先條件，如此的肯定之先驅的預兆及熱心的僕從；

4. 在權力意志中肯定作為主宰。唯有肯定作為獨立的權而存留；否定如同閃電從肯定中發出，但同樣也在它上頭止息，像可分解的火（feu soluble）一樣消失在它上頭。在意欲滅亡的人身

上，否定曾經預告著超人類，但唯有肯定會產生出否定所預告的事情。除了給予肯定的權力，沒有別的權力，沒有別的性質，沒有別的元素：整個否定作為在其實體中（dans sa substance）被轉換，在其性質中受到蛻變，沒有存留下任何它自己的權力或它的自主性。從沉重到輕盈、從低到高、從痛苦到喜悅之轉換：這種舞蹈、遊戲和笑的三位一體（trinité）同時形成了虛無之體變（transsubstantiation）[83]、否定之蛻變、否定權力的價值重估或改變。查拉圖斯特拉所說的「最後的晚餐」（la Cène）[84]；

5. 已認識的價值之批判。直到此日為止的已認識的價值失去了它們所有的價值。否定在此再次出現，但總是以一種給予肯定的權力的姿態出現，作為肯定和蛻變劃分不開的後果。至高無上的肯定（l'affirmation souveraine）跟所有已認識的價值之破壞劃分不開，它將這種破壞變成一種完全破壞（une destruction totale）；

6. 力的關係之顛倒。肯定構成了一種主動—生成，作為力之普遍生成。反動力被否定，所有的力變成主動的。價值之顛倒〔或翻轉〕、反動價值之

貶值及主動價值之樹立，皆係價值蛻變、從否定
到肯定的轉換所預設的操作。

　　我們現在也許有了條件，可以明白尼采關於肯定、否定及
其關係的討論。首先，否定和肯定作為兩種權力意志的性質、
權力意志中的兩種理由而相對立。其中的每一個皆係一個對立
面，但同時也是整體，其將另一個對立面予以排除（le tout qui
exclut l'autre contraire）。關於否定，光說它直至此日主宰了我
們的思想、我們感覺和評價方式是不夠的。實際上，它跟人的
構成有關。而透過人，這是整個世界沉淪及生病，這是整個生
命被貶低、整個已認識（tout le connu）都趨向它自己的虛無。
相反地，肯定只展露在人之上、人之外、在它產生的超人類
中、在跟著它而來的未認識（l'inconnu）中。但是，超人類、

....

83　　譯註：transsubstantiation一般譯為「質變」或「體變」，指在基督教聖餐
　　　禮中，無酵餅和葡萄酒在神父祝聖時化成基督的身體與寶血，涉及一種實體
　　　（substance）轉變成另一種實體的事蹟或過程。其源頭來自基督與十二門
　　　徒共進的「最後的晚餐」（La Cène）：他拿起餅，遞給門徒們説，「這是
　　　我的身體……為的是記念我」。飯後，他再拿起酒杯説，「這杯是用我血所
　　　立的新約，是為你們流出來的。」.

84.　　原註：參見《查拉圖斯特拉如是説》，第四卷，〈最後的晚餐〉（La
　　　Cène）。

未認識一樣也是那個將否定予以逐出的整體（le tout qui chasse le négatif）。作為一個物種，超人也是「存有的一切之上位物種」（l'espèce supérieure de *tout ce qui est*）。查拉圖斯特拉「以一種巨大而無限的方式」說是和阿門（*amen*）[85]，他本身則是「一切事物之永恆肯定」[86]。「我永遠祝福及我肯定，只要你——明亮的天空，光之深淵——在我身邊！我將我施予祝福的肯定帶至所有深谷裡。」[87] 只要否定主宰著，人們將徒勞地在世間及在彼岸尋找一顆肯定的種子：人們稱為肯定的東西是荒誕的，是揮舞著否定之鎖鏈的哀傷幽靈[88]。但是當蛻變降臨時，那將是否定自己消散了，沒有任何東西作為獨立的權力而存留下來，無論在性質上還是在理由上皆然：「存有之至高無上的星群，沒有一絲願望可以企及，沒有一點否定可以玷汙，存有之永恆肯定，我永恆地是祢的肯定。」[89]

但是，若此，為什麼尼采有時會將肯定說成跟一種預先的否定前提（une condition préliminaire négative）、以及還有跟一種隨後的否定後果（une conséquence prochaine négative）分不開呢？「我知道在一個跟我的破壞之力相符的程度上從事破壞的喜悅。」[90]

1. 沒有一個肯定不是被一個否定立即跟隨著，其在巨大和無限方面，未必比肯定本身遜色。查拉圖

斯特拉把自己提高到這種「否定之至高程度」。

作為對所有<u>已</u>認識價值之主動破壞的破壞，乃<u>創造者之痕跡</u>（la trace du créateur）：「看看那些好人及那些公正人士吧！他們最討厭誰？那個打破他們價值表的人，破壞者、罪犯：然而，他是創造者。」

2. 同時，也沒有一個肯定不是讓一個巨大的否定<u>先行著</u>：「肯定的基本前提之一，是否定和破壞。」查拉圖斯特拉說：「我已經成為一個施予祝福和肯定的人，並且我長期為此而奮鬥。」獅子變成了孩子，但是孩子的「聖潔的<u>是</u>」（le

---

85. 譯註：amen係希伯來文，表達同意、期盼、誠心所願之意，成為基督教祈禱的結束語。

86. 原註：《瞧！這個人》，第三卷，〈查拉圖斯特拉如是說〉，第6節。

87. 原註：《查拉圖斯特拉如是說》，第三卷，〈日昇之前〉（Avant le lever du soleil）。

88. 原註：《權力意志》，第四卷，第14節：「應當以最公允的方式估量迄今關於<u>存在</u>僅有的一些受肯定的面向；理解此一肯定來自何處，以及當我們所談的是對於存在的戴奧尼索斯評價時，此一肯定是何等薄弱。」

89. 原註：《戴奧尼索斯頌》，〈榮耀與永恆〉（Gloire et éternité）。

90. 原註：《瞧！這個人》，第四卷，第2節。

oui sacré）必須先行著獅子的「聖潔的否」（le non sacré）[91]。作為意欲滅亡及被超越的人的主動破壞的破壞，乃創造者之宣告（l'annonce du créateur）。跟這兩種否定分隔開來，肯定什麼都不是，本身無能於得到肯定[92]。

人們可能以為驢子——發出「伊—呀」的動物——是具代表性的戴奧尼索斯動物。實際上，情況並非如此；其外表帶著戴奧尼索斯的色彩，但它整個現實則是基督教的。牠只善於替高等人充當神：毫無疑問，牠代表著一種肯定，有如超越了高等人的元素，但牠卻按照他們的形象並且為了他們的需要而扭曲了此一肯定。牠總是說是，但卻不會說不。「我尊敬那些已經學會說『我及是與否』的執拗的和挑剔的舌頭與胃。但什麼都咀嚼及什麼都消化，這對豬來說不是問題！總是說『伊—呀』，這是只有驢子及那些屬於它們這個品種的人才學過的事吧！」[93]有一次，出於玩笑，戴奧尼索斯跟雅莉安說她有著太小的耳朵：他的意思是她還不會肯定，也不會將肯定拓展開來[94]。但實際上，尼采本人卻自豪擁有小耳朵：「這不乏對女性有點吸引力。在我看來，她們會感覺我比較能了解她們。我是最具代表性的反驢人士（l'anti-âne），這使我成為一個歷史的怪物。我活在希臘人中（je suis en grec），不僅活在希臘人

中，還是反基督教者。」[95]雅莉安、戴奧尼索斯衪自己皆有小耳朵，有利於永恆回歸的圓形小耳朵。因為尖尖的長耳並非最好的：它們不懂得接收「明智之言」（le mot avisé），也不懂得給它整個它的迴響[96]。明智之言，此乃是，但一個前行於它及跟隨著它的迴響乃否。驢子的是係一種虛假的是：不會說否的是，在驢子的耳朵中沒有迴響，被跟那兩個應當簇擁著它的否定分隔開來的肯定。驢子之不會表述肯定，正如牠的耳朵不會接收肯定，它及它的迴響。查拉圖斯特拉說：「我的詩句可

91.　　原註：《查拉圖斯特拉如是說》，第一卷，〈關於三個變形〉（Des trois métamorphoses）。

92.　　原註：否定如何接續著肯定而來，參見《瞧！這個人》，第三卷，〈超越善惡〉：「在完成此任務之肯定的部分後，現在輪到否定的部分了……」——否定如何先行於肯定，參見第三卷，〈查拉圖斯特拉如是說〉，第8節；以及第四卷，第2節、第4節。

93.　　原註：《查拉圖斯特拉如是說》，第三卷，〈關於沉重的精神〉（De l'esprit de lourdeur）。

94.　　原註：《偶像的黃昏》，〈德國人正在失去什麼〉，第19節：「噢，神性的戴奧尼索斯，祢為什麼要拉我的耳朵呢？雅莉安一日問著她的哲學愛人，在那些納克索斯島上著名對話中的一則裡面。——雅莉安啊，我在你的耳朵上發現了有趣的事：為什麼它們不更長一點呢？」

95.　　原註：《瞧！這個人》，第三卷，第3節。

96.　　原註：《戴奧尼索斯頌》，〈雅莉安之怨〉：「你有小耳朵，你有我的耳朵：『放進一個明智之言』。」

不是說給所有人的耳朵聽的。長久以來，我已忘卻要將那些長耳朵放在心裡。」[97]

　　人們不會在尼采的思想中看到任何矛盾。一方面，尼采宣告了不受任何否定玷汙的戴奧尼索斯的肯定。另一方面，他譴責了那種不會說否、不包含任何否定的驢子的肯定。一方面，肯定沒有讓任何作為自主權力或作為初始性質（*qualité première*）的東西從否定中存留下來：否定被完全從存有之星群中、從永恆回歸的圈子（le cercle de l'éternel retour）中、從權力意志它本身中及從它的存有理由中驅逐。但是在另一方面，如果肯定沒有讓自己被否定所先行及被否定所跟隨的話，肯定就不會是實在的或完整的。因此，這涉及否定，不過是作為給予肯定的權力的否定。如果否定沒有先打破它跟反動力的結盟並且沒有在意欲滅亡的人身上變成肯定的權力的話，並且接著，如果否定沒有聚集、總括所有的反動價值，以便從一個其肯定著的觀點（un point de vue qui affirme）來破壞它們的話，那麼肯定永遠不會自身得到肯定。在這兩種形式下，否定不再是一種初始性質及一種自主權力。整個否定變成給予肯定的權力，它只是如此這般的肯定本身之存有方式而已。這就是為什麼尼采如此堅持要在怨恨——其係在反動力中展現的給予否定的權力——與攻擊性——此乃一種給予肯定的權力之主動的存有方式——之間進行區分的道理[98]。從《查拉圖斯特拉

如是說》的卷首到卷尾，查拉圖斯特拉自己被他的「猴子」、「小丑」、「矮人」、「惡魔」所跟隨、模仿、誘惑及危害[99]。然而，惡魔是虛無主義：因為他否定一切，蔑視一切，他也認為會將否定推向至高等（le degré suprême）。但是當他如同靠著一種獨立的權力一樣而靠著否定生存，當他除了否定之外別無其他的性質，他僅僅是怨恨、仇恨及報復的創造物。查拉圖斯特拉對他說：「我蔑視你的蔑視⋯⋯我的蔑視和我的警示鳥（oiseau avertisseur）之飛翔能夠到我這兒唯出乎愛而已：而非出於沼澤。」[100]這意味著：唯有作為給予肯定的權力（愛），

....

97. 原註：《查拉圖斯特拉如是説》，第四卷，〈跟國王交談〉。——以及第四卷，〈關於高等人〉：「下等人的長耳朵」。

98. 原註：《瞧！這個人》，第一卷，第6、7節。

99. 原註：《查拉圖斯特拉如是説》，〈序言〉，第6、7、8節（跟小丑的第一次相遇，他對查拉圖斯特拉説：「你説話就像小丑一樣」）。——第二卷，〈鏡子之子〉（L'enfant du miroir）（查拉圖斯特拉做夢，看著鏡中的自己，他看到小丑的臉。「實際上，我對此夢的意義和警告非常了然：我的道理遭逢危險，黑麥草可以自稱小麥。我的敵人變得強大起來，他們扭曲了我的道理之形象。」）——第三卷，〈關於幻象與關於謎語〉（De la vision et de l'énigme）（跟矮人一小丑的第二次相遇，靠近永恆回歸的通道。）——第三卷，〈路過〉（第三次相遇：「〔你的〕瘋言瘋語話傷了我，即便當你是對的時候」）。

100. 原註：前引書，第三卷，〈路過〉。〔譯按：經比對不同法譯文版本，德勒茲原引文「C'est de l'amour seul que peut me venir la volonté de mon mépris et de mon oiseau avertisseur」中的volonté為vol或跟飛翔有關的字眼如s'envoler之誤，中譯依此〕

否定才能達到它的最高等級（警示鳥前行於肯定並跟隨著肯定）；只要否定在它本身上（à lui-même）是它自己的權力或它自己的性質的情況下，它便在沼澤中，而且它本身就是沼澤（反動力）。唯有在肯定的主宰下，否定才會在它本身自我戰勝（se vaincre lui-même）的同時被提升到它最高等級：它不再作為權力及性質而存留著，而是作為那位有力者（celui qui est puissant）之存有方式而存留著。此時，並且唯有此時，否定才是攻擊性，否定變成主動的，破壞變成愉悅的[101]。

我們看到尼采由此想導向之處及他反對誰。他反對任何依賴否定權力的思想形式。他反對任何在否定元素中打轉、任何把否定當成一種動力、一種權力及一種性質來利用的思想。如同其他人酒後愁苦（avoir le vin triste），一種這樣的思想帶著愁苦的破壞、愁苦的悲劇：它是並且依然是怨恨思想。對於一種這樣的思想，需要兩個否定才能得出一個肯定，亦即一種肯定的外觀，一種肯定之幻影（是以，怨恨需要它的兩個否定前提來得出其結果所謂的正面性[102]。又或者，禁慾理想需要作為兩個否定前提的怨恨及愧疚，來得出關於神性所謂的正面性。或者，人的類主動性需要兩個否定來得出重新占有所謂的正面性）。在這種由查拉圖斯特拉之小丑所代表的思想中，一切都是虛假的和愁苦的：主動性在此只是一種反動，肯定只是一個幻影。查拉圖斯特拉以純粹的肯定跟它對立起來：需要肯

定並且只需要肯定便足以做出兩個否定，兩個否定隸屬<u>給予肯</u><u>定的權力</u>，它們係肯定本身之存有方式。而以另一種方式，我們將會看到，必須要有兩個肯定來讓否定在其整體上成為一種肯定方式。——跟基督教思想家的怨恨相對的，是戴奧尼索斯思想家的攻擊性。對於著名的<u>否定之正面性</u>（la positivité du négatif），尼采以他自己的發現來抗衡：正面之否定性（la négativité du positif）。

101.　　原註：《瞧！這個人》，第三卷，〈希臘悲劇之起源〉、〈查拉圖斯特拉如是說〉。

102.　　譯註：參見第四章第5節關於<u>肯定前提</u>、<u>否定前提</u>的討論。

11

肯定之意義

　　根據尼采的看法，肯定包含著兩個否定：不過是以跟辯證法完全相反的方式。然而，仍然留下了一個問題：為什麼純粹的肯定必須包含這兩個否定？為什麼在驢子不會說否的情況下，牠的肯定係一種虛假的肯定？——讓我們回到驢子的連禱文（litanie）上，一如人之最醜陋者所吟唱的那般[103]。我們可以在其中區分出兩個元素：一方面是對於肯定的預感，如同高等人所欠缺東西（「關於這副長耳朵及牠永遠說是、從不說否，因此是哪種被隱藏起來的智慧呢？……你的王國超越了善與惡」）。但是，另一方面則是一種關於肯定本性的誤解，一如那些高等人皆會犯的：「牠承擔著我們的重擔（fardeaux），牠化身為僕人，牠發自內心的耐性並且從不說否。」

就此而言，驢子也就是駱駝；在《查拉圖斯特拉如是說》第一篇開頭，查拉圖斯特拉正是在駱駝的形貌下說明那種一肩扛起最沉重擔的「有勇氣的精神」[104]。驢子所擁有的力之項目跟駱駝相近：卑躬屈膝、對痛苦和疾病的接受、對施罰者的忍耐、對真之胃口（即便真理給的食物是橡實及薊）、對實在之喜愛（即便這個實在一如沙漠）。在這裡一樣，尼采所運用的象徵方式必須加以詮釋，並且藉著其他的文本進行比對[105]。驢子和駱駝不僅具有若干力，得以背負最沉的重擔，而且牠們還具有一種背部，得以估量這些重擔、以評價它們的重量。這些重擔在牠們看來具有著實在之重量（le poids du *réel*）。如其所是（tel qu'il est）的實在，這就是驢子感受其負荷（charge）的方式。這就是為什麼尼采將驢子和駱駝說成對所有形式的誘惑及引誘皆無可穿透的緣故：牠們只對自己背上的東西是有感的，只對牠們稱為實在的東西是有感的。因此，我們可以猜測驢子之肯定意味著什麼，即不會說否的是：肯定在此僅是背負（*porter*）、承擔（*assumer*）而已。贊同（acquiescer）如其所

103.　原註：《查拉圖斯特拉如是說》，第四卷，〈覺醒〉

104.　原註：前引書，第一卷，〈關於三個變形〉。

105.　原註：有兩段文本提到並說明了重擔和沙漠的主題：前引書，第二卷，〈關於文化之地〉；第三卷，〈關於沉重精神〉（De l'esprit de lourdeur）。

是的實在，承擔如其所是的現實。

　　如其所是的實在，此乃一個驢觀念（une idée d'âne）。驢子將人們馱在牠身上重擔的重量、牠自己馱在身上重擔的重量當成實在之正面性（la positivité du réel）來感受。這就是實際上發生著的狀況：沉重精神（l'esprit de lourdeur）乃否定精神，係由虛無主義和反動力所結合成的精神；在驢子的所有基督教美德中，在所有牠用來背負的力中，訓練有素的眼睛毫不費力地便發現了反動；在牠背負的所有重擔中，敏銳的眼睛看到虛無主義的產物；但是，驢子所看到的卻永遠只是跟其前提分隔開來的後果、跟其生產之原理分隔開來的產物、跟驅使它們的精神分隔開來的力。於是，對牠而言，各種重擔具有實在之正面性，如同那些牠被賦予的力一樣也具有著正面的性質（qualités positives），其對應著一種對實在及對生命之承擔（assomption）。「打從搖籃開始，人們就將沉重的話語及沉重的價值授予我們；善與惡，這份資產（patrimoine）如此受到稱呼……而我們，我們忠誠地拖著人們裝在我們身上的東西，落在強壯的肩膀上並且越過草木不生的山巔！而當我們流汗時，人們跟我們說：是，生命沉重於背負。」[106]驢子首先是基督：為自己裝上最沉重擔的是基督，是祂結出了否定的果實（les fruits du négatif），宛如它們內含了最具代表性的正面性的神祕（le mystère positif）。然後，當人取代神時，驢子便成

了自由思想家。他把人們置於其背上的一切占為己有。人們不再需要為他裝上什麼，他自己幫自己裝上。他取回國家、宗教等，如同他自己的權力。他成為神：所有彼世的古老價值如今在他看來如同領導此世的力一樣，如同他自己的力一樣。重擔之重跟他疲憊肌肉之重二者分不清了。藉著承擔實在，他自我承擔（s'assumer）；藉著自我承擔，他承擔了實在。一種對於責任的驚人胃口，整個道德飛奔而返。但是在這個結局中，實在及其承擔依然不改其所是，即虛假的正面性及虛假的肯定。面對「這個時代之人」（hommes de ce temps），查拉圖斯特拉說：「所有在未來中令人不安的事物，以及所有過去曾讓迷途鳥兒驚惶的事物，在實際上皆比你們的現實要更讓人熟悉及更令人安心。因為，你們正是這樣說的：我們完完全全繫於實在上，既無信仰亦無迷信。你們正是這樣自命不凡的（se rengorger），但是卻連胸脯（gorge）都沒有！是的，抹著五顏六色的一如你們，你們又怎麼有能力相信！你們是所有被相信的一切之塗抹……稍縱即逝的存有，正是這樣我稱呼你們，你們這些現實之人（hommes de la réalité）！……你們是結不出果的人……你們是掘墓者等在門前的半開之門。而這就是你

106.　　原註：前引書，第三卷，〈關於沉重精神〉。

們的現實……」[107]這個時代的人仍然活在一個古老的觀念下：所有重壓著的東西皆是實在的及正面的，所有背負著的東西皆是實在的及肯定的。但是這個將駱駝及其重擔連結起來乃至於將二者混在同一幕幻象中的現實，僅僅是沙漠、沙漠之現實、虛無主義。在提到駱駝時，查拉圖斯特拉已經說道：「一被駄上，牠趕忙兒朝沙漠前去。」而關於有勇氣的精神，他說「剛強而堅韌」：「直到生命對牠來說有如一片沙漠。」[108]實在被理解為肯定之對象、目標及終點（terme）；肯定被理解為對實在的依附或贊同，被理解為對實在之承擔：這就是驢叫聲（braiment）[109]的意義。但是，這種肯定是一種後果的肯定，永恆地否定前提的後果，一個回答的是（un oui de réponse），對於沉重精神及對其所有鼓吹的回答。驢子不會說否；但牠首先不會對虛無主義本身說否。牠接納它所有的產物，牠將它們背負到沙漠中，並且在這兒為它們命名：如其所是的實在。這就是何以尼采能夠譴責驢子的是的緣故：驢子一點也不反對查拉圖斯特拉的猴子，除了給予否定的權力之外牠不發展其他的權力，牠忠誠地回答著這個權力。牠不會說否，牠總回答是，每當虛無主義展開對話時只回答是。

在這個針對把肯定當成承擔所展開的批判中，尼采並不是單純地或說遙遠地想到斯多葛派的概念。敵人其實更近。尼采對任何將肯定當成一種簡單功能（une simple fonction）——

存有或那個存在著的東西（ce qui est）的功能——的肯定概念
展開了批判。無論這個存有是以何種方式被構想：作為真或作
為實在，作為本體或現象。以及無論此一功能是以何種方式
被構想：作為發展、展示、揭發、揭示、實現、意識或認識。
從黑格爾以降，哲學呈現為本體論和人類學、形上學和人文主
義、神學和無神論、愧疚神學和怨恨無神論之間的一種奇怪
混合。因為，只要肯定被說成是一種存有之功能，人本身看
來就像是肯定之操作員（fonctionnaire）：在人肯定存有的同
時，存有在人當中得到肯定。只要肯定被界定為一種承擔，亦
即一種負責（une prise en charge），它就在人跟存有之間建立
了一種被稱為基本的關係，一種競技的（athlétique）和辯證的
關係。實際上，在此也一樣，並且是最後一次，我們毫不費
力便能認出尼采所對抗的敵人：此即將肯定跟真之真確性（la
véracité du vrai）或實在之正面性（la positivité du réel）混為一
談的辯證法；而這個真確性、這個正面性，首先是辯證法藉著

107.　　原註：前引書，第二卷，〈關於文化之地〉。〔譯按：本引文斷句方式及標
　　　　點符號參照原譯文〕
108.　　原註：前引書，第一卷，〈關於三個變形〉；第三卷，〈關於沉重精神〉。
109.　　譯註：原文braiement，應是braiment之誤。

否定之產物（les produits du négatif）自己將它們製造出來的。黑格爾邏輯之存有是係僅僅被思考出來的存有（l'être seulement pensé），既純粹又空洞，它藉著跑到自己的對立面中而得到肯定。但是這種存有從未有別於這個對立面，它也從沒必要跑到一種它已經是的東西中。黑格爾的存有乃純粹而簡單的虛無；而這種存有跟虛無——也就是說跟它自己——所形成的生成，係一種完完全全虛無的生成；而在此，肯定必須歷經否定，因為它僅係否定及其產物之肯定。費爾巴哈將他對黑格爾存有所做的駁斥推展至很遠的地步。針對一種僅僅被思考出來的真理，他代之以可感之真理（la vérité du sensible）。針對抽象的存有，他代之以可感的、確定的、實在的存有、「在其現實中的實在」（le réel dans sa réalité）、「作為實在的實在」（le réel en tant que réel）。他想要實在的存有（l'être réel）是實在的存有之客體：存有之全部現實（la réalité totale de l'être）作為人之全部的及實在的存有之客體。他想要肯定的思想，並且將肯定理解為那個存在著的東西之立場（position）[110]。但是，在費爾巴哈身上，這種如其所是的實在保留著虛無主義的所有屬性，一如神性之謂詞；人之實在的存有保留著所有反動的特質，一如那種將此神性承擔起來的力及胃口。在「這個時代之人」身上，在「現實之人」身上，尼采譴責著辯證法和辯證法家：被相信的一切之塗抹。

尼采想說三件事：

1. 存有、真、實在皆是虛無主義的變貌。透過讓生命臣服於否定工作、透過將最沉的重擔馱在它身上，讓生命殘缺不堪、受到否定、變得反動的方式。對於實在之自足性（autosuffisance）或真之自足性，尼采皆不採信：他視之為一種意志之展露，即貶低生命的意志、讓生命對立於生命的意志；

2. 作為承擔、作為對那個存在著的東西之肯定、作為真之真確性或實在之正面性而被構想的肯定，皆是一種虛假的肯定。此乃驢子的是。驢子不會說否，但這是因為它對所有否的東西（tout ce qui est non）皆說是。驢子或駱駝係獅子的對立面；在獅子身上，否定變成了給予肯定的權力，但在牠們二者身上，肯定仍然為否定效勞，單純的給

110.　原註：費爾巴哈，〈對黑格爾哲學的批判〉，以及〈未來哲學的原理〉（Principes de la philosophie de l'avenir），《哲學宣言》，阿圖塞翻譯，PUF出版。

予否定的權力；

3. 這種對於肯定的虛假構想方式仍然是保存人的一種方式。當存有是讓人受苦的，反動的人就在這裡一肩扛起。除了在沙漠，還有哪裡存有更能得到肯定呢？而人更能保存自己呢？「人之最後者活得久。」在存有之陽光下，他連死去的興致都喪失了，深陷在沙漠中，長長久久地夢想著一種被動的滅絕[111]。——尼采的整個哲學都跟存有、人與承擔的公設相對立。「存有：除了活著的事實（le fait de vivre），我們沒有其他表現它的方式。那個已死的東西（ce qui est mort）怎麼可能存有呢？」[112]這個世界既不是真的也不是實在的，而是活的（vivant）。而活的世界（le monde vivant）即權力意志、即在各式各樣的權力下得到實行（s'effectuer）的虛假意志（volonté du faux）。在某個權力下實行虛假意志、在某個性質下實行權力意志，永遠是評價。活著就是評價。既沒有被思考出來的關於世界的真理，也沒有感性世界之現實，一切皆係評價，甚至是且尤其是可感及實在更是如此。「在本書中，顯現、製造幻象、欺騙之意志，生成及改變（或客觀化

的幻象〔l'illusion objectivée〕）之意志，被視為比看到真、現實、存有之意志更加深層、更為形上學，而這後一種意志依然只是一種傾向幻象之形式（une forme de la tendance à l'illusion）。」存有、真、實在，除了作為評價——亦即作為謊言——之外，其本身無足輕重[113]。但以此而言，作為在其某個權力之下實行意志的方法，直到現在，這些方法總是為否定的權力或性質效勞。存有、真、實在它本身，如同在其中生命對抗生命的神性一樣。此時，係作為權力意志之性質的否定主宰著一切，其讓生命對抗生命，在其整體上

---

111. 原註：海德格對尼采哲學做出了一個更接近於他自己的思想而非尼采的思想的詮釋。在永恆回歸和超人的學說中，海德格看到了「從存有（l'Être）到人的存有（l'être de l'homme）的關係如同從此一存有到存有的關係」之規定性（參見《我們稱呼思考什麼？》，第81頁）。這種詮釋忽略了尼采作品的整個批判的部分。它忽略了尼采所對抗的整個東西。尼采反對任何關於肯定的構想方式，其在存有中找到它的基礎，並在人之存有中找到了它的規定性。

112. 原註：《權力意志》，第二卷，第8節。

113. 原註：前引書，第四卷，第8節。——尼采所提及的「書」是《希臘悲劇之起源》。

否定它而在特殊上讓它作為反動的而獲勝。相反地，一種在其下意欲契合於整個生命的權力，一種更高的虛假權力、一種在其下整個生命受到肯定而它的特殊性變成主動的的性質：如此就是權力意志的另一種性質。肯定一樣也是評價，然而是從一種意志的角度——其在生命中享受著它自己的差異而不是受苦於由自身引發之對生命的對立——而來的評價。肯定並非擔起責任、承擔那個存在著的東西，而是要讓那個活著的東西（ce qui vit）鬆綁、卸載。肯定是減輕負擔：不是要在高等價值之重壓下加重生命的負擔，而是要創造一些是生命之價值的並把生命變成輕盈及主動的新價值。不但遠非讓生命跟其所能分隔開來，更且，除非我們能利用盈餘而發明出生命的一些新形式，否則確切地說，沒有創造可言。「而你們曾經稱為世界的東西，你們必須從創造它開始：你們的理性、你們的想像、你們的意志、你們的愛必須成為這個世界。」[114]但是這項任務並不會在人當中完成。在人所能及的最遠處，人將否定提升到一種給予肯定的權力。但是，要在其整個權力中進行肯定（*affirmer dans toute sa puissance*），要對肯定其自身加以肯定（*affirmer l'affirmation elle-même*），這就是超乎人之力的東西。「創造一些新價值，即便是獅子亦做不到：但是讓自己自由以便迎向新的創造，這就是獅子的權力所能做的。」[115]

　　肯定之意義只有在考慮了尼采哲學中的這三個基本要點後才能弄清楚：既不是真，也不是實在，而是評價；不是作為承擔的肯定，而是作為創造的肯定；不是人，而是作為生命新形式的超人。假如說尼采如此看重藝術，那正是因為藝術落實著這整套計畫：最高的虛假權力、戴奧尼索斯的肯定或超人類之天才。[116]

　　尼采的論點可以概括如下：不會說否的是（驢子的是），係一種關於肯定的歪曲形象。恰恰是因為這種是對於所有是否的東西皆說是，因為它支持著虛無主義，它繼續替給予否定的權力效勞，一如它替惡魔 —— 它背負起這個惡魔的所有重

114.　　原註：《查拉圖斯特拉如是說》，第二卷，〈在幸福島上〉。
115.　　原註：前引書，第一卷，〈關於三個變形〉。
116.　　原註：《權力意志》，第四卷，第8節。

擔——效勞一樣。相反地，戴奧尼索斯的是，係那種會說否的是：它是純粹肯定，它戰勝了虛無主義並且撤銷否定所有的自主能力，但在這一點上是因為它讓否定替給予肯定的權力效勞的緣故。肯定是創造，而不是背負、忍受、承擔。在驢子腦海中成形的思想荒謬形象：「思考及認真對待事情、承擔起它的重量，對牠們而言，完全是同一件事，牠們沒有其他經驗。」[117]

117.　　原註：《超越善惡》，第213節。

12

雙重肯定：雅莉安

在其整個權力中的肯定是什麼？尼采並未廢除存有的概念。關於存有，他提出一種新的構想方式。肯定即存有。存有並非肯定之對象，也不是一個以加諸的方式（en charge）呈現給肯定、提供給肯定的元素。反過來說，肯定也不是存有之權力。肯定本身就是存有，存有則僅是在其整個權力中的肯定。因此，我們不會感到驚訝，在尼采這兒，既沒有為了存有本身而進行的存有分析，也沒有為了虛無本身而進行的虛無分析；就此而言，我們應該避免認為尼采還沒有提出他最後的想法。存有和虛無皆係作為權力意志之性質（*qualités*〔qualia〕）的肯定及否定之抽象表達[118]。但是整個問題在於：在什麼意義上

---

118. 原註：在肯定和否定中找到存有和虛無的根源並不是什麼新的想法；這種說法是悠久哲學傳統的一部分。然而，透過尼采對肯定和否定的構想方式、透過他對於其關係及其轉變的理論想法，尼采改寫了這個傳統並帶來衝擊。

肯定本身是存有？

除了它自身，肯定沒有別的對象。但確切地說，就肯定其自身（à elle-même）是它自己的對象時，它便是存有。作為肯定之對象的肯定：如此係存有。在它自身並且作為第一個肯定（l'affirmation première），它是生成。但是，當它作為另一個肯定的對象時，它變成存有，而這另一個肯定將生成提升（élever）到存有或者它從生成中提取出（extraire）存有。這就是為什麼在其整個權力中的肯定是雙重的緣故：我們肯定著肯定。第一個肯定（生成）是存有，但唯獨在它作為第二個肯定之對象的情況下才是。這兩個肯定構成了在其整體中的給予肯定的權力。尼采在一些高度象徵性的文字中表達了權力必然是雙重的這種看法：

1. 跟查拉圖斯特拉相伴的兩隻動物，老鷹和蛇。從永恆回歸的角度詮釋，老鷹如同大年（la grande année）[119]，即宇宙週期，而蛇則如同在這個大週期中的個體命運（destinée individuelle）。但是，這個確切的詮釋還是有不足之處，因為它假設了永恆回歸，並且沒有提到其所來自的預先構成元素。老鷹環繞著大圈圈翱翔著，一隻蛇纏繞在它的脖子上，「不像一個獵物，而像一位朋友」[120]：

我們將會在此看到，對最自豪的肯定而言，那種被以它為對象的第二個肯定所伴隨及所追加之必要性；

2. 神性的眷侶，戴奧尼索斯—雅莉安。「因此，除了我以外，誰知道雅莉安是誰！」[121]而毫無疑問地，雅莉安之神祕具有一種意義之多元性。雅莉安喜歡忒修斯（Thésée）。忒修斯是高等人的代表：他是崇高而英勇的人，是承擔重擔並戰勝怪物的人。但是他恰恰缺少了公牛的美德，也就是說，當它被套牢時那種大地的內涵，並且也缺少了卸下套具、拋去重擔的能力[122]。就女人愛男人的情況下，就她是男人——即便是高等人——的母親、姐妹、妻子的情況下，她只是男人的女性

119.　譯註：大年在此指循環論宇宙觀下一個宇宙週期的時間。天文學上，大年指分點（equinoxes）完整的繞行黃道一周所經歷的時間（約為25,800年），又稱歲差年。

120.　原註：《查拉圖斯特拉如是說》，〈序言〉，第10節。

121.　原註：《瞧！這個人》，第三卷，〈查拉圖斯特拉如是說〉，第8節。

122.　原註：《查拉圖斯特拉如是說》，第二卷，〈關於崇高的人〉（Des hommes sublimes）。——「保持肌肉鬆弛及卸下套具的意志：對你們這些其他人，即崇高的人而言，這是最困難的。」

形象：女性權力（la puissance féminine）依然被綑綁在女人之中[123]。可怕的母親，可怕的姊妹和妻子，女性特質（la féminité）在此代表報復精神及怨恨，其驅使著男人自身。然而，被忒修斯拋棄的雅莉安感覺到一種屬於她的蛻變到來了：被釋放開來的女性權力，變成施善的及肯定的，即阿尼瑪。「願星斗之光芒閃耀在你們的愛中！願你們許願說：哦，但願我能生下超人！」[124]更重要的是：相對於戴奧尼索斯，雅莉安—阿尼瑪正如同第二個肯定。戴奧尼索斯的肯定要求以它為對象的另一個肯定。戴奧尼索斯的生成係存有、永恆，唯要在相應的肯定它本身被肯定的情況下：

「*存有之永恆肯定，我永恆地是祢的肯定。*」[125]

永恆回歸「在最大限度上拉近」生成和存有，它從另一方肯定一方[126]；還需要第二個肯定才能如此拉近。這就是永恆回歸本身就是婚戒的原因[127]。這就是為什麼戴奧尼索斯的宇宙，即永恆的循環（le cycle éternel），是一枚婚戒，是一面結婚的鏡子，其等待著靈魂（阿尼瑪）得以在其中看到自己，但也得以藉著看到自己而反射出它[128]。這就是為什麼戴奧尼索斯想要一個未婚妻：「是

我，你想要的是我嗎？我，整個嗎？」[129]（這裡再一次，我們會注意到，根據我們所站的位置，結婚改變其意義或伴侶。因為，從已經構成的永恆回歸這個角度來看，查拉圖斯特拉顯現為未婚夫，而永恆則顯現為一位被愛的女人〔une femme aimée〕）。但從那個構成著永恆回歸的東西的角度來看，戴奧尼索斯是第一個肯定，是生成及存有，但確切地說唯生成是第二個肯定之對象，否則它不會是存有；雅莉安是此第二個肯定，雅莉安是未婚妻，是愛著的女性權力〔la puissance féminine amante〕。）

---

123. 原註：前引書，第三卷，〈關於萎縮的美德〉（De la vertu qui amenuise）。
124. 原註：前引書，第一卷，〈關於少婦和老婦〉（Des femmes jeunes et vieilles）。
125. 原註：《戴奧尼索斯頌》，〈榮耀與永恆〉。
126. 原註：《權力意志》，第二卷，第170節。
127. 原註：《查拉圖斯特拉如是說》，第三卷，〈七印〉（Les sept sceaux）。
128. 原註：《權力意志》，第二卷，第51節：婚約和婚戒意象的另一種鋪陳方式。〔譯按：句尾的「它」法文是le，所代替的不是作為陰性名詞的靈魂，而應該是鏡子〕
129. 原註：《戴奧尼索斯頌》，〈雅莉安之怨〉。

3. 迷宮或耳朵。迷宮是尼采思想中常見的形象。首先，它指無意識、自己（le soi）；只有**阿尼瑪**才能讓我們跟無意識和解，提供我們探查迷宮的一條引導線。其次，迷宮指永恆回歸本身：循環的，迷宮不是迷失的路，而是把我們帶回那個現在是、曾經是而且未來將是的（qui est, qui a été et qui sera）相同點、相同瞬間之路。然而更為深層的是，從那個構成著永恆回歸的東西之角度來看，迷宮乃生成、生成之肯定。然而，存有出於生成，它從生成本身中得到肯定，僅在生成之肯定是另一個肯定之對象（雅莉安之線）的情況下而言。在雅莉安流連於忒修斯的情況下，迷宮被顛倒過來，它的出口通向高等價值，引導線則成了否定及怨恨之線，道德的線[130]。但戴奧尼索斯向雅莉安透露了祂的祕密：真正的迷宮是戴奧尼索斯祂自己，真正的線是肯定之線。「我是你的迷宮。」[131]戴奧尼索斯是迷宮和公牛，生成和存有，唯生成不是存有，除非它的肯定本身被肯定。戴奧尼索斯不僅要雅莉安去聽、還要肯定著肯定：「你有小耳朵，你有我的耳朵：放入一句明智之言吧。」耳朵是迷宮，耳朵是生成之迷宮

或肯定之迷陣（le dédale de l'affirmation）。迷宮是帶我們通向存有的東西，除了出於生成否則沒有存有，除了出於迷宮本身否則沒有存有。但是雅莉安擁有戴奧尼索斯的耳朵：肯定必須本身被肯定，使它能確切地是存有之肯定。雅莉安在戴奧尼索斯的耳朵裡放了一句明智之言。就是說：在她自己聽到了戴奧尼索斯的肯定後，她使之成為被戴奧尼索斯聽到的第二個肯定的對象。

如果我們將肯定和否定視為權力意志的性質，我們也注意到它們之間並沒有一種義涵單一的關係。否定對立於肯定，但肯定則差異於否定。我們不能想像肯定為了自身的緣故「對立」於否定：這將是把否定置於它身上。對立不僅是否定跟肯

---

130. 原註：《權力意志》，第三卷，第408節：「我們格外好奇對迷宮的探索，我們想方設法於對米諾陶洛斯的認識，人們述說了牠如此可怕的事情；您那條上升的路，您那條通向外面、通向幸福和美德、通向您的線，與我們有何干，我憂之懼之……您可以藉這條線之助拯救我們嗎？而我們，我們懇切地求您，用這條線吊死自己吧！」

131. 原註：《戴奧尼索斯頌》，〈雅莉安之怨〉：「小心一點，雅莉安！你有小耳朵，你有我的耳朵：放入一句明智之言吧！如果人們想相愛，人們不該先相恨嗎？……我是你的迷宮……」

定的關係，而且還是否定作為否定的本質。而差異則是肯定作為肯定的本質。肯定係對它自己的差異之享受和遊戲（jeu），如同屬於否定的是對立之痛苦及工作（travail）。但是，在肯定中這種差異遊戲是什麼？肯定首先被當成多重、生成和偶然而提出。因為多重是彼此間的差異（la différence de l'un et de l'autre），生成是跟自己的差異（la différence avec soi），偶然是「在所有之間的」或分布性的差異（la différence « entre tous » ou distributive）。然後，肯定一分為二（se dédoubler），在肯定之肯定中差異被反射著：即反射之時刻（moment de la réflexion），其中第二個肯定把第一個肯定當對象。但是，肯定如此便加倍了（redoubler）：作為第二個肯定之對象，它成為被肯定的肯定本身，被加倍的肯定，被提升到其最高權力的差異。生成是存有，多重是一，偶然是必然。生成之肯定是存有之肯定，諸如此類，但僅就它是第二個肯定之對象的情況下說的，這第二個肯定把它提高到這個新的權力上。存有說的是生成，一說的是多重，必然說的是偶然，然唯當生成、多重和偶然將自己反射在以它們為對象的第二個肯定中。如此，肯定的特性是回返，或差異的特性是重新產生。回返是生成之存有，多重之一，偶然之必然：作為差異的差異之存有，或永恆回歸。如果我們在其整體中來考量肯定，除非是出於表達上的方便，我們不應該將兩種給予肯定的權力之存在跟兩個不同的

肯定之存在混為一談。生成和存有是同一個肯定，其僅僅是從一種權力換到另一種權力，此乃就它是第二個肯定之對象而言的。第一個肯定是戴奧尼索斯、生成。第二個肯定是雅莉安、鏡子、未婚妻、反射。但是第一個肯定所擁有的第二種權力是永恆回歸或生成之存有。這是作為差異元素的權力意志，其在肯定中產生並發展了差異，其在肯定之肯定中反射了差異，其讓它在被肯定的肯定本身中回返。被發展、被反射、被提升到最高權力的戴奧尼索斯：如此是其作為永恆回歸原理的戴奧尼索斯意欲（le vouloir dionysiaque）的諸面向。

13

戴奧尼索斯與查拉圖斯特拉

永恆回歸之教誨是沒有否定之回歸（le retour du négatif）。永恆回歸意味著存有即選擇。只有那個肯定著的東西（ce qui affirme）或那個被肯定的東西（ce qui est affirmé）才會回返。永恆回歸是生成之重新產生，但生成之重新產生也是一個主動生成之產生：超人，戴奧尼索斯和雅莉安之子。在永恆回歸中，存有說的是生成，但生成之存有說的是唯一的主動—生成。尼采之思辨的教導如下：生成、多重、偶然不包含任何否定；差異係純粹的肯定；回返係排除任何否定的差異之存有。這項教導或許會處於晦暗中，如果沒有它浸淫在其中的實踐的光亮（la clarté pratique）的話。尼采譴責所有扭曲哲學的神祕化：愧疚之機制、否定之虛名，其將多重、生成、偶

然、差異本身皆變為意識之不幸,而將意識之不幸皆變為培訓、反省或發展的時刻。差異是幸福的;多重、生成、偶然是充足的,<u>透過它們本身就是喜悅之對象</u>(objets de joie);只有喜悅回返:這就是尼采之<u>實踐的教導</u>。多重、生成、偶然皆係哲學特有的喜悅,當中一喜悅於它自身,而存有與必然也是如此。打從盧克萊修以來(史賓諾莎除外),人們從來沒有將作為哲學特質的批判事業推展到如此深遠的地步。盧克萊修譴責靈魂之紛紛擾擾和那些需要這種紛擾來奠定他們權力的人;史賓諾莎譴責悲傷、悲傷的所有原因、所有在這種悲傷中建立他們權力的人——尼采譴責怨恨、愧疚及作為其原理的否定權力:一種哲學之「不合時宜」(inactualité),其以解放為要。沒有苦惱意識其不是同時意味著對人的奴役、對意欲而言的一個陷阱、所有對思想而言的卑下機會。<u>否定之統治</u>(le règne du négatif)是力量強大的野獸——教會和國家——的統治,它們用鏈條將我們繫在它們自己的目的上。弒神的凶手犯下可悲的罪行,因為他可悲地賦予了自己犯罪的動機:他想取代神,他為了「偷」而殺,承擔神性的同時,他依然停留在否定中。神之死需要一段時間才最終能夠尋得其本質並變成一樁愉悅的事件。逐出否定、驅除反動之時間,一個主動—生成之時間。而這個時間確切地說就是永恆回歸之循環。

否定<u>斷氣在存有之入口處</u>。對立停止其<u>工作</u>,差異展開

它的遊戲。然而，存有——其並非另一個世界——何在、以及選擇如何進行呢？尼采稱蛻變為在此否定被轉換的點（le point）。否定喪失它的權力及它的性質。否定不再是一種自主的權力，亦即權力意志的一種性質。蛻變在權力意志中將否定跟肯定關聯起來，讓它成為給予肯定的權力的一個單純的存有方式。不再是對立之工作或否定之痛苦，而是差異之戰爭遊戲（jeu guerrier de la différence）、肯定及破壞之愉悅。否被卸除其能力，換到相反的性質中，本身變成肯定的及起創造作用的：如此就是蛻變。在本質上界定查拉圖斯特拉的，正是這種價值之蛻變。如果說查拉圖斯特拉歷經了否定，如同他的厭惡和他的誘惑所顯見的，那麼這不是為了將之作為一種動力，也不是為了承擔其負荷或產物，而是為了達到那個動力被改變、結果被超越、所有的否定被戰勝或蛻變的點。

整個查拉圖斯特拉的故事建立在他跟虛無主義——也就是說跟惡魔——的關係上。惡魔是否定精神，是在相反的外表下扮演著不同角色的給予否定的權力。有時，它讓自己被人所背著，向他暗示著，它裝在他身上的重量是正面性本身。有時，相反地，它跳過人，從他身上拿走所有的力和整個意欲[132]。其中的矛盾僅僅是表面的：在第一個情況中，人係反動的存有，其想要占有權力，用自己的力取代統治他的權力。但實際上，惡魔在裡頭找到了機會，讓自己被背負、被承擔、偽裝在一種

虛假的正面性下，繼續幹它的勾當。在第二個情況下，人係人之最後者：依然是反動的存有，然而他失去了那種去占有意欲的力；正是惡魔從人身上拿走了他所有的力，讓他沒有了力也無意欲。在兩個情況中，惡魔都顯現為否定精神，其透過人的不同變貌來保存它的權力及保留它的性質。它意味著虛無意志，其將人當成反動的存有來利用，讓自己被他背負，但又不跟他混為一談並且「跳過」。從所有這些角度來看，蛻變皆有別於虛無意志，就像查拉圖斯特拉有別於他的惡魔一樣。正是由於查拉圖斯特拉，否定才失去了它的權力和它的性質：在反動的人之後，是已認識價值之破壞者；在人之最後者之後，是意欲滅亡或被超越的人。查拉圖斯特拉意味著肯定，意味著肯定之精神（l'esprit de l'affirmation），其如同一種讓否定成為一個方式、讓人成為一個意欲被超越（而非「被跳過」）的主動

132.　原註：關於惡魔的第一個面向，參見驢子和駱駝的理論。此外也參見《查拉圖斯特拉如是說》，第三卷，〈關於幻象與關於謎團〉，在其中，惡魔（沉重之精神）坐在查拉圖斯特拉本人的肩膀上。以及第四卷，〈關於高等人〉：「如果你們想要登高，請用自己的腿！別讓你們被背上去，別坐在別人的背上或頭上。」——關於惡魔的第二面向，請參見〈序言〉中著名的場景，在其中，小丑追上了走索人並跳過他。這一幕在第三卷〈關於舊表與關於新表〉中得到進一步說明：「我們可以透過很多途徑和方式自我超越：要達成目標，這取決於你。然而只有小丑認為：我們也可以跳過人。」

的存有（un être actif）的權力。查拉圖斯特拉的標誌是獅子的標誌：《查拉圖斯特拉如是說》第一篇從獅子開始，最後一篇以獅子結束。然而，獅子正是變成起創造作用的及肯定的「聖潔的否」（le non sacré），這個肯定會說的否，在其中整個否定在權力上及性質上被轉化、被蛻變。藉著蛻變，權力意志不再被束縛在否定上，如同被束縛在那個讓我們認識它的理由上一樣，它伸展它未認識的面貌、未認識的存有理由，其使否定成為一種單純的存有方式。

查拉圖斯特拉跟戴奧尼索斯、以及蛻變跟永恆回歸，一樣也有著一種複雜的關係。以某種方式說，查拉圖斯特拉是永恆回歸的原因及超人之父。意欲滅亡的人、意欲被超越的人是超人的祖先和父親。作為所有已認識價值的破壞者，說著聖潔的否的獅子準備著牠最後的變形：牠變成孩子。雙手伸進獅子的鬃毛裡，查拉圖斯特拉感覺自己的孩子接近了或超人來了。然而是在什麼意義上說，查拉圖斯特拉是超人之父、永恆回歸的原因呢？此乃就條件這個意義上說的。以另一種方式，永恆回歸具有一種查拉圖斯特拉本人服從的無條件限定的（inconditionné）原理。從對永恆回歸起條件限定作用的原理的角度來看，永恆回歸取決於蛻變，然而，從它的無條件的原理的角度來看，蛻變更深地取決於永恆回歸。查拉圖斯特拉服從於戴奧尼索斯：「我是誰呢？我等待著一位比我更有資格

者：甚至讓自己粉身碎骨對抗他，我都還不夠有資格。」[133]在戴奧尼索斯、雅莉安和查拉圖斯特拉的反基督的三位一體（la trinité de l'Antéchrist）中，查拉圖斯特拉是雅莉安有條件的未婚夫（le fiancé conditionnel），然而雅莉安是戴奧尼索斯無條件的未婚妻（la fiancée inconditionnée）。這是為什麼，相對於永恆回歸和超人，查拉圖斯特拉總有一個較低的位置。他是永恆回歸的原因，不過是那種遲於產生其結果的原因。一位在傳遞他的信息上猶豫不決、經歷過否定之迷眩及誘惑、需要他的動物加以鼓勵的先知。他是超人之父，然而是那種他的後代已成熟然而他對他們而言卻未還成熟的父親，他是猶缺著最後一次變形的獅子[134]。實際上，永恆回歸和超人位於兩套系譜、兩支不同的發生的系譜脈絡之交會處。

　　一方面，它們關聯到查拉圖斯特拉上，如同關聯到一個起條件限定作用的原理（principe conditionnant）上，其僅以

133.　原註：《查拉圖斯特拉如是說》，第二卷，〈最安靜的時刻〉（L'heure la plus silencieuse）。

134.　原註：前引書：「哦，查拉圖斯特拉，你的果實熟了，但對你的果實而言，你還沒成熟。」——關於查拉圖斯特拉在道出永恆回歸一事上的猶豫及迴避，參照第二卷，〈關於大事〉，以及尤其是〈最安靜的時刻〉（「這超出了我的力」）；第三卷，〈康復者〉。

假設的（hypothétique）方式「提出」它們。另一方面，它們關聯到戴奧尼索斯上，如同關聯到一個無條件的原理上，其奠定它們必然的（apodictique）和絕對的特性。如此，在查拉圖斯特拉的鋪陳中，總是諸原因之交錯或諸瞬間之連結，是瞬間彼此之間的綜合關係充作相同瞬間之回歸（le retour du même instant）的假設。但是相反地，從戴奧尼索斯的角度來看，這是瞬間跟自己（l'instant avec soi）——作為現在、過去和未來——的綜合關係，其以絕對的方式決定了它跟所有其他瞬間的關係。回返不是一個被其他瞬間推促的瞬間之激情，而是瞬間之主動性，其出於它所肯定的東西而決定自己的同時也決定了其他瞬間。查拉圖斯特拉之星群是獅子之星群，但是戴奧尼索斯之星群是存有之星群：孩子─遊戲者（l'enfant-joueur）的是，比獅子神聖的否更深層。整個查拉圖斯特拉（Zarathoustra tout entier）是肯定的：即便是他說否，這個會說否的人。但是查拉圖斯特拉並不是整個肯定（l'affirmation tout entière），也不是肯定之最深刻的部分。

查拉圖斯特拉在權力意志中將否定跟肯定關聯起來。但還需要的是，讓權力意志跟肯定關聯起來，如同關聯上它的存有理由，以及讓肯定跟權力意志關聯起來，如同關聯上那個產生著、反射著及發展著它自己理由的元素：這就是戴奧尼索斯的任務。一切是肯定的東西，在查拉圖斯特拉身上找到它的條

件，但在戴奧尼索斯身上則找到它的無條件原理。查拉圖斯特拉決定永恆回歸；更有甚者，他決定永恆回歸產生出它的結果：超人。但是，這種規定性跟諸條件所組成的系列只是同一回事，這個系列在獅子身上、在意欲被超越的人身上、在所有已認識價值的破壞者身上找到了其終點。戴奧尼索斯的規定性則具有不同的本性，跟絕對原理同一，而沒有此原理，那些條件本身仍然是無能的。而確切地說，那是戴奧尼索斯最高的偽裝（suprême déguisement），使祂的產物服從於一些條件，而這些條件本身服從於祂，並且這些產物超越著這些條件。那是獅子，其將變成孩子，那是已認識價值之破壞，其讓一種關於新價值的創造成為可能；然而，價值之創造、孩子—遊戲者是無法在這些條件下發展出來，如果它們不同時也歸屬於一套更深的系譜。因此，我們不會驚訝整個尼采的概念就在兩支不同的發生的系譜脈絡之交會處。不只是永恆回歸和超人，笑、遊戲、跳舞也是。若是關聯上查拉圖斯特拉，笑、遊戲、跳舞皆是蛻變之肯定權力：跳舞將沉重蛻變為輕盈，笑將苦難蛻變為喜悅，拋擲（骰子）的遊戲讓低蛻變為高。但若是關聯上戴奧尼索斯，跳舞、笑、遊戲皆是反射和發展的肯定權力。跳舞肯定著生成和生成之存有；笑、大笑（les éclats de rire）肯定著多重和多重之一；遊戲肯定著偶然和偶然之必然。

Conclusion

結語

　　現代哲學呈現出一些混為一談的情況，見證了其活力與勃勃生氣，但對精神而言也包含著若干危險。本體論與人類學、無神論和神學的奇異混合。一點兒基督教的唯靈論（spiritualisme chrétien）、一點兒黑格爾的辯證法、一點兒有如現代經院哲學的現象學、一點兒尼采的啟發，在不同的比例下，形成了奇怪的組合。我們看到，在一個慶祝著形上學被超越及甚至是所謂哲學之死亡的圓舞中，馬克思與前蘇格拉底派、黑格爾和尼采手牽著手。而的確，尼采明確地提過要「超越」形上學。但雅里（Jarry）也是，就在他所說的「形上上學」（pataphysique）中，以援引詞源學的方式[135]。我們在本書中試圖過打破一些危險的結盟。我們想像過尼采從一個已非其

賭局中抽出他的賭注。關於他那個時代的哲學家和哲學，尼采說道：被相信的一切之塗抹。對於當前的哲學——其中尼采思想、黑格爾思想和胡塞爾思想則成了花花綠綠的新思想的成分——他也許仍然會這麼說。

　　黑格爾和尼采之間並不存在可能的妥協。尼采的哲學具有一種很大的論戰威力；它構成了一套堅決反辯證法的論點，矢志譴責所有在辯證法中找到最後庇護所的神祕化做法。叔本華所夢想、但未實現、被困在康德思想和悲觀主義的網中的東西，尼采以其方式完成了，並以跟叔本華的決裂為代價。樹立起一幅思想的嶄新形象，將思想從輾壓它的重擔中釋放出來。三個觀念界定了辯證法：關於一種否定能力的觀念，作為理論原理，其展現在對立和矛盾中；關於一種受苦和悲傷之價值的觀念，賦予「悲傷激情」（passions tristes）價值，如同展現在分裂中、在撕碎中的實踐原理；關於正面性的觀念，如同否定本身的理論和實踐產物。在其論戰的意義上，我們可以毫不誇張地說，尼采的整個哲學是對這三個觀念的譴責。

135.　　譯註：阿爾弗雷德·雅里（Alfred Jarry, 1873-1907），法國象徵主義詩人、小說家、劇作家。在1897-1898年小說作品*Gestes et opinions du docteur Faustroll, pataphysicien*中發明「形上上學」（Pataphysique）一詞，是一門想像式解答之科學，詞意上指在形上學之上的學問。

如果辯證法在對立和矛盾中發現它的思辨的元素，那首先是因為它反映出一種關於差異的虛假形象。如同牛眼一樣，它反映出關於差異的一個相反形象。黑格爾的辯證法確實是對差異的反映，但它顛倒了其形象。對於差異本身之肯定，它代之以對那個差異著的東西之否定；對於自己之肯定，它代之以對他者之否定；對於肯定之肯定，它代之以名號響亮的否定之否定（la négation de la négation）。——但是，如果它不是在實踐上被那些做此有利可圖的力所引導的話，那麼這種顛倒也不會有什麼意義。辯證法表達了反動力和虛無主義之間的所有組合方式、它們關係的歷史或演變。對立取代了差異，這一樣也是那些在虛無意志找到了與之相符原理的反動力的勝利。怨恨需要否定的前提，需要兩個否定，才能產生一個肯定的幻影；禁欲理想則需要怨恨本身和愧疚，如同變戲法的人跟他動了手腳的紙牌。到處皆是悲傷激情；苦惱意識是整個辯證法的主題。辯證法首先是理論的人的思想，處於對抗生命的反動中，其聲稱要評斷生命、限制生命、度量生命。其次，它是教士的思想，他讓生命服從於否定工作：他需要否定來奠定自己的權力，他代表著帶領反動力走向勝利的奇特意志。在這個意義上，辯證法是十足基督教的意識形態。最後，它是奴隸的思想，表現出在其自身的反動生命及宇宙之反動—生成（le devenir-réactif de l'univers）。甚至是它為我們提出的無神論也

是一種神職人員的無神論，甚至是主人形象也只是一種奴隸的身影。──我們不訝異辯證法只產生出一種肯定的幻影。被克服的對立或受到消解的矛盾，正面性之形象在根本上是被扭曲的。辯證法的正面性、在辯證法中的實在，那皆係驢子的是。驢子相信牠肯定著，因為牠承擔了，但是牠只承擔了那些否定之產物。對於惡魔來說，如查拉圖斯特拉的猴子，只需要跳到我們的肩膀上就可以了；那些背負著的人總是很想相信，藉著背負他們便肯定著，而正面性係根據重量來衡量的。披著獅皮的驢子，這是尼采對於「這個時代的人」的稱呼方式。

尼采的偉大之處在於他知道如何隔絕怨恨和愧疚這兩種植物。如果只有這個面向，尼采的哲學將會具有最大的重要性。但是，在他那兒，論戰僅係來自一個更深的所司──主動的和肯定的所司──之攻擊性。辯證法是從康德的批判或虛假的批判中產生的。進行真正的批判涉及一種哲學，其為了它自身而發展，並且除非做為存有方式，否則不保留否定。對於辯證法家，尼采責難他們只停在一種關於普遍和特殊的抽象概念上；他們是徵兆的囚徒，沒有觸及賦予它們意義和價值的力或意志。他們只侷限在「……是什麼？」這個問題上，此乃最典型的矛盾問題。尼采則創造了他自己的方法：戲劇的、類型學的、差異的。他將哲學變成一門技藝，一門詮釋及評價的技藝。對於任何事情，他都問「誰？」這個問題：那位……的誰

（Celui qui⋯），是戴奧尼索斯。那個⋯⋯的誰（Ce qui⋯），
是作為可塑的和系譜的原理的權力意志。權力意志不是力，而
是同時決定力的關係（量）和在關係中的力之各別性質的差異
元素。正是在這種差異元素中，肯定作為創造者而展現著及發
展著。權力意志是多重肯定之原理、起著施予作用的原理或施
予著的美德。

　　讓多重、生成、偶然成為純粹肯定之對象，這就是尼采
哲學的意義。多重之肯定是思辨論據，就像多樣之喜悅是實踐
論據一樣。骰子玩家〔遊戲者〕不會輸，除非他肯定不夠，除
非他將否定引入偶然中，除非他將對立引入生成及多重中。真
正的擲骰子必然產生贏的數字，其讓擲骰子重來。我們肯定偶
然，以及偶然之必然；我們肯定生成，以及生成之存有；我們
肯定多重，以及多重之一。肯定一分為二，然後加倍，被提高
到它最高的權力。差異自身反射著，並且自身重複著或自身重
新產生著。永恆回歸就是這個最高的權力，是在意志中獲得其
原理的肯定之綜合。那個肯定著的東西之輕盈，相對於否定之
重量；權力意志之遊戲，相對於辯證法之工作；肯定之肯定，
相對於這名號響亮的否定之否定。

　　的確，否定首先顯現為權力意志的一種性質。不過是在反
動是一種力質這個意義上說的。在更深的層次上，否定只是權
力意志的一副面貌罷了，那副在其下權力意志被我們所認識的

面貌，因為認識本身係反動力之表現。人只居住在大地荒涼的一邊，他所能瞭解的只是穿越著它及構成著它的反動—生成。這就是為什麼人類歷史乃虛無主義、否定和反動之歷史。但是，虛無主義的漫長歷史已經完成：終點，在此否定轉身對抗反動力本身。這個點界定了蛻變或價值重估；否定失去了它自己的權力，它變成主動的，僅是施予肯定的權力的存有方式。否定改變了性質，轉為肯定所效勞；它的作用僅在作為預先的進攻或作為後續的攻擊。作為正面之否定性的否定性是尼采反辯證發現的一部分。關於蛻變，情況也類似，它充作永恆回歸的條件，但從一個更深的原理的角度來看，它也取決於永恆回歸。因為權力意志只讓那個被肯定的東西回返：正是它同時轉換了否定並重新產生了肯定。一個係為了另一個的情況、一個係在另一個當中的情況，意味著永恆回歸是存有，但存有則是選擇。肯定仍然是權力意志的唯一性質，主動依然是力的唯一性質，主動—生成仍然是權力及意欲之創造性的同一。

NIETZSCHE ET LA PHILOSOPHIE

近代思想圖書館系列 058

尼采與哲學

作者：吉爾·德勒茲（Gilles Deleuze）｜譯者：王紹中｜審閱：李櫻蕊｜主編：湯宗勳｜特約編輯：劉敘一｜美術設計：陳恩安

董事長：趙政岷｜出版者：時報文化出版企業股份有限公司／108019台北市和平西路三段240號1-7樓｜發行專線：02-2306-6842｜讀者服務專線：0800-231-705；02-2304-7103｜讀者服務傳真：02-2304-6858｜郵撥：1934-4724 時報文化出版公司｜信箱：10899台北華江橋郵局第99信箱｜時報悅讀網：www.readingtimes.com.tw｜電子郵箱：new@readingtimes.com.tw｜法律顧問：理律法律事務所／陳長文律師、李念祖律師｜印刷：勁達印刷有限公司｜一版一刷：2021年06月04日｜一版三刷：2023年6月19日｜定價：新台幣650元

時報文化出版公司成立於一九七五年，並於一九九九年股票上櫃公開發行，於二〇〇八年脫離中時集團非屬旺中，以「尊重智慧與創意的文化事業」為信念。

尼采與哲學／吉爾·德勒茲（Gilles Deleuze）撰寫；王紹中翻譯——一版.--臺北市：時報文化出版企業股份有限公司，2021.6；480面；21×14.8公分. --（近代思想圖書館系列；058）譯自：Nietzsche et la philosophie｜ISBN 978-957-13-9028-4（平裝）1.尼采（Nietzsche, Friedrich Wilhelm, 1844-1900）2.學術思想 3.哲學｜147.66｜110007905

Nietzsche et la philosophie by Gilles Deleuze
© Presses Universitaires de France/Humensis, Nietzsche et la philosophie, 2014, 7th edition
Complex Chinese edition copyright © 2021 by China Times Publishing Company.
All rights reserved.
Complex edition published through The Grayhawk Agency.

ISBN：978-957-13-9028-4｜Printed in Taiwan